JN410202

황혼의 언저리

황혼의 언저리

초판 인쇄 2006년 1월 5일
초판 발행 2006년 1월 9일

글쓴이 현용준
펴낸이 박경훈
펴낸곳 도서출판 각

도서출판 각
주소 제주도 제주시 건입동 89
전화 064-725-4410
팩스 064-759-4410
홈페이지 www.gakbook.com
등록번호 제 80호
등록일 1999년 2월 13일

표지디자인 박경훈
북디자인 김영훈, 김지희

ISBN 89-89719-67-4 03810

값 12,000원

현용준 수필집

황혼의 언저리

수필집을 내면서

수필은 문학의 엄연한 한 장르다. 깊이 있고 개성적인 사색이 있고, 그 형식이야 아무렇든 세련된 문체로 표현해야 한다는 것쯤은 알고 있다. 그런 의미에서 이 책에 모은 글들이 수필이라 할 수는 없을 듯하다. 조금 냉철하게 말한다면 '내 생활의 잡담'이라 함이 좋을 것이다.

아무리 잡담이라고 하더라도 그것이 거짓이 되어서는 안 된다. 삶과 생각이 솔직히 드러나야 읽는 이를 감동시킬 수 있다. 그런 면에서 여기 실린 글들은 비록 문장은 서툴어도 나의 생각과 삶을 거짓 없이 담아 보노라고 했다.

나는 75년간을 살아왔고, 앞으로 얼마나 나머지 생명을 유지할는지 모른다. 직장을 퇴직한 지도 10년이 넘었다. 어린 학생 시절에는 문학에 심취한 때도 있었지만, 학문으로 뜻을 바꾸면서 문학은 깡그리 잊어버렸고, 서툰 학문에 힘을 쏟으며 퇴임을 맞이했다. 은퇴 후, 몇 년을 보내다 보니 나의 삶과 생각들을 몇 마디나마 기록해 두고 싶은 생각이 들었다. 서툰 문장이면 어떠랴. 그것이 잡담이면 어떠랴. 그저 평범한 나의 생각과 삶이 솔직한 글로 남겨지면 그것으로 족하다. 이런 생각에서 너무나 심심할 때는 가끔씩 한 편 한 편 적어 왔다. 이런 글들을 모은 것이 바로 이 책이다.

그러나 그 이름을 '잡담집'이라 하기는 너무 그렇고, 마땅한 장르를 붙이기 어려워, 부끄러우면서도 '수필집'이라고 이름을 붙였다.

이 수필집에는 직장을 퇴임하기 이전에 쓴 글도 몇 편 있지만, 그 이후에 쓴 글이 대부분을 차지한다. 직장을 퇴임하기 이전은 내 인생의 '대낮'이다. 이 대낮에 나는 민속학을 공부하는 데에 열중했고, 퇴임하면서부터 '인생의 황혼'을 실감하게 되었다. 나는 인생의 대낮에 민속학을 하면서도 비록 타의이긴 하지만 가끔 오붓한 오솔길을 드나드는 기회를 얻었다. 그래서 이 때에 쓴 글들은 '대낮의 오솔길'이라 하여 구분했고, 인생의 황혼기에 접어들면서 삶과 생각을 담은 글들은 '황혼의 언저리'라고 이름 붙여 실었다. 이 수필집은 내가 인생의 황혼기에 무엇을 어떻게 생각하며 살아 왔는가 하는 것이 주가 되므로 책 이름을 『황혼의 언저리』라고 붙였다. 그리고 글의 배열은, 극히 일부를 제외하고는 글을 쓴 날짜 순서대로 엮었다. 내가 거쳐 온 인생의 삶과 생각의 변화를 알기 쉽게 이해하기 위해서이다.

나는 2003년에 자전 수필 『한라산 오르듯이』를 세상에 내놓은 바 있다. 여기 실은 글들은 그 책에서 빠진 것들이라 해도 좋다. 그러니까 그 자전 수필의 속편이라 해도 무방하다.

어떻든 내가 이런 언짢은 수필집을 내는 것은 '내가 이런 생각을 하며 이렇게 살고 있다.'라는 것을 알리려고 하는 것인데, 그렇게 되었다면 그것으로 족하다.

실린 글들이 '수필'이 되든지 '잡문'이 되든지, 그런 것은 상관없다. 다만 이런 삶을 이어가며 인생의 최후를 기다리는 늙은이도 있다는 것을 알아주고, 문학을 욕되게 했다고 너무 나무라지는 말아 주기 바란다.

2005년 가을 현용준

차례 황혼의 언저리

1부_대낮의 오솔길

2부_황혼의 언저리

1부
대낮의 오솔길

낮잠

잠은 자는 맛보다 드는 맛이 좋아서 자는지도 모른다.

함박눈이 펄펄 내려앉는 동지섣달 기나긴 밤이 지루하지 않은 것도 포근한 이불을 입까지 깊숙이 덮어 누워 수필이나 몇 편 들여다보다가 스르르 꿈나라 여행을 하는 맛에서일 것이다. 봉선화 이파리도 더위를 못 이겨 늘어지고, 키 큰 해바라기조차 기력을 잃는 유월염천 夏日長을 즐길 수 있는 방법의 하나로 낮잠이 있다.

별장을 찾아 피서를 떠나는 有閑輩들은 모르거니와 365일 사무에 여념이 없는 월급쟁이로서는 낮잠으로 피서를 삼는 것도 불쾌한 일은 아니다. 한가한 일요일이면 번지르르하지 못한 마루지만 정히 닦아놓고 "오늘은 책이나 실컷 읽는 걸로 소일하자." 이렇게 마음먹고 드러누워 베개 높직이 책을 든다.

팔월의 태양이 고요히 내려 쪼이는 날인지라, 듣기 쉽지 않은 매미 소리가 고요히 정적을 깨뜨려 여름의 정취를 돋우어 가면 10페이지도 못 가서 잠이 스르르 찾아온다. 책을 아니 읽더라도 누가 때릴 바 아니오, 또한 이렇게 바람 잘 드는 마루에서 낮잠을 실컷 자 보는 것도 그리 쉽지 않은 취미려니 하고 책을 든 감각도 잊어버리고 눈을 스르르 감고 만다.

그러면 꿈보다 먼저 찾아오는 것이 파리라는 놈이다. 처음엔 한 놈이 얼굴의 아무데나 앉는다. 요놈이 몇 번 앞발을 비비작거리며 후각을 돋구어서는 조르르 입가로 온다. 이게 그다지 못 견딜 만한 것은 아니지만 간질간질하여 잠이 들 수 없다. 입을 움직거려 본다. 움직거린다기보다 침을 꼴깍 삼키는 것이다. 그러면 파리군은 조금 자리를 떴다가는 역시 그 자리에 와서 삼삼거린다. 내 입이 무척 향기로운 모양이다. 이번엔 조금 세게 얼굴을 찌푸리니 요놈이 달아나 버렸다. '옳지, 이젠 안 오나 보다' 하고 안심했더니, 이번엔 동부인하고선 두 분이나 왕림하셨다. 한 놈의 발이 여섯, 주둥아리가 하나, 두 놈이면 2×7은 14, 열네 개나 간질거리니 성가시기 짝이 없다. 동부인 두세 쌍만 오면 이건 큰 군중 행위다.

훌떡 일어나 책이라도 계속 읽으면 그만이지만, 이렇게 느긋이 감은 눈을 뜬다는 것은 뜬다느니보다 찢어제치는 안타까움이다. 모기장이 있었으면 확 쳐 누우면 그만이지만, 모기장 하나 장만 못하는 살림이니 별 수 없다. 하는 수 없이 눈을 뜨고 만다. 서운한 일이다.

하루는 친구 Y군의 집에 놀러 갔다. 이 군도 모기장을 쳐 놓고 한창 낮잠을 자려는 판이다. 앞문으로 탁 트인 하늘 저 끝 靈峰 한라산엔 솜뭉치 같은 흰 구름 두어 점이 걸리고, 뒷문으로 내다보이는 넓푸른 바다에는 갈매기가 쌍쌍 날아다니는 품이 낮잠 자는 데도 꽤 풍치가 좋다. '오늘일랑 실컷 한번 자고 보자.' 하여 같이 드러누웠다. 이건 파리의 출입은 없되 또 큰일이 났다. 이 군이 어느 새 잠이 들었는지 드르렁드르렁 코를 골기 시작하는 판이다. 문이 흔들릴 것 같다. 코가 어떻게 생겼기에 저렇게 아름답지 못한 교향악을 연주시키는 것인지 알 수 없는 일이다.

코를 만들 적에 숨을 쉬고 냄새를 맡을 정도로만 만들어도 좋을 것인데 이런 소리까지 발하게 만든 조물주가 원망스럽다. "드르렁드르렁" 한참 절정에 오르고서는 "큭큭" 하고 나서 입을 두어 번 다시고, 돌아누워서 또 새 드르렁이 시작된다. 잠이 들기는커녕 눈이 말똥말똥해져서 그냥 뛰쳐 나오고 말았다.

아무리 돈에 쪼들리어 브랜디랑 사이다랑 사 들고 해수욕은 못 갈망정 모기장을 쳐 놓고 파리의 간섭 없이 달콤하게 잠이라도 들어보고 싶다. 아무리 월급쟁이로서니 모기장 하나를 살 수 없다니 민망스러운 일이다. 내 경제적 수완이 부족한 탓이리라.

이번에 대우개선이 된다는 풍문이 도는 것 같던데, 되기만 한다면 우선 모기장을 하나 사야 하겠다. 이틀에 다섯 끼니쯤 먹는 형편이 있더라도 모기장 하나쯤 사지 않고서야 될 것이냐. 모기장보다도 파리장으로 쓰기가 더 바쁘기 때문이다.

물가는 에베레스트산이라도 오를 듯한 기세인데 대우가 오르기는 뿌리 깊이 박혀 있는 암석같이 드근하니 움직일 줄을 모른다. 빨리 올랐으면 좋겠다. 여름이 다 가서 오른다 해도 내 모기장 사기에는 '死後 淸心丸'이 되기 때문이다.

—『電友』 제7호, (南鮮電氣株式會社, 1953. 9. 1.)

구승기(救蠅記)

어떤 老 先生이 길거리를 걷는데 장옷자락을 펄떡이며 갓끈을 불끈 쥐고 훌떡훌떡 뛰고 있었다는 것이다. 지나가던 제자가 하도 꼴불견이어서 그 이유를 캐어물었더니 그 노선생이 대답하여 가로되, "음, 그 불쌍한 중생 개미 한 마리라도 내 발에 밟혀 죽는다면 그 어떨 것이뇨."라고.

이쯤이면 자비도 극에 달했다고 할 만하다. 하기야 유월 불볕더위에 제 몸뚱아리 몇 곱절 되는 먹이를 애써 운반하는 개미들이라, 그 부지런한 모습을 보고 범인인들 자비를 못 느낄까 보냐. 그런데 요놈의 파리만큼은 그렇지 못할 존재다. 한여름 오후 정히 닦은 마루에 누워 책을 보다 스르르 잠이 들 무렵에 얼굴에 붙어 삼삼거리는 파리의 장난처럼 미운 것은 없다. 달콤한 낮잠은 끝내 이루지 못하고 일어나면 난투전을 일으키곤 한다. 요놈만큼은 참 어찌해 볼 수 없이 미운 놈이다.

더위도 한 시름 지나가고 아침저녁으로 선선한 바람이 일어 제법 '燈火可親之節'이라, 등불을 돋우고 책상을 받아 앉은 고요한 밤이었다. 별

안간 천장에서 무슨 큰 화재가 난 때 혼겁을 내어 울려대는 먼 사이렌 소리같이 "붕ㅡ 붕ㅡ" 외치는 소리가 나는 것이었다. 어쩌면 돌아설 수 없는 골목에서 칼날을 앞에 받고 마지막 토하는 생명의 울부짖음 같은 소리다. 불을 비추어 보았더니 이게 웬일인가! 파리 한 마리가 거미의 벌어진 아가리에 그 옆구리를 폭 물리고는 최후의 구원을 외치는 소리가 아닌가! 여섯 개 발에다 주둥아리까지 딱 벌리고는 그 날개로만 그냥 바르르 떠는, 바로 온 생명이 울부짖는 절박한 순간이 아닌가! 그 날개에서 그런 비창한 소리가 난다니……. 거미는 그 옆구리를 문 채 그냥 피라도 빠는 것이 아닌가. 집 처마의 거미줄에 매달린 파리의 시체 껍질들이 바람에 흔들거리는 게 눈에 선해졌다. 아무리 미운 파리인들 이 때에야 구원의 손길을 뻗치지 않을 수 있으랴. 이네 펜 끝으로 거미의 아가리에서 파리를 떼어놓았다.

의외의 방해자를 만난 거미놈은 주르르 두어 걸음 뒤로 물러나고는 주춤하니 움츠리고서 움직이려고도 하지 않는다. 나에 대해 사뭇 분노하고 저주하고 원망하는 모습이다. 낮에는 방 안에 거미가 나다니는 법이 별로 없다. 책 상자 뒤 구석에나 숨어살다가 이 밤에야 주린 배를 움켜쥐고 먹을 것을 찾아 수색을 한 것일 게다. 요행히 늦은 철에 파리 한 마리를 발견했을 것이다. 이것을 잡느라고 이모저모로 얼마나 작전을 세웠으며 서성거리기는 몇 번이나 했을 것인가. 최후의 결단에서 달려들어 잡아 문 그 순간의 기쁨은 황홀했을 것이다. 이것을 못 잡아먹는다면 긴 하루를 그냥 굶어죽을는지도 모를 일이다. 이 파리 한 마리가 거미의 온 생명의 관건이라 함이 옳을 것이다. 그러기에 파리의 옆구리를 폭 문 채 그냥 피를 빨아들여 배를 채우려 한 것이 아닌가.

파리의 죽음이 비통한 순간이라면 거미도 또한 절박한 순간이리라.

철 늦게 남아서 부득부득 살려고 애쓰는 파리의 피를 빠는 이 흡혈귀가 그야말로 밉다면 또한 거미의 절대적인 생명의 신성한 작용이리라. 의외의 방해를 받은 거미는 원통과 저주에 찬 눈초리로 꼼짝하지 않고 나를 노려보고 있다.

잡아먹혀 죽는 것이 자연이라면 잡아먹고 사는 것도 또한 자연일 것이다. 죽어야만 하는 운명이 거스를 수 없는 조물주의 힘이라면 피를 빨아 살아야만 하는 생명도 거룩한 조물주의 재주가 아닌가! 먹히고 먹는 자연의 순환, 나는 조물주의 창조율을 거스른 것이 아닌가? 거미를 쳐다보며 어찌 미안한지, 파리를 그 입 앞쯤에다 대어주고 말았다. 거미는 주룩 뒤로 물러나가 또 움츠리는 것이다. 사뭇 어이가 없는 모양이다.

어느 것이 선이고 어느 것이 악이며, 어느 것이 자비인가?

經에 이르되 "사람이 양을 죽이면 양은 죽어 사람이 되고 사람은 죽어 양이 된다."고 했다. 양을 죽이는 악을 저지르지 말라는 法訓일 것이다. 만일 사람이 모두 자비를 베풀어 양을 죽이지 않는다면 양은 영영 成佛의 관문인 人身을 얻어보지 못하고 영원한 양의 신세가 될 것이 아닌가? 양을 죽이는 악이 얼마나 큰 희생의 공덕이 되는가.

먹히고 먹는 것이 자연이다. 공교로이 알맞게도 돌아가는 창조의 율법인가 보다.

—『제대학보』 제5호, (제대학보사, 1955. 12. 15.)

성냥

성냥을 사랑해야 하겠다.

우리의 생활 주변에서 한시도 떨어질 수 없는 생활 필수품이란 데서만이 아니다.

보라. 얼마나 재미있게 생겼느냐? 가느다란 나무개비 끝에 동그스름하게 유황이 방울져 붙은 성냥살. 이것들이 한 장 두께의 곽 속에서 서로 소복이 기대어 불만도, 슬픔도, 초조도 없이 그저 태연하고 늠름하게 자리잡아 있는 그 모습. 어쩌면 '완전', '완성' 이런 모든 것이 송두리째 담겨져 있는 성싶다.

성냥살을 하나 꺼내어 옆약[側藥]에다 마찰시켜 본다. 파시시익! 순간의 섬광! 불이 인다. 개비에 옮겨져서 불은 훨훨 찬란히 타오른다. 우연한 일이 아니다. 그만큼 준비가 되어 있기 때문이다. 유황, 염소산가리 등이 알맞게 배합된 녹두 방울만한 봉오리. 적린(赤燐), 이산화망강 등 알맞게 발라진 가무스름한 옆약. 이것들이 바로 준비인 것이다. 찬스가 닥치면 고스란히 간직했던 온갖 힘, 온갖 정렬, 온갖 기능을 순간에 퍼뜨릴 만한 준비가 이 속에 이글이글 타오르고 있었던 것이다. 이글이글 타오르기에 차라리 얼음장같이 냉랭하고 바위같이 오히려 묵묵하게 태연해진 것이다.

마찰, 그것은 찬스다. 이글이글 타오르는 준비가 늠름한 태세를 갖추어 있었기에 일단 찬스가 닥치면 순간에 불을 피울 수 있는 것이다. 습기가 있는 놈은 불이 안 탄다. 원소 배합이 제대로 안 된 놈은 불을 일으킬 수 없다. 준비가 갖추어 있지 않았기 때문이다. 히포크라테스가 "인생은 짧고 예술은 길고, 기회는 달아나기 쉽고 판단은 어렵다." 고 일장의 한탄을 읊었다. 기회가 달아나기 쉬운 것이 아니라 기회를 붙잡아 불꽃을 일으킬 준비가 없기 때문이다. 준비 없이 달아나는 기회를 원망하는 것은 자신의 미약함을 비웃는 어리석은 짓이다.

소북이 담겨 있는 성냥살 모두에다 1 2 3 4…… 하고 주르런히 번호를 써 붙여 보았으면 재미있을 성싶다. 어느 놈이 먼저 불을 피우고 나가는가 보자는 것이다. 1번 놈이 제일 먼저 불을 피워 나갈는지 모른다. 혹이면 3번 놈이, 그렇지 않으면 10번 놈이 스타트를 끊을는지도 모를 일이다. 두 번째, 혹은 열 번째에 목적을 이룰는지도 모를 일이다. 몇 번째에 불을 피우고 나갔던 간에 불을 일으킬 만한 조건, 곧 준비만 갖추어 있는 놈은 끝내 목적을 이루고야 마는 것이다. 성냥은 기회의 조만(早晩)을 조급히 서둘지 않는다. 선후 차례가 문제가 아니다. 다만 묵묵히 준비를 갖추고 늠름한 자세로 있을 따름이다. 준비도 없이 기회를 기다림은 우연과 요행을 바라는 우리의 못된 습성이다.

성냥은 자신의 이익을 돌보지 않는다. 고스란히 갖추어진 힘으로, 다가온 찬스에 순간의 발광으로 불을 남기고는 솜솜한 한 가닥의 재로 사라져 버린다. 원통이나 비굴이나 불만이라곤 요만큼도 없는 깨끗한 희생이다. 다만 불을 일으켜 사람의 생활 필수에 이바지하는, 이것만이 그것의 존재 이유이며, 목적이며 또한 보람인 것이다.

사람은 너무나 자신의 쾌락과 이익과 행복을 추구하지 않는가? 로마 성 안에 불을 놓아 타오르는 불꽃을 즐겨 시를 쓰려던 옛 이야기를 우리는 듣는다. 자신의 쾌락과 행복을 위한다는 것이 결국은 제 발등에 불을 질러놓은 것이다. 자신을 버리고 남을 위하는 미덕이 마침내는 자신에게 돌아온다는 성현(聖賢)의 가르침을 우리는 너무나 많이 듣는다. 친구를 위하고, 학교를 위하고, 민족을 위하여 희생하려는 마음, 이것은 나를 살리는 고귀한 정신인 것이다. 자신을 깨끗이 버리고 남을 위하여 희생하는 성냥의 미덕! 그 미덕을 위하여 완전한 준비를 갖추고 찬스를 서두르지 않는 늠름한 태세! 실로 성냥 같은 사람이고 싶다. 정말 성냥이고 싶은 것이다.

—『귤림』 제2호, (오현중학교, 1956. 3. 3.)

신문과 나

어떤 이는 작품을 쓰기 위하여 몇 개의 신문을 한 자 빼지 않고 날마다 정독한다고 하는가 하면, 어떤 이는 신문을 읽기만 하면 곧장 설사가 나므로 전연 가까이하지도 않는다고 한다. 이유인즉 날마다 지면에 벌어지는 그 형언할 수 없는 부패상이 하도 아니꼬워 비분강개한 나머지 그 정신적 충격이 곧장 생리에 영향이 가서 그만 설사가 난다는 것이다. 이쯤 되면 벌써 범인이 아닐 시 분명하다.

범인인 나는 모조리 읽어내는 재주도 없으려니와 설령 읽었다 해도 설사가 나기란 천만에다. 나는 통상 신문을 받아들면 으레 주먹만큼씩 큰 활자나 주워 넘기고 독실히 구미에 당기는 게 있으면 부득이 그 내용을 읽는다. 자잘한 활자를 모조리 읽는다 해도 그게 그것인데 정력을 소비해 가며 읽을 것이 무엇인가. 신문 기사를 읽어 봐야 살인이고, 부정이고, 사기고, 협잡이니 뻔한 일이 아니냔 말이다.

그러나 내 딴에도 신문을 충실히 읽을 때가 가끔 있다. 그것은 거의 선거 때다. 입후보자들이 제각기 커다란 슬로건을 내걸고 서로 대진하여 싸우는 모습을 경마 구경하듯 보는 맛도 좋지만, 어떤 인간이 나와 어떻게 해 나갈 것인가 하는 일맥의 희망이 신문을 아니 읽을 수 없게 한 것이다. 그런데 선거가 끝나면 그게 그것 같은 판국이 벌어지니 혀를 차며 신문을 던지고 마는 것이다.

내가 신문을 가장 저주한 때는 지난 3 · 15 부정 선거 때이고, 가장 흥미를 쏟은 때는 4 · 19 혁명에서다. 세계를 주시하는 그 젊은이의 선혈(鮮血)의 대가(代價)가 어떻게 갚아지는가 하는 것은 하나도 놓치고 싶지 않았기 때문이다. 그런데 어떻게 되어 가는 것인가? 모두들 야단법석들이 아닌가. "제2공화국의 동은 텄다.", "국민을 등쳐먹은 놈들을 처단하라.", "부정 선거를 꾀한 놈을 없애라.", "민주혁명이다.", "4 · 19 애국학도의 피를 헛되이 하지 말기 위하여 어쩌고 저쩌고……." 모두들 혁명투사인냥 외치고들 있었다. 아침에 낙제한 자도, 요행히 기회만 넘긴 자도, 직접 불똥만 면한 자들도 "이 때다" 하고 혈안이 되고 있지는 않은가? 입부리만의 혁명이어서야 되겠는가? 4 · 19를 계기로 하여 우리 국민 각자의 정신에, 생활에 얼마만큼의 변혁이 이루어졌을까? 기껏해야 다반사로 들리는 것이라곤 "이젠 돈과 압력으로 당선될 수는 없어." 하는 정도다. 이 정도로서야 외면적인 개혁은 되어 가는 것인지 몰라도 참다운 혁명이 되었다고 말할 수는 없다. 국민 모두의 마음 속이 깨끗이 청소되고 혁명되어야 한다. 마음 속엔 여전히 구렁이가 도사리고 있는데 겉만 번지르르하면 어찌될 것인가.

또다시 찬란하게 꾸며진 그 날의 신문을 나는 기다린다.

—『議會報』 제1호, 1960. 9. 1.

한여름의 생리

이렇게 무더운 여름엔 아무래도 시골이 좋다. 말타기놀이를 하던 조카 놈들이 가버린 뒤의 정적 속에 매미 소리가 한가롭다. 정히 닦은 마루에 두 발을 뻗고 누워 책을 들여다보는 것은 운치가 있어 좋다. 서너 페이지를 넘긴다. 앞문으로 들어온 선들바람이 뒷문 밖 수수 이파리를 살랑거리며 사라진다. 책 든 팔에 기력이 떨어졌다. 졸음이 온다. 책을 던지고 옆으로 돌아누웠다. 새파란 하늘이 차일처럼 앞문에 걸렸다. 입을 마음껏 벌리고 하품을 해 본다. 어느새 흰 구름 한 점이 문 앞을 돈다. 눈물어린 눈으로 바라보는 푸른 하늘의 흰 구름은 참 곱다. 어찌하여 하늘은 저렇게 푸른 빛이며 구름은 저런 빛인지 모른다. 구름 빛이 모두 한 빛이었다면 얼마나 단조로울까? 거기에다 하늘마저 같은 빛이었다면 더더구나 단조로울 것이 아닌가.

빛! 눈 속의 매화 빛, 달빛 속의 배꽃 빛, 이슬 머금은 복숭아꽃 빛, 하늘, 바다, 산, 호수들의 빛, 어찌 그리 잘 조화되어 있는 것인가? 꽃이 모두 한 빛이었다면 참으로 싱거울 것이다. 아마 식물학에선 풀의 세포들을 관찰하여 피어날 꽃 빛을 계산해낼 수 있는지 알고 싶은 일이다. 대체 이 삼라만상의 빛은 몇 가지나 될까? 생각하면 참으로 현련묘묘(玄玄妙妙)한 것이다. 이 많은 빛이 아기자기하게 조화된 대자연! 예술품! 아마 이 우주를 창조한 자가 있다면 필시 예술가이리라 생각해 본다.

우리 인간은 얼마나 많은 빛에 어울려 사는 것일까. 인간이 여러 가지 빛깔의 옷을 골라 입는 것은 필시 인간의 보호색이리라.

바람이 한 줄기 또 지난다. 머리가 노곤하니 잠을 청했다. 파리가 입가에 와 붙는 것이다. 먹을 것을 냄새맡아 온 것이리라. 두 놈이, 세 놈이 그 여린 발로 삼삼거린다. 동부인에 가족까지 낀 것일 게다. 나는 입을 움칫해 본다. 잠시 날아났다가 또 붙는다. 기어코 먹어야 살겠다는 것이겠지만, 내가 못 견디니 돌아누웠다.

마루 구석에는 거미놈이 파리를 노리고 납작이 붙었다. 기회를 노리다가 얼굴을 씻는 파리에 주룩 달려든다. 거미 뒤꿈치 쪽으로 파리는 파딱 날아 앉는다. 거미는 주둥아리를 움칠대며 돌격 태세를 갖춘다. 파리는 자기의 생명을 노리는 거미의 흉계를 모른다. 아까 마신 내 입의 향기를 다시금 회상해 보는 것일 게다. 두 놈은 같은 행위를 반복한다. 실패를 거듭하는 거미는 약이 올라 필사적으로 날세게 달려든다. '악!' 부채로 나는 두 놈을 쳐버렸다. 파리의 허리를 폭 무는 것을 분명 보았기 때문이다. 먹어 살려는 놈을 잡아먹는 놈, 먹어 살려다 보니 잡아먹히는 정률(定律). 차마 볼 꼴이 아니다. 허나 먹어야만 사는 것을 한 놈이라도 살려야 옳을 것인데, 그만 두 놈을 다 죽여버린 것이 아무리 생각해도 죄스럽다.

우리 개 '독그'가 어슬렁어슬렁 들어온다. 처마 밑 그늘에 누워 기지개를 한 번 펴고는 눈을 감는다. 개 없는 동네라 고독에 못 이겨 체념하는 것일 게다. 울밑의 해바라기가 축 늘어졌다. 무더운 태양에 저항하다 저항하다 못 이겨 이젠 굴복의 눈물로 기도하는 자세다. 그래도 유난히 노란 꽃을 피웠다. 종족은 번식해야 할 것이니까 말이다.

흙을 한 움큼 파 들어앉았던 수탉이 날개를 달달 털고 자지러지게 운다. 그리고는 암탉의 둘레를 한 바퀴 휘휙 돌고는 암탉의 머리를 물어 위로 덮치는 것이다. 정복감에 충만한 수탉의 모가지는 더욱 우쭐해진다. 더워도 사랑은 해야 한다.

대예술품인 자연은 가지가지 신진대사도 하는 것이다. 먹음과 먹힘이 있어야 하고, 저항과 굴복도 있어야 한다. 사랑도 해야 하고, 미움도 알아야 한다.

살아야만 하는 것들의 험상궂은 연극 속에 여름의 장년기는 고비를 넘기나 싶다.

—『濟民時報』 제98호, 1961. 9. 1.

거미줄 아래서

위가 팽팽하지 못한 나는 저녁을 먹자마자 문지방을 베고 눕는 것이 편하다. 다리를 쭉 펴고 한 모금 담배 연기를 내뿜으면 언제나처럼 천장엔 자그마한 거미가 얼굴에 떨어질 듯이 매달려 있다.

나는 이 거미를 여름이 들면서 이제까지 은근히 마음써 보호해 온 것이다. 요놈이 대체 언제까지 어떻게 사나 보고 싶어서다. 그래서 저녁만 끝내면 오늘의 생태를 담배 연기 속으로 응시하는 것이다.

요놈은 꼭꼭 고른 간격으로 줄을 펴고는 중앙에 얌전히 매달려 언제나 졸고 있다. 어디서 저런 건축기술이 나오는가? 밑구멍으로 흐르는 연한 실을 뒷발로 싹싹 엮어 가는데 재깍재깍 새맞아 가는 그 수학을 보라. 담배 한 가치가 다 타는데도 이놈은 꼼짝하지 않는다. 보다시피 먹이라곤 걸려든 게 하나도 없다. 언제 파리라도 한 마리 날아들지 약속이 없다. 헌데 요놈은 예측할 수 없는 시간을 추호의 초조도 없이 태연스럽게 정좌해 있는 것이다.

나는 그 느긋하고 늠름한 삶의 자세를 한 모금 깊숙이 빨아들여 본다. 허나 연기는 다시 돌아가 그놈을 감싸고 사라져버리는 것이다. 나는 초조하다. 어쩌자고 이놈은 언제나 저렇게 가만히 있는 것이냐? 한 치의 어긋남도 없이 기하학적으로 노획 시설을 완성해 놓고는 묵묵히 천명(天命)을 기다리는 것인지 모른다.

저녁을 치른 애들이 달려든다. 두 놈이 내 걷어올린 다리를 쓰다듬다가 몇 겁 털을 홱 뽑는다. "아야!" 순간 나는 벌떡 일어나 앉는다. 두 놈은 깔깔대며 저만큼 달아나 손뼉을 친다. 그만 나도 웃어버리고 만다. 여섯 살 난 녀석이 볕에 그을린 제 다리를 들고 다가온다.

"아버지, 나도 어른이우다. 이거 봅서. 털 났수게!"

"어디? 어디 털이 났어?"

이 녀석이 제 다리의 그 노란 것을 뽑아 보이는데, 작은 녀석이 또 "나도 났수다." 하며 다리를 들고 온다. 참, 이 녀석들처럼 귀여운 건 없다. 이 녀석들에겐 무엇이든지 바치고 싶은 것이다.

어째서 이리 귀여운가? 왜 이리 귀여워해야 하는가? 정말이지, 이 큰 녀석을 낳았을 때 나는 이 주제를 놓고 얼마나 생각했는지 모른다. 이웃 사람마다 아들 낳아서 반갑다고 인사가 자자한데 나는 기뻐해야 할 것인지 아니해야 할 것인지 어리둥절했었다.

'이게 내 자식이다. 그럼 사랑하고 키워야 한다. 왜 그래야 하나?'

좀처럼 풀 수 없는 난제였다. 좀 우스운 이야기지만 「향락의 소산이니 그 대가로」라는 궁벽한 논리마저 세워보려 했던 이 녀석이 이젠 막 귀여운 것이다.

나는 또 눕는다. 거미는 여전하다. 나는 요놈이 수놈인가, 암놈인가 생각해 본다. 매미 소리 자지러진 조밭에서 김매던 손을 멈추곤 "거미 넋

이주기." 말씀하시던 어머님이 떠올랐기 때문이다.

밭 구석 거미줄에 흩어지는 거미 새끼들을 보며 하시는 어머님의 말씀엔 어린 나도 소름이 끼쳤다. 거미는 새끼를 까면 제 살코기를 빨아 새끼를 먹여 키운다는 것이다. 사실 덤불에 얽힌 거미줄엔 마치 먼지가 번져가듯 자잘한 거미 새끼가 사르르 흩어지고 있었고, 큰 거미의 껍질이 호미에 걸린 거미줄에서 출렁거리고 있는 것이었다. 어미의 피를 빨고 커 간다니. 아니, 제 살을 저미어 먹여 새끼를 키우다니. 이게 무슨 신의 가혹한 장난이냐! 아주 커서 들은 이야기지만 이 어미는 또 교미가 끝나면 이내 수놈을 잡아먹는다는 것이다.

생물학상의 사실 여부는 그만 두고, 이게 무슨 짓들이란 말이냐! 교미의 여운에 살덩이가 찢기는 고통이 차라리 향락인 알 수 없는 섭리. 수놈의 피를 빨아먹은 암놈이 새끼들에게 살을 저미며 희열에 충만하는 이 섭리. 「거미 넋」 이야기로 인간의 불효를 책하던 어머님은 칠순이 내일모레다. 작년엔 당신이 들어갈 관 널빤지와 개판 널빤지까지 손수 사들였다. 그것들을 고광에 쌓아놓고는 쌀독을 열 때마다 매일 보며 살아간다. 관과 개판 널빤지를 사들이는 것을 만류했지만, 어머님은 그걸 마련해 놓아야 마음이 놓인다고 했다.

나는 소름이 일었다. 어찌 죽음을 눈앞에 보며 저렇게도 태연할 수가 있는가?

나는 「고려장」 영화 이야기를 들려드리다가 비로소 의문이 풀렸다. 고려장하듯 죽지 말고 오래 살고 싶어 하는 그 본심을 눈치챘다. 시집살이 오가던 때가 어제 같다고 눈시울이 달라지는 어머님. 분명 자식의 괴로움을 조금이라도 덜어주려는 그 마음이 죽음의 널빤지 앞에서도 태연하게 하는 것이다.

내가 효도를 하고 있는가? 인간에 효(孝)가 있다면 그것은 정말 거미에 없는 인간만의 것이리라.

저 거미는 수놈일까? 아니면 언젠가 새끼에게 살코기를 찢기며 미소 지을 암놈일까?

—『濟大新報』 제18호, 1963. 12. 25.

콩잎과 식생활

"제주도의 요리에서 특색 있는 것이 무엇입니까?"

외래 손님을 안내하며 이런 질문을 받았을 땐 그만 당황해진다. 제주도 특유의 요리가 무엇일까? 갖가지 자랑을 털어놓던 나는 재빨리 '자리회'니, '돼지새끼회'니 대답하여 메꾸곤 한다. 그러면서 제주도의 여성은 남자들과 똑같이 밭일을 하기 때문에 사치스러운 식생활을 생각할 여유 없이 살아왔었다고 주석을 붙이는 것을 잊지 않는다.

생각하면 요리법도 그 지방의 풍토와 산업, 사회와 종교, 집단성, 이런 모든 것의 총화로 이루어진다. 그러니 다른 생활 문화는 발바닥까지 드러내 보이면서 중국요리와 같이 희한한 것이 없다 해서 부끄러워할 것은 하나도 없을 것이다.

얼마 전 학술조사차 온 도쿄대학의 교수를 안내하여 어느 마을에 갔다. 교수는 그 마을의 유지에게 춘하추동별 농민의 식생활을 묻는 것이다. 통역을 맡던 나는 여름의 부식에 콩잎을 첨가하여 말하고 유지에게 양해를 구했다. 그것은 이미 그 교수의 30년 전 조사카드에 콩잎을 먹는 법이 기록되어 있었고 또 진정한 제주도 문화 이해에 필요한 것이기 때문이다. 그런데 그 유지는 대단히 난처한 표정으로 '그런 것은 창피스럽게 말하지 말 것 아니냐.'고 책하는 것이었다.

콩잎을 먹는 것이 창피스러운 것일까? 따져들면 배추를 먹는 것이나 매한가지다. 영양학에선 오히려 찬양할지 모른다. 보리밥 솥에다 살짝 쪄 먹는 콩잎은 위생적으로도 나무랄 데 없을 것이다. 아무 채소도 없는 여름에 콩잎을 먹을 줄 알았다는 것은 차라리 식생활의 과학화라 해야 할 것이 아닐까.

그런데 그 유지는 사철 보리밥과 조밥의 주식은 선뜻 말하면서도 이것만은 숨기려 든다. 다른 지방에서 안 먹는 것이니 창피스러운 것이다. 우리만이 먹는 것이니 부끄러운 것이다. 공통된 것은 떳떳한 것이지만 우리만이 가진 것은 졸렬한 것이다. 이런 열등 의식이 그로 하여금 그렇게 안색을 변하게 한 것이 아닐까. 부끄러운 것은 콩잎을 먹는 것보다 그 열등 의식이다. 이런 부끄러움은 비단 그 유지에게만 있는 것이 아니다. 나의 가슴에, 그리고 우리들의 마음에 얼마나 많이 도사리고 있을 것인가.

—『濟州新聞』, 1965. 11. 20.

나그네

— 송년 수필

연하장이다, 캘린더다, 외상값이다…….

거리는 술렁대어간다. 거기에다 징글벨 소리가 울려 가면 나는 문뜩 어느 낯설은 도시를 헤매는 나그네의 심회에 젖는다.

분명 고향 제주의 거리를 거닐면서 반추하는 객수(客愁). 이는 단순히 어수선한 세모(歲暮)의 센티멘털만은 아니다.

얼마나 달라졌고 또 달라져가고 있는가. 낯익은 집 자리들에 하늘로 치솟는 빌딩. 서울의 어느 변두리 신흥도시로 언뜻 착각되는 넓은 새 길. 국민학교 때 하나밖에 못 보던 택시가 열을 지어 밀리는 거리.

어찌 이런 것뿐인가. 귤나무 하나면 대학까지 보낸다고 전설처럼 듣던 감귤에 온통 벌게진 눈과 눈들. 몇천 원, 몇만 원 뛴다, 뛴다, 야단치는 토지 매매. 모르긴 해도 사람들이 반은 미쳐버린 것 같다.

제주가 이런 곳이었던가. 아무리 보아도 고향 같지가 않다. 아무리 급변해도 물적(物的)인 변화야 그래도 약과이지만 심중들의 변화는 도시

계산하기가 어려워 몸을 가누기 어렵다.

우선 추산으로도 마음과 마음들이 점점 차가워져 가고, 인정이 슬프도록 메말라 가고있지 않은가? 격조했던 분들, 다정했던 벗들, 나붓이 세배하고 술잔을 마주 놓아 정회를 풀고싶은 것이지만, 벌써 그와의 간격이 천 리나 되는 것처럼 느껴져 간다. 나는 분명 나그네가 되어가고 있는 것이다. 그러나 나그네가 어찌 나뿐이겠는가.

갓을 쓴 고개를 뒤로 젖혀 담뱃대로 빌딩의 높이를 가늠해보는 노인도 나그네요, 대학을 나오고 고향 어른들의 이목이 두려워 시골 중학교 강사 이름이라도 따겠다고 허덕이는 지성인도 나그네다.

칠십 노인이 다방에 앉아 어린 레지에게 농을 걸어보아도 끝내 허한 마음을 어쩔 수 없어 발을 돌리는 것이나, 머리나 눈썹이나 교태(嬌態)까지 모조리 가조(假造)한 작부(酌婦)의 손을 매만지며 술로써 가슴을 풀어보려는 어느 신사나, 부조리다, 불안이다 하며 대포잔을 받아 앉아 열을 올리는 청년이나, 머리맡에 놓인 과자가 산타클로스 할아버지 선물이 아니라 엄마가 놓은 것을 알아차려 실망해 버린 우리 집 꼬마나 다 나그네다.

며칠 없어 내 나이 벌써 40. 40세이면 고개 마루에 선 셈이다. 허둥지둥 고개 마루에 기어오른 나그네는 정말로 포근한 고향이 생각나는 것이다.

초가삼간 포근한 안방에서 질화루에 인두를 묻고 설옷 광목 저고리에 하얀 동정을 붙이는 어머님, 이따금씩 지나가는 눈싸라기 소리 사이마다 등잔불 조으는 소리와 바느질 실 뽑는 소리를 들으며 잠이 들던 그 세모(歲暮)가 그립다.

잠이 깨어 보면 좁은 창문이 너무나 밝아 문을 열어제치면 가슴 앞에 벌어진 그 설경(雪景)의 아침. 그처럼 고요하고 청신한 세모가 안 올 것인가.

어머님이 밤을 새며 만드신 새 옷들을 설날 새벽에 감나무에 허옇게 걸쳐 습기를 들이고는 숯불로 차례차례 다려 입어 뛰어나오던, 그런 새 아침은 다시 없을 것인가.

공장의 굴뚝마다 빌딩의 언저리마다 자동차가 흘러가는 거리마다 고향이 깃들어야 하겠다. 그래서 이 쓸쓸한 나그네들이 다들 다스한 고향으로 돌아갈 날이 와야 할 것이 아닌가.

—『濟南新聞』, 1969. 12. 23.

원숭이의 콧수염

"우에노[上野] 동물원의 원숭이가 콧수염이 길어졌다."

내 1년간의 도쿄 생활의 견문에서 가장 신기로운 뉴스를 들라면 아마 이것을 내세워도 좋을 것이다. 원숭이에 대한 조예가 백지인 나는 본래 원숭이가 콧수염이 있는 동물인지 아닌지는 잘 모르되, 듣기로는 이 도쿄의 동물원의 원숭이가 콧수염이 없었다고 한다. 그런데 전에 없이 이 원숭이의 콧구멍에 부스스 수염이 돋아났다고 한다.

이것이야말로 도쿄의 대기적이 아닐 수 없고, 눈앞에 생생히 보는 자연의 신비가 아닐 수 없다.

1천 만이 넘는 인구가 우글거리는 도쿄. 거리거리마다 자동차의 물결로 들어차, 걸음보다 느린 버스에서 참다 참다 짜증을 내며 내려버린 손님들이 차라리 버스보다 빨리 걸어가는 빌딩의 거리. 해가 지기 전부터 상가의 문이 거의 닫히고, 밤과 더불어 네온사인과 교통 신호등만이 홀로 깜박거리는, 죽은 듯한 거리가 날이 새자마자 웅성거리기 시작한다.

지상과 지하를 누비는 전동차, 거리마다 쏟아져 나온 자가용, 버스, 트럭, 거리마다 굴뚝마다 매연이 오른다. 매연 한 점 안 나는 새 차들이지만, 여덟 시만 지나면 공기는 혼탁해진다. 강풍주의보가 내리지 않은 날은 푸른 하늘이 없고, 고개를 쳐들면 빌딩의 빛과 하늘빛이 다같이 부옇게 보여서 한참 만에야 구별이 간다. 텔레비전의 뉴스를 돌리면 광화학 스모그 주의보를 외치고 있다.

쌀 걱정, 물 걱정, 그리고 돈 걱정이 없는 이 도시민들은 무서운 것이 흐린 하늘, 흐린 강물, 탁한 공기, 그리고 달리는 차바퀴다. 소학교(초등학교) 어린이에서부터 총리에 이르기까지 입을 모아 걱정하는 것이 환경 문제요, 신문이나 라디오에서 매일 외치는 것이 공해 문제다. 그러니 "잠자리가 나는 도쿄의 하늘을!" 하는, 도지사(都知事) 출마자의 캐치프레이즈가 자연히 나오게 마련이다.

이야기가 오래 옆길로 흐른 것 같지만, 이런 탁한 공기 속에 갇히어 살게 된 우에노 동물원의 원숭이는 어느 새 이에 대한 대응책이 마련된 것이다. 오염된 공기의 통로인 콧구멍에 수염을 냄으로써 맑게 여과시켜 산소를 허파에 들여보내는 것이다.

다윈의 진화론 이래, 자연 환경에 적응하기 위하여 동물의 신체 구조가 변화되어 왔다 함은 상식처럼 되뇌면서도 항시 한 가닥 의심을 면치 못하던 터에 이 기적적인 콧수염에는 그만 경이를 토하지 않을 수 없다. 환경에 대한 동물의 신체 구조의 반응이 이렇게도 빨리 일어날 수 있을까. 자연은 이렇게도 빈틈없이 그 신비로운 힘을 재빨리 발휘하는 것인가.

그런데 만물의 영장이라는 인간은 저들이 만든 공해로 해서 얼굴이 하얘지고 새로운 질병을 앓고는 있지만 이에 견디어내게 허파가 달라져

간다느니 하는 말은 아직 듣지 못했다. 인간의 육체가 얼마나 불리하고 졸렬하게 생겨먹었는가를 새삼 느끼게 되는 것이다.

하지만 인간은 정치에서, 교육에서, 사회에서 공해를 들추어내고 해결할 길을 모색할 줄 알지 않는가. 콧수염으로 막아내는 대신 문화로써 막아내는 것이다. 역시 인간은 인간임을 느끼게 된다.

—『濟大新聞』, 1971. 10. 1.

아쉬움의 미학(美學)

한라산 꼭대기를 짚고 바닷물의 빨래를 발로 문질러 빨던 '선문대할망'이 약간의 실수로 그만 죽어버린 것은 아쉬운 일이다.

영봉(靈峰) 한라를 창조하려고 치마폭에 흙을 담고 뚜벅뚜벅 걸어가는데, 헌 치맛자락 구멍 틈새로 한 줌씩 새어 흐른 흙이 오름이 되었으니, 이 거대한 여신(女神)이 죽지 않았던들 제주도는 참으로 웅대한 것으로 창조되었을 것이다. 헌데, 이 여신이 제 키의 거대함을 과시하노라고 이 물 저 물에 들어서며 비웃다가 저가 창조한 '장오리물'에 그만 빠져 죽어버린 것이다. 이 놀라운 창조력을 가진 여신이 약간의 만심(慢心), 약간의 실수로 죽어버렸다는 건 아쉬운 일이 아닐 수 없다. '할망'은 명주 속곳 한 벌을 해주면 육지까지 다리를 놓아주겠다고 했다. 온 백성이 힘을 다하여 명주를 모았으나 아흔 아홉 통밖에 안 되고 아쉽게도 한 통이 모자라 속곳 가랑이 한쪽이 완성되지 못했다. 그래서 모처럼 시작한 다리 놓기 공사를 중단해 버렸다는 건 창파를 헤쳐가야 하는 섬사람으로선 내내 아쉬운 일이다.

나는 아흔아홉골을 몇 번 가 보았지만, 요 골짜기가 꼭 아흔 아홉인지 아닌지를 모른다. 필시 하나도 틀림없는 아흔 아홉은 아닐 것이다. 그런데 이름하여 아흔아홉골이요, 이 아흔아홉골 때문에 제주도의 운명은 이미 정해져 버린 것이다. 만일에 한 골짜기가 더 있어 백 골이 찼더라면 호랑이도 나고, 임금도 나고, 그래서 대왕국도 이루어졌을 것인데, 한 골짜기가 모자란 탓으로 그만 제주도는 시시해져 버린 것이다. 한 골짜기, 실로 이 한 골짜기 때문에 제주도의 역사가 이 만큼밖에 안 되었다는 건 참으로 아쉬운 일이다.

해돋이를 보려고 성산일출봉에 오르면 움푹 팬 산꼭대기 주위는 우뚝 우뚝 봉우리들로 둘러싸여 있다. 이 봉우리 수도 아흔 아홉 봉우리. 여기에도 한 봉우리가 모자라 왕도 범도 아니 난다는 운명적인 아쉬움이 전해온다.

어찌 그뿐인가. 김녕사굴에서 뱀한테 제물로 올려진 아리따운 아가씨를 구해낸 열 아홉 살의 영웅 서련판관(徐憐判官)이 뒤를 언뜻 돌아다 본 때문에 죽은 것도 아쉬운 일이요, 김통정(金通精) 장군의 최후도 역시 아쉬운 것이다. 재[灰] 한 말에 빗자루 하나씩을 세금으로 받아 토성 주위에 재를 뿌리고 말꼬리에 빗자루를 매달아 채찍을 놓으면 오리무중(五里霧中)의 연막이 쳐지던 김통정도 겨우 아기업저지 관리 하나 잘못으로 산산이 파멸되고 말았다. 토성의 방어 대책이 거의 완벽에 가까이 되어 있는데 다만 보잘것없는 아기업저지 하나를 성 안에 들어놓지 아니한, 실로 하찮은 실수가 장군의 대망을 와르르 허물어 놓았다는 건 아무리 생각해도 아쉬운 일이 아닐 수 없다.

제주도엔 아쉬운 이야기가 하도 많다. 처음부터 전연 바랄 수도, 이루어질 수도 없는 것이면 차라리 체념해 버릴 것이지만 이건 그런 것이 아니다. 이루질 수 있는 소지와 가망이 확신하리만큼 있어 일이 거의 완벽에 가까이 되어 가다가 마지막에 가서 보잘것없는 하나의 실수, 하나의 티, 하나의 부족 때문에 그만 허탕쳐 버리는 것이다. 이것은 "아쉽다"라고밖에 더 말할 수 없는, 그런 서운한 것이다.

하찮은 만심으로 빠져 죽은 '선문대할망', 보잘것없는 아기업저지 때문에 파멸된 김통정 장군, 백 통을 채우는데 모자란 한 통, 아흔 아홉골에 꼭 필요했던 한 골, 이런 하나들이 제주도민의 심금을 철렁거리게 했던 것이 아닌가. 우리 조상들은 이 하나의 아쉬움을 심히 아쉬워하고, 아쉽고 아쉬워서 가슴속에 새기고 아쉬움을 못 이기어 항상 이야기하며 아쉬워해 온 것이다.

이웃 민족을 잠깐 보자. '구천(九天), 구만리장천(九萬里長天), 구중궁궐(九重宮闕), 구천지하(九天地下), 구곡간장(九曲肝腸)…….' 그들의 아홉은 많고 크고 멀고 충만하고 완벽한 수로 생각했지만, 제주도의 아홉은 열에 하나가 모자란 아쉬운 수이고, 아흔 아홉은 백에 하나가 모자란 아쉬운 수이다.

하나의 이 아쉬운 감정은 제주도민의 이야기에, 노래에, 온 생활에 번져 있고, 핏줄에서 핏줄로 어느 한구석을 흐르고 있는 것이 아닐까. 하나의 아쉬움, 이것은 제주도의 애수(哀愁)요, 미(美)일 수 있지 않을까.

—『濟州新聞』, 1971. 11. 18.

교편(敎鞭)

'교편을 잡다', '교편을 놓다' 식으로 교편(敎鞭)이란 말은 오늘날 교직이라는 뜻으로 쓰이고 있다. 그러나 '교편'의 본래 뜻은 '가르치기 위한 회초리'이다. 학생을 가르치기 위해서는 회초리가 필수적이기 때문에 회초리를 잡는 것이 교직에 들어가는 것이 되고, 회초리를 놓는 것이 교직에서 물러나는 것이다.

우리 조상들은 학생들을 가르침에 있어 회초리를 필수적인 도구로 생각해 왔기에 이런 어휘가 생겨난 것이다. 그래서 한문서당의 선생님들은 요새 선생님들이 분필 쥐듯 상시 회초리를 쥐고 있었다.

나도 국민학교에 입학하기 전, 한문서당에서 글을 읽으며 그 회초리를 몇 번 맞은 일이 있다.

내가 어렸을 때만 해도 옛날이어서, 고향 마을에 두 개의 서당이 있었다. 하나는 『천자문(千字文)』에서 사서삼경(四書三經)까지 가르치는 한문서당이고, 다른 하나는 소위 신학문을 가르치는 개량서당이다. 이 서당의 교과 과정은 조선어, 국어[日本語], 산술, 이과(理科) 등으로 두 해면 끝이 난다. 정식 국민학교는 읍내에밖에 없어서 여기에 들어가려면 입학시험을 거쳐야 했다. 좁은 문인 것이다.

나는 먼저 한문서당에 들어가서 『천자문』을 읽기 시작했다. 마을의 집 한 채를 빌어 개설한 서당에는 학동이 20여 명이었다. 마루방에 뱅 돌아앉은 아이들은 앞에 책을 놓고 목소리를 높여 몸을 흔들며 제각기 글을 읽는다. 『천자문』, 『명심보감(明心寶鑑)』, 『소학(小學)』, 『맹자(孟子)』, 『대학(大學)』, 『논어(論語)』 등 각급 학생의 글 읽는 소리가 서로 섞이어 노랫소리처럼 마을에 퍼진다. 우리는 그 소리를 "맹꽁맹꽁"이라 표현했다.

글 읽는 소리가 줄어들어 가면 선생님은 수염을 곤두세우고 회초리로 마루바닥을 닥닥 친다. 그러면 소리가 일제히 높아진다. 만일 벌을 주어야 할 학생이 나타나면 선생이 불러 앞에 세우고 바지 대님부터 풀게 한다. 종아리를 걷어올리게 하여 훈계의 소리를 높이고는 찰싹 하고 종아리를 친다. 반성의 다짐이 나왔을 때 회초리가 멈췄다. 나는 『계몽편(啓蒙篇』과 『소학(小學)』을 조금 읽은 후 개량서당엘 들어갔다. 나누어주는 새 교과서의 잉크 냄새부터 새로운 맛이 짜릿했고, 종이 울리면 운동장에서 흙범벅이 되게 노는 것이 그렇게 좋을 수가 없었다. 개구쟁이 친구들이 많이 생겼다.

개량서당의 1년 과정을 마치고 읍내의 북국민학교에 입학시험을 보았다. 낙방이었다. 화가 난 아버지는 신학문을 아니 시키겠다고 하여 나를 다시 한문서당으로 보냈다. 『천자문』으로 다시 되돌아가 읽기 시작했다. 얼마 없이 개량서당의 개구쟁이들이 한문서당엘 찾아왔다. "용준아, 용준아" 하며 문 옆에 앉아 글 읽는 나를 꾀어댔다. 나는 불현듯이 운동장이 그리워져 자신을 잊고 아이들과 해해거리고 있었다. 이 때 내 등에 회초리가 가볍게 찰싹 했다. 두 아이 건너 앉았던 선생님이 마당의 개구쟁이들이 모르게 회초리를 등뒤로 돌려다 때린 것이다. 때렸다기보다 건드렸다는 것이 알맞을 정도다. 정신이 번쩍 했다.

나는 이 때의 회초리 맛을 잊을 수가 없다. 비록 어린아이지만 남에게 매 맞는 것을 안 보이게 인격을 존중하면서 일깨워준 회초리. 얼마나 인자하고 교육적인 회초리인가를 이제야 되씹게 되는 것이다. 이 회초리는 달려가면서 뺨을 갈기거나 발로 걷어차는 것과는 근본적으로 그 성격이 다르다.

한문서당의 회초리는 정말로 '교편(敎鞭)'이었다. 대님을 풀고 종아리를 걷어올리는 사이에 벌써 선생의 감정은 사라지고 사도(師道)로 돌아오기 때문이다.

나무 회초리보다 말의 회초리가 더 무서운 것이다. 교편생활 20수 년에 내가 얼마나 참된 '교편'을 쳤는가, 그리고 학생들이 그 '교편'을 어떻게 받아들였는가, 이제야 곰곰이 생각하게 된다.

—『濟大新報』 제7호, 1981. 4. 18.

꽃 이야기

花笑聲未聽
鳥啼淚難看

이 詩句를 처음 배운 것은 학교에 들어가기 전 한문서당에서였다.

꽃은 웃지만 소리를 듣지 못하고
새는 울지만 눈물을 볼 수 없네

왜 좋은지 분석 능력은 없었지만, 한시(漢詩)를 처음 배우던 때라, 어린 내 마음엔 어쩐지 좋았다. 딱 들어맞는 對句가 좋았던지, 그 표현 기교가 좋았던지는 모르되, 어떻든 이 詩句는 나의 머리에 박혔고, 그로 인해 꽃이 좋아졌다. 그래서 '올레' 모퉁이에 채송화니 봉선화니 몇 그루 심어 꽃 피기를 기다렸던 때가 어제 같다.

그런데 그 후 학교에 들어와 이과(理科)시간 공부를 하고 자연에 대한 견식이 조금 넓어지다 보니, 꽃은 소리 없이 웃는 것이 아님을 차차 알게 되었다. 꽃에는 수술, 암술이 있고, 벌이나 나비가 와서 꿀을 따 가는 사이에 자연히 수정이 되어 열매를 맺는 생식 기관이다.

그 보드라운 꽃잎을 가지런히 벌려 빛깔을 자랑하고 향기를 내뿜는 것은 벌이나 나비를 유인하여 스스로 생식하려는 행위에 불과하다. 또 벌이나 나비가 암술과 수술을 교배시켜 주려는 의도에서가 아니라, 먹고 살기 위해 자기의 식량을 찾아 채취 작업을 하는 것에 불과 하다. 그게 자연의 교묘한 솜씨에 의해 꽃의 생식을 매개해 주는 것이다. 그러니, 꽃은 사람을 위해 소리 없이 웃는 것이 아니요, 또 애초부터 사람의 구경거리를 위해 피어 있는 것도 아니다. 그런데 사람들은 제멋대로 해석하여 꽃이 웃는다고 노래도 하고, 또 꽃을 여인에다, 벌이나 나비를 남자에다 비유하여 '탐화봉접(探花蜂蝶)' 운운하고 있으니, 이 얼마나 가당치 않은 짓이냐.

가령, 가장 고결하다는 국화를 놓고 보라. 이미 서릿발이 차가운데 오돌오돌 떨며 꽃을 피운다. 찾아올 나비라도 있으면 몰라도 이미 그런 계절이 지났는데 생식 기관을 내벌려 아무리 향기를 내뿜으며 뽐내본들 무슨 소용이 있는가. 내 식물학적 지식으로는 국화의 수술, 암술이 어찌 되었는지는 몰라도, 이 놈이 열매를 맺지 못하는 것을 보면 불임증의 병신 꽃임에 틀림없다.

이 병신 꽃을 놓고 '오상고절(傲霜孤節)' 운운하여 절개를 숭상하는 인간들이 얼마나 제멋대로인가. 병신 꽃은 국화꽃만이 아니다. 요새 비닐 재배니, 온실 재배니 하여 곱다는 꽃은 다 재배해 내놓는다. 봄에 피어야 할 꽃을 가을에 피우고, 여름에 피어야 할 꽃을 겨울에 피워 꽃가게에 내어 판다. 이 꽃들은 계절 감각을 잊어버려 어정쩡하다. 온실 안에 있을 때는 여름인가 해서 꽃을 피웠는데, 바깥에 나오고 보면 벌도 나비도 없는 한겨울, 그래서 정신 이상이 되어 버린 꽃이 된다. 이런 꽃을 꽂아 놓고 좋다고들 하는 인간이 얼마나 제멋대로이냐.

거듭 말하지만, 꽃의 본질은 종족을 번식시키는 생식 기관이요, 꽃이 곱다, 향기롭다 하는 것은 벌이나 나비를 유인하기 위한 자연의 섭리일 뿐이다. 이를 놓고 인간은 자기 나름대로 해석을 붙여 '웃는다'니 뭐니 왈가왈부(曰可曰否)할 아무런 권리도 없다. 그리고 또 자연의 섭리를 조작하여 제철이 아닌 꽃을 온실에서 재배하는 따위 가혹한 짓은 할 짓이 못된다. 이게 바로 근래까지의 꽃에 대한 나의 지식이요, 견해였다.

그런데 최근에 와서 나는 새로운 사실을 발견했다. 조물주는 다른 동물과는 달리 인간에게는 꽃에 대한 심미감(審美感)을 부여했다는 것이다. 다른 동물들은 꽃을 놓고 아름답다느니, 웃는다느니, 여자 같다느니 하는 것을 못 느끼지만, 인간은 그것을 느낄 줄 안다. 그런 정서를 조물주는 인간에게만 배려해 주었다.

꽃이 종족을 번식시키는 생식 기관이라는 자연의 섭리는 자연의 세계로서 엄연히 존재시키면서 인간에게는 이 자연의 세계를 별도로 정서로써 받아들여 삶을 윤택하게 하는 힘을 부여한 것이니, 이 얼마나 지혜로운 일인가.

꽃 한 송이가 헤어지는 우정을 다시 맺어주고, 병상에 누운 연인에게 삶의 의지를 준다. 축복하는 한 아름의 마음을 전해 주기도 하고, 죽음에의 명복을 빌어 영혼의 한을 달래기도 한다. 자살하려던 사람이 꽃 한 송이로 생명력을 되찾은 일도 있을는지 모른다.

이러한 것이 모두 꽃을 보고 '웃는다'고 표현할 수 있는 인간의 감성 때문이다. 이 감성의 특별한 부여, 이 또한 자연의 섭리다. 이런 평범한 사실을 이제야 알았으니 가소로운 일이다.

花笑聲未聽
鳥啼淚難看

역시 어린 때의 생각대로 좋은 시라는 것을 새삼스러이 느끼며, 역시 꽃을 가꾸어야 하겠다는 생각을 한다.

―『濟州文學』 제16집, 한국문인협회 제주도지부, 1987.

2부
황혼의 언저리

아저씨와 할아버지

큰아들놈은 목욕을 갈 적마다 나를 불러 데리고 간다. 자기 차에 태워 사우나를 가는 것이다.

어느 날엔 상록회관 사우나엘 갔다. 이 목욕탕은 널찍하고 물이 맑은 데다 수온까지 나에게 알맞다. 온탕에다 몸을 담그고 앉으면 온몸이 사르르 녹는 듯이 상쾌하다. 바깥에 나와 느긋한 마음으로 떼를 대충 미노라면 아들놈은 얼른 목욕을 마치고 내 몸의 때를 밀어준다. 때밀이수건에다 타올을 집어넣어 내 몸의 곳곳을 빠짐없이 밀어주는 것이다. 단지 사타구니를 제외하고.

아들놈이 때를 밀어줄 때는 나는 더 늙은 체하고 이 팔 저 팔, 이 다리 저 다리를 뻗치며 때를 말끔히 밀게 하고 은은한 행복감에 잠긴다.

목욕을 마치고 나와 아들놈이 들고 온 서늘한 음료수를 마실 때의 그 상쾌감! 나는 늙었다는 것을 잊고 한창 젊었다는 착각에 빠져 버린다.

목욕탕을 나오면 두 개의 엘리베이터가 있다. 우리는 지하 2층에 차를 세웠기에 내려가는 버튼을 누르고 잠시 서서 목욕의 상쾌감을 음미하고 있는데, 옆의 엘리베이터 앞에는 깔끔한 아가씨 한 사람이 서서 엘리베이터 문이 열리기를 기다리고 있다. 우리 엘리베이터보다 그쪽의 것이 먼저 문이 열렸다. 아가씨는 엘리베이터 안으로 들어가려 하며 나에게 상냥하게 말을 건냈다.

"할아버지, 올라가실 거?"

그 엘리베이터는 올라가는 것인 모양이다. 나는 아무 말 없이 오른손가락으로 밑을 가리켰다. 아가씨는 엘리베이터 안으로 들어가더니 그만 문이 닫치고 내 눈에서 사라져 버렸다.

나는 엘리베이터 문이 열려 안으로 들어가며 그 아가씨의 "올라가실 거?" 하는 말의 경쾌하고 다정함을 음미했다.

"올라가실 거?"

이 얼마나 정겹고 포근한 말씨냐! 마치 제 친구에게나 말하듯이. 얼굴 한번 마주친 일도 없는 아가씨가 나에게 이렇게 정겨운 말씨를 쓰다니!

국어학자에게 말하라면 그것은 「올라가실 거」에다 「-입니까?」, 아니면 「-예요?」를 축약한 말씨라고 설명할 것이다. 이러한 딱딱한 문법적 설명으로 "올라가실 거?" 하는 정겨운 어감을 어찌 풀 수 있을 것인가?

"올라가실 거?" 하는 정겹고 상냥한 그 말을 머리 속에서 뱅뱅 돌리며 나는 매우 즐거웠으나, 다시 생각하니 조금 서운한 감이 들었다.

"할아버지, 올라가실 거?"

왜 하필이면 '할아버지'냔 말이다.

"아저씨, 올라가실 거?"

이렇게 말했다면 나는 얼마나 더 즐거웠을까? 나는 목욕을 하고 나와서 단장을 하느라고 스킨로션도 바르고, 밀크로션도 바르고, 거기에다가 머리에 포마드까지 발라 머리를 곱게 빗어 넘겨 젊은이 못지않게 차리고 나오느라 했는데, "할아버지, 올라가실 거?" 하는 것이 무엇이냐 말이다. '할아버지' 라 말고 '아저씨' 라고 왜 못 불렀단 말인가?

내가 이처럼 '아저씨'라고 불러주기를 간절히 바라는 것은 나는 아직 마음속으로는 늙었다는 생각을 가지고 있지 않다는 것이 첫째일 것이고, 다음으로는 그런 상냥한 아가씨한테서 아직도 젊었다는 호감을 받기를 기대하고 있는 때문인지 모른다. 그런데도 '아저씨'가 아니라 '할아버지'인 것이 오직 섭섭하다.

나는 약을 타러 병원엘 자주 가는데, 어느 병원에선 간호사가 "현용준 님." 하고 부른다. 이 때는 마음이 담담하다. 그저 보통 높여 부르는 투니까. 어떤 병원에서는 간호사가 "현용준 할아버지." 하고 부른다. 이 부름소리를 들으면 마음이 별로 상쾌하지 못하다. "하필이면 할아버지여, 할아버지." 속으로 되뇌이며 진료실로 들어간다. 극히 가끔 있는 일이지만 어떤 병원에선 "현용준 아저씨." 하고 부를 때가 있다. 이럴 때는 내 마음이 날을 듯이 즐겁게 진료실로 들어간다. 그러면 혈압도 정상으로 내린다.

이렇게 '아저씨'를 기대하고 늙지 않은 척하면서도 내 손자들한테는 "할아버지!" 하고 부르는 소리가 그렇게 즐거울 수가 없다. 이것들이 더 자주 "할아버지!" 하고 더 큰 소리로 불러주기를 기다리는 것이다. 지금 외손자 둘까지 합치면 여덟이나 되지만 나는 더 많은 손자가 태어나 "할아버지! 할아버지!" 하고 따라붙기를 바라고 있다.

이렇게 친손자들에겐 '할아버지' 소리를 듣기를 바라면서도 아가씨들한테는 '아저씨' 하고 불러주기를 바라는 심산은 대체 무엇이냐. 아가씨들이 모두 '할아버지'라고 부르는 것은 이미 내가 늙었다는 것을 객관적으로 인정하고 있는 증거다. 그런데도 '나는 아직 늙지 않았다.' 하고 안간힘을 쓰고 있다. 身老心不老(몸은 늙어도 마음은 늙지 않는다.). 이 말은 늙음에 대한, 가련한 발버둥 소리에 지나지 않다.

자연에 순응하라! 이미 늙었으면서 늙지 않은 척해 보려는 것은 자연에의 반항이다. 왜 자기의 손자들한테는 '할아버지' 소리가 즐거우면서 아가씨들한테는 '아저씨' 하고 불러주기를 바라는 것이냐!

"할아버지, 올라가실 거?"

이 아가씨의 말은 정말로 옳고, 친절하고, 상냥하고, 정겨운 말씨임이 틀림없다.

그 아가씨의 얼굴이라도 잘 보아 두었을 것을……, 그 옳고 정겨운 말씨를 또 한 번 들어보게.

다음에 목욕하러 갈 때도 그 목욕탕에 가자고 해야겠다. 혹시 그 친절한 아가씨라도 만날 수 있게…….

— 2002. 12. 22.

복제인간

엇그제 뉴스에 복제아기가 태어났다는 소식이 들렸다. 프랑스의 어느 학자가 이 복제인간에 성공하여 첫 아기가 태어났다는 것을 공식으로 발표했다는 것이다. 나는 이 복제인간의 원리와 방법을 잘 모른다. 과학지식이 없는 내가 그것을 어찌 자세히 알 수 있을 것인가. 그래도 사람의 세포를 떼어내어 그것을 여자의 난소에 주입시켜 어떤 과학적 기교를 부려 인간으로 임신케 하는 방법인가 하는 것 정도는 추측하고 있다. 들은 바에 의하면, 이 복제인간은 그 세포를 떼어준 인간과 꼭 같다는 것이다. 머리, 이마, 코, 눈, 귀, 입, 얼굴 모양 등 모든 것이 같다고 한다. 그야말로 문자 그대로 복제였다. 아이큐도 똑같을지 그것은 모르되.

자, 그러면 이런 것을 한번 생각해 보자. 남편의 세포를 떼어다 복제아기를 만들었다고 하자. 그 아기는 이목구비 할 것 없이 모든 생김새가 남편과 같을 터이니, 이 아기가 자라면 대체 이 아이를 아들이라 해야 할 것인가, 남편이라 해야 할 것인가. 이 복제인간을 낳은 여자는 어느 것이

진짜 남편인지 혼란이 생길 것이 뻔하다. 어쩌다가 부부간의 성 접촉에도 혼란이 생길지 모를 일이다. 엉뚱한 상상이지만 만일 이런 일까지 생긴다면 그 집안의 가족 구성은 어떻게 되어버릴 것인가.

인간은 따지고 들어가면 동물이다. 먹고 싶어지는 식욕, 이성이 그리워지는 성욕, 이것은 생명 보존의 욕망과 종족 보존의 욕망으로서 어느 동물이나 지니고 있는 기본적 본능이다. 이 본능은 바로 자연의 신비스러운 이법이다. 그래서 인간은 이 자연의 이법에 따라 먹어서 생명을 보존하고 성욕을 발산하여 자손을 번식시킨다. 그러나 인간은 언어를 가짐으로써 문화를 형성하고 그 속에서 살아간다는 것이 다른 동물과 다르다. 그 문화의 기초는 가족에 있다. 인간은 성장하면 그 사회의 문화가 공인하는 혼인 제도에 의해 부부 관계가 형성되고, 서로가 사랑하게 되고, 그 사랑의 극치로서 성 접촉을 함으로써 자식을 낳아 가족을 이룩하게 된다. 이 가족은 확대되어 친족, 나아가서 씨족 · 부족 · 국가라는 대집단의 일원으로서 그 사회의 문화 속에서 살아가는 것이다. 그런데 이 복제인간 기술이 발달하여 마구 인간을 복제하여 보자. 그러면 가족 제도는 허물어지고 친족 제도도 허물어져 이 인간 사회의 문화는 허물어져 버릴 것이 아닌가.

인간의 임신과 출산은 자연 현상이다. 인간은 이 대자연의 한 알갱이로서 대자연의 원리에 순종함으로써 가족을 이룩하는 것이다. 이 가족은 그 사회의 문화가 규정해 놓은 윤리에 의해 가족 제도를 유지하면서 살아간다. 혹 아기를 못 낳는 부부가 인공수정에 의해 자식을 낳는 것은 자연의 보완이니 이것은 용인되는 일이지만, 인간을 복제한다는 것은 자연에의 역행이요, 반발이다. 인간은 사랑이라는 신비한 정감을 기초로 해서 남녀가 부부가 되어 자식을 낳고 가족을 이루어 사는 것인데, 대

자연의 한 알갱이에 지나지 않은 인간이 어찌 이 자연에 역행하고 반발할 것인가.

인간의 생활, 즉 사회 유지는 사랑이라는 정감이 그 바탕을 이루고 있는데, 이 사랑이라는 정감을 도외시한 복제인간이 마구 만들어져 잘생기고, 능력 있고, 힘있는 복제인간이 들끓는다면 이 인간 사회는 조화가 깨져버릴 것이 아닌가. 시작의 의미와는 전혀 다른 결과를 초래하고 말 것이다. 마치 원자폭탄을 만들 때의 노벨의 의도와는 달리 오늘날 핵 문제에 전 세계가 시끄럽듯이.

그러니, 인간이여, 이 대자연의 원리에 순종하라!

얼마 전 아내가 서울에 사는 친구에게 밀감을 두어 상자 선물로 보낸 일이 있다. 그 친구는 미국에 다녀왔다면서 영양제 약을 두 병이나 답례로 보내왔다. 그 약병에 씌어 있는 성분을 보니 비타민A, 비타민B1, 비타민B2, 비타민B6, 비타민B12, 비타민C, 비타민D, 비타민E, 비타민K, 칼슘……. 영양소의 이름이 수없이 나열되어 있다. 이런 영양소도 편식을 말고 골고루 음식을 먹으면 다 섭취할 수 있을 것인데, 인간은 이런 여러 가지 영양소를 어디서 뽑아 왔는지 한 알의 약 속에 담아놓고 있다. 이런 식으로 제약 기술이 발달하면 단백질, 지방, 탄수화물까지 모두 한 알의 약 속에 담아내어 팔 때가 올지도 모른다. 그래서 그 날 소모될 칼로리만큼 영양제 약을 하루 세 번만 먹으면 밥을 아니 먹어도 되게 될는지 모른다. 하루 세 번 먹는 것이 귀찮으면 하루 한 알로 충분하게 만들어 낼지도 모를 일이다.

자, 이렇게 된다면 어찌 될 것인가. 위장이나 소장, 대장 등 소화기관의 할 일이 없어 퇴화하거나 무슨 병이 새로 생기게 될 터이고, 항문도 배설의 기능을 잃어 소용없는 것이 되어 버리고 말 것이 아닌가. 동물들은 초식동물도 있고, 육식동물도 있고, 잡식동물도 있다. 그런데 만일 소에게 풀을 뜯게 하지 않고 영양제 몇 알을 먹여 살게 하거나 사자에게 다른 동물의 고기를 먹게 하지 않고 영양제 몇 알 먹여 살게 하는 세상이 온다고 쳐보자. 이게 자연의 질서가 유지될 것인가. 대자연의 질서는 완전히 파괴되고 말 것이 뻔하다. 역시 소는 풀을 빨리 뜯어먹어 안전한 지대에 가 드러누워 느긋이 반추하며 살아야 하고, 사자는 고기를 뜯어먹어 살아야 한다. 이것이 자연의 원리요, 질서다.

조금 비약했는지 모르지만, 사람이나 소나 사자에게 소모하는 칼로리만큼 영양제 몇 알을 먹여 살게 하는 것과 사람을 복제하는 것이 무엇이 다를 것이냐. 대자연의 원리를 거역하고 그 질서를 파괴한다는 의미에서 말이다.

다시 한번 말하거니와, 인간들이여, 대자연의 원리와 질서에 순종하라! 그래야 이 대자연 속에서 조화를 이루며 살아갈 수 있을 것이다.

— 2002. 12. 29.

산타할아버지의 이메일 1

내가 자랄 때는 크리스마스가 무엇인지, 산타클로스 할아버지가 선물을 가져다 주는지, 그런 것을 하나도 모르고 자랐다. 그런데 요새는 사정이 다르다. 기독교나 천주교를 믿는 집안이든 아니든 크리스마스는 명절이 되었고, 크리스마스 이브 날에는 산타클로스 할아버지의 선물이라 하여 아빠 엄마들이 몰래 선물을 사다가 잠자는 아이의 머리맡 양말 속에 넣어두어 아이들을 기쁘게 한다. 우리 집안도 마찬가지다.

나는 아들이 셋에 딸이 하나다. 모두 결혼을 하여 아들딸을 낳아 황혼의 마음을 흐뭇하게 해주고 있다. 바로 앞집에 안팎거리처럼 사는 큰아들에게는 아들이 하나, 딸이 둘이고, 서울에 사는 둘째아들에게는 아들만 둘, 막내아들에게는 아들이 하나, 딸에게는 아들과 딸이 있다. 그러니까 손자에 외손자까지 합치면 여덟이다. 나는 첫 아이로 아들을 낳았을 때 "왜 내가 기뻐하고 사랑해야 하나?" 그 논리를 찾느라고 기쁜 줄을 몰랐는데, 이들 손자들을 보면 무조건 귀여워서 어쩔 줄을 모른다. 서울에 사는 손자놈들은 명절 때나 가끔 오니까 장난을 하며 서로 놀지를 못하지만, 여기에 사는 손자들은 항상 만나니까 나는 장난소리를 하며 요놈들과 즐긴다.

큰아들의 아들 손자는 이름이 광호. 이 놈은 말수가 적지만 몸집이 묵직한 고등학고 1학년, 막내아들의 손자는 이름이 광조. 요놈은 일곱 살로 유치원에 다닌다. 요놈이 유치원에 들어가니 가정통신문에 선생이 '백만 불짜리 미소의 어린이'라고 써 보낼 정도로 그 웃는 모습이 여간 귀여운 것이 아니다.

작년 크리스마스 때의 일이다. 막내아들 부부가 어느 틈에 무슨 장난감 선물을 사다가 광조 몰래 챙겨두었더니 요놈이 아침에 일어나서 선물을 보고 여간 기뻐하는 것이 아니다.

"할아버지, 할아버지, 산타할아버지가 선물 보내줬어요!"

"뭐? 산타할아버지가 선물을 줬어?"

"예, 이거 보세요."

그 백만 불짜리 미소가 헤벌어지는데 여간 앙증맞은 것이 아니다.

"응, 광조가 착하니까 산타할아버지가 선물을 보내준 거야. 이젠 엄마 말씀, 아빠 말씀 더 잘 듣고 더 착한 어린이가 돼야 해."

요놈은 산타클로스 할아버지가 실제 있는 줄로 굳게 믿고 있다. 다음은 더 좋은 선물을 받아보려고 크리스마스가 오려면 몇 밤을 더 자야 하나 하고 손가락을 꼬부리는 놈이다. 그런데 그 날엔 산타할아버지의 선물을 받았는데도 다시 이변이 일어났다. 요놈이 그 백만 불짜리 미소를 지으며 나에게 달려왔다.

"할아버지! 할아버지! 산타할아버지한테서 이메일이 왔어요!"

나는 깜짝 놀랐다.

"뭐? 산타할아버지한테서 이메일이 왔어?"

"예, 이메일이 왔어요."

사뭇 싱글벙글하는 것이다. 나는 이런 괴변이 있나? 도대체 누가 이런 장난을 한 것인가 하고 보낸 자가 누구인가 생각을 하며 껄껄 웃었다.

"그래 뭐라고 이메일이 왔어?"

"내가 착하다고 선물을 보냈다고 왔어요. 다음 해엔 더 좋은 선물 많이 보내준다고 했어요. 헤헤헤."

"응, 그래그래. 광조가 착하니까 산타할아버지가 이메일까지 보내 준 거야. 더 착한 어린이가 되면 이번엔 더 많은 선물을 보내줄 거야. 근데 그 이메일주소는 어떻게 되어 있어?"

"아니, 아니, 말 안 해 줄 거예요. 난 외어 있어요."

"좋아. 그런데 산타할아버지에게 회답은 보냈어?"

"곧 보냈어요."

나는 어이가 없어 이 이메일을 누가 보냈을까 하고 생각해 봐도 도무지 잡히는 자가 없었다. 그런데 그 다음날 아침엔 요놈이 또 싱글벙글하고 달려와서는,

"할아버지! 할아버지! 오늘은 산타할머니한테서 이메일이 왔어요!"

"어! 산타할머니한테서 이메일이 왔어?"

"예~. 산타할머니한테서 왔어요."

'이런 괴변이 있나' 이렇게 생각하며 물었다.

"그래, 그 산타할머니의 이메일주소가 산타할아버지의 것과 같았어?"

"아니요. 달라요. 산타할아버지 이메일주소하고 다를 건 당연한 거 아니에요?"

"음, 그렇지. 다를 건 당연하지."

광조. 요놈은 아빠의 컴퓨터에서 게임부터 시작해서 매일 게임을 하다가 점점 진전해서 한메일네트에 이메일주소를 만들어 놓고, "할아버지, 할아버지, 이메일 보내 주세요. 지금 아홉 통이 들어왔어요. 이메일주소는 hkj7774@hanmail.net예요. 알았지요? 알았지요?" 항상 이렇게 하는 놈이다. 이 이메일주소를 4촌들한테 돌아다니며 선전하여 이메일이 오면 그 수가 늘어난다고 자랑을 하며 돌아다닌다. 그런데 이메일을 많이 보내주는 사람은 직장에서 보내주는 아빠의 것이고, 4촌한테서도 가끔 보내온다. 하도 졸라대면 나도 한 번씩 보내주곤 한다. 요런 놈한테 산타할아버지, 산타할머니한테서 이메일이 왔으니 얼마나 기쁠 것인가!

나는 요놈이 이 믿음을 길이 간직하고 어린 꿈을 간직하기를 바라면서 그 이메일의 출처를 찾으려고 큰아들 집에 갔다. 손자들 몰래 큰며느리한테 귀띔을 했더니 중학교 3학년의 손자 광호가 한 짓임을 알았다. 산타할아버지의 이메일과 산타할머니의 이메일을 각각 주소를 달리 만들어서 장난을 친 것이라고 나는 생각했다. 나는 광호에게 아무 말도 아니했다. 이것은 4촌 광조의 마음을 설레게 하려고 한 장난인데 잘못했다고 생각되지 않았기 때문이다. 다만 이 장난이 결코 탄로되지 않기를 바라는 마음이 간절했다. 광조의 꿈과 마음의 설렘이 오래 유지되기를 바라서이다. 나는 즉시 손자들을 모두 불러앉혔다.

"너희들 산타할아버지가 있나? 없나?"

초등학교 6학년 손자까지 모두 없다는 것을 이미 알고 있다는 것이다. 알게 된 동기는 선물에 '이마트' 백화점의 마크가 붙어 있는 것을 보고 알았다나. 부모가 상표 떼는 것을 잊어버린 실수였다. 광호 놈은 초등학교 6학년 때까지 산타할아버지가 있다고 같은 반 친구와 다투다가 싸움까지 한 놈인데. 나는 이 놈들이 가련해 보였다. 이젠 선물도 기대하지 않는다. 이번 크리스마스에도 선물 하나 없었다. '야, 이놈들이 산타할아버지가 없다는 것을 알았을 때 얼마나 섭섭하고 실망했을까?' 나는 그 심정을 알고 싶어졌다. 그래서 얼른 글짓기를 시켜야 하겠다는 생각이 떠올랐다.

"너희들 말이야, 할아버지가 손자 글짓기대회를 열어야겠어. 주제는 「산타클로스 할아버지의 선물」, 상은 금상, 은상, 동상, 노력상. 금상은 상금이 3만원, 은상이 2만원, 동상이 만원, 노력상도 만원 준다. 모레 저녁까지 써내어야 돼. 알았지!"

초등학교 6학년 손자가,

"그럼 아무리 못 써도 만원 상금은 주는 거죠?"

"그렇지, 할아버지가 큰 맘 쓰는 거야."

손자들에게 글 쓸 것을 다짐받고 준비에 들어갔다. 우선 상장을 만들어야 하겠기에 초안을 하고 막내놈에게 컴퓨터에 찍어 조금 두꺼운 종이에 인쇄를 해오도록 했다.

위 사람은 손자 글짓기대회에서 위와 같이 우수한 성적을 얻었으므로 상장과 상금을 줌.

2002년 12월 30일 할아버지 현용준

이러한 내용에 내 이름 뒤에는 네모진 낙관을 딱 찍고, 봉투에 상금을 담아 금 · 은 · 동상, 노력상을 써 놓았다. 글은 시간에 맞게 다 들어왔다. 막내손자 광조도 맞춤법이 틀린 글 몇 줄을 쓰고 제출하는 것이다. 광조에게는 미리 노력상을 주려니 하고 마음먹었기 때문에 문제가 없었지만, 다른 손자들의 글을 읽어보니 이건 심사가 어려웠다. 초등학교 6학년, 중학교 1학년, 중학교 3학년 놈들의 글인데, 요게 학력에 맞는 기준으로 등급을 매기려니 쉽지가 않았다. 시상식은 다가오는데 판단을 내릴 수가 없다. 모두 비슷비슷한 글이고 산타할아버지가 없다는 것을 알았을 때의 실망감을 생생히 묘사해 놓은 점이 부족했기 때문이다. '할 수 없다. 연령 순으로 등수를 매기자.' 이렇게 마음을 정했는데 밑으로부터 연령 순이냐, 위로부터 연령 순이냐, 잠시 고민하다가 밑으로부터 연령 순으로 하자 하여 초등학교 6학년 손자를 금상으로 해 놓았다. 어린것부터 기쁨을 더 크게 주기 위해서다. 손자들을 모두 거실에 세워놓고 시상을 하여 심사 소감까지 이야기하여 격식을 갖추었다. 그런데 산타할아버지가 있다는 것을 굳게 믿는 막내손자 광조가 끝에 서 있기 때문에 심사 소감을 제대로 말할 수가 없는 것이다. 생각으로는 작품을 한 사람씩 나와 읽도록 하고 싶었지만 광조가 서 있기 때문에 부득이 생략할 수밖에 없었다. 다들 산타할아버지가 없다는 것을 썼는데, 광조가 들으면 그만 실망해 버릴 것이기 때문이다.

그 후 4개월쯤 흘렀다. 광조가 같이 조반을 먹다가 놀라운 말을 꺼내는 것이다.

"할아버지, 산타할아버지한테서 이메일 보낸 거 있잖아요?"

"응, 산타할아버지가 이메일 보내주지 않았어?"

"그거 광호형이 보낸 거예요. 장난쳤어요."

"그걸 어떻게 알았어?"

"내 산타할아버지 이메일 주소 외우고 있거든요. 어젠 광호 형이 이메일 보내는 것 보니까 그 이메일주소였어요. 흥."

나는 할 말을 잃어버렸다. 이게 그만 탄로났단 말인가! 내 마음은 착잡해졌다. 할 수 없이 웃어 보였다. 광조도 웃어 보이는데 백만 불짜리 미소라는 미소가 백 불짜리도 안 될 쓴웃음이었다. 나는 가슴이 아팠다. 이놈이 얼마나 실망하고 있는가 하고.

막내며느리의 말에 따르면 산타할머니의 이메일을 열어놓고 "엄마 이거 보세요. 이거 광호 형이 장난친 거예요. 보세요. 맞지요?" 하고 사뭇 분노를 토하더라는 것이다.

'아, 불쌍한 광조! 얼마나 실망하고 있는가? 얼마나 분노하고 있는가? 그러나 이제까지 광호형, 광호형 하고 존경하여 뒤를 졸졸 따라다니다가 이 놀림을 당했으니 이젠 4촌형을 어떻게 생각하고 있을까? 고등학교 1학년이나 되었으니 유치원생의 나이로 감히 항거의 소리도 못하고 얼마나 가슴이 아플 것이냐?'

이젠 광호형의 권위는 완전히 실추되고 말았다. 형을 형으로 생각하지 않을 것 같다. 아, 이런 비극이 있나?

그래도 광조는 산타할아버지가 이메일을 보내온 것은 속았다는 것은 알고 있지만, 산타할아버지가 있다는 믿음은 변함이 없다. 나는 지금 이 큰손자 광호가 형으로서의 권위를 어떻게 회복시켜 놓느냐 하는 것을 고민하고 또 고민하고 있다.

— 2003. 5. 13.

산타할아버지의 이메일 2

수필 「산타할아버지의 이메일」을 쓴 후 나는 막내 손자 광조의 광호 형에 대한 불신을 어떻게 씻어주느냐 하는 문제로 고민했다. 큰손자 광호로 말하면 이 놈은 고등학교 1학년이어서 덩치도 있고 공부도 잘 하여 광조를 졸병 데려다니듯이 하기에 충분하고, 유치원에 다니는 광조는 이 4촌형을 극진히 존경하여 따른다. 말씨가 적은 광호 놈이 언제 가르쳐 놓았는지 광조는 광호만 보이면 "충성!" 하며 거수경례를 붙이고 뒤를 졸졸 따라다니며 형의 말이라면 고분고분 움직이는 놈이다. 나는 이 두 손자놈 사이를 멀리서 보면서 한편 우스워하면서 한편 흐뭇해 좋았다. 그런데 이 존경받는 형이 산타할아버지, 산타할머니의 이메일을 보내어서 장난을 쳐 놓았으니 이게 될 법이나 한 일인가. 나는 담배만 연방 피우며 고민하다가 광호에게 내막을 시원히 물어보고 싶은 생각이 들었다. 마침 저녁 늦게 광호가 들어온 것 같아 그놈 방에 찾아갔다.

"너 광조에게 산타할아버지 이메일 보내었냐?"

"예."

"뭐라고 이메일을 보내었어?"

"잊어버렸어요. 아, 참, 광조한테서 회답 이메일이 왔었는데 그걸 보면 대충 알 수 있을 거예요."

"거 지우지 않고 놔 뒀어? 그럼 이제 열어봐라."

이메일을 열고 보니 맞춤법이 엉망인 문장의 광조 이메일이 나왔다.

"산타할아버지 선물 고마워요. 꼭 산타할아버지 만나고 싶어요. 썰매도 같이 타고 싶어요. 다시도 선물 많이 주세요." 운운. 나는 이 이메일을 보며 광호에게 큰소리를 늘어놓았다.

"너 광조가 이 이메일을 쓰노라고 얼마나 식은땀을 흘렸는지 아나? 산타할아버지한테서 이메일이 왔으니 얼마나 고마워했겠나? 그런데 네가 장난친 것을 알아버렸으니 얼마나 실망을 했겠어? 네가 장난을 쳤으면 그 이메일 주소를 바꾸어서 광조한테 탄로되지 않게 하거나 광조가 너 이메일 주소를 모르게 감추거나 해야 하지, 그것을 알게 하면 되나? 이거 작은 문제 아니야. 너는 이젠 형으로서의 권위를 완전히 잃어버렸어! 광조가 지금 얼마나 분개하고 있는지 알아? 이젠 너한테 형이라고도 안 할 거야! 거기에다 산타할머니의 이메일까지 보내어? 형으로서의 권위를 되찾으려면 너 잘 생각해서 처리해!"

"광조가 그걸 알았어요?"

"그럼. 광조는 하도 감격해서 산타할아버지의 이메일 주소를 외고 다니는데, 여기 놀러 왔다가 네가 이메일 쓰는 것을 보니 산타할아버지의 이메일과 같아서 장난친 걸 알았다지 않나. 광조는 그 이메일은 장난친 것을 알았지만, 산타할아버지가 있다는 건 지금도 굳게 믿고 있어."

"산타할아버지의 이메일은 제가 장난쳤지만 산타할머니의 이메일은 아빠가 한 거예요."

"아이고 이런……. 쯧쯧쯧."

나는 하도 어이가 없어 말이 안 나왔다. 세상에 이럴 수가 있나! 아빠를 나무라는 말을 그 자리에서 할 수는 없고, 광호에게만 "너 잘 생각해서 조치를 취해." 했다. 광호는 "광조가 산타할아버지가 있다는 것을 믿고 있으면 어떻게 될 거예요. 아빠하고 의논해서 처리할게요." 한다.

나는 내 방에 와서 큰아들이 들어오기를 기다렸다. 밤 열 시가 넘어도 안 들어온다. 나는 참지를 못해서 큰아들놈에게 이메일을 썼다.

"저녁에 광호한테 들으니 산타할머니의 이메일은 네가 장난친 것이라 하더라. 우리 집안에서 광조가 제일 무서워하고 존경하는 사람이 누구인지 아나? 바로 너 아니냐? 밥 먹다가 네가 들어오는 발자국 소리만 들려도 숟가락 놓고 달려가서 큰절하는 것이 광조 아니냐? 너 그 순진한 동심을 짓밟아 뭉개버려도 좋은 것이냐? 장난을 쳐도 분수가 있지. 다 늙은 것이 그런 장난을 쳐도 되는 것이냐? 광조가 이것을 알면 큰아빠라고 하지도 않을 것이다. 너의 권위는 완전 실추야. 동심의 세계를 잘 생각해서 처리해!"

이렇게 쓰고 거기에다 이미 쓴 「산타할아버지의 이메일」을 파일로 첨부해서 이메일을 보내고 잠자리에 들었다.

다음날은 날이 밝자 큰아들한테 가서 자는 것을 깨우고 빨리 이메일을 열어보라고 했다. 눈을 비비 쓸며 이메일을 열어 읽어본 아들놈은 킬킬 웃기만 한다.

"어떻게 할래?"

대답이 없다. 뾰족한 묘책이 나올 리가 없는 것이다.

"그럼 산타할머니의 이메일을 네가 장난친 것이라는 것을 광조가 알아도 좋아?"

"알아도 장차 광조가 추억이 될 것이니……."

"아, 이런 놈 봤나. 오늘의 동심은 어떻게 하게."

나는 앉아 곰곰이 생각했다. 아무래도 큰아빠가 장난친 것을 알아서는 안 되겠다는 결론이 내려졌다. 광조는 요새 유치원에 가는데 차가 없으니 큰아빠가 출근하면서 태워다 준다. 광조를 태워다 주며 큰아빠는 동화책을 하루 한 권씩 읽으라고 지시를 한다. 그러면 요놈이 유치원에서 돌아오다가 바둑학원에 가서 바둑을 공부하고, 또 태권도학원에 가서 태권도를 배우고 하여 집에 돌아오면 다섯 시가 넘는다. 그래도 요놈은 방에 혼자 앉아 큰아빠가 지시한 동화책을 읽는 것이다. 다음날 유치원에 갈 때에는 큰아빠가 이야기 내용을 말하라고 해서 잘 대답을 못하면 몇 번이고 반복하여 시킨다. 그러니까 요놈은 유치원에 갈 때 반드시 동화책을 옆에 끼고 나간다. 큰아빠의 질문에 옳게 대답을 하려는 것이다. 이런 큰아빠의 카리스마가 무너지면 어찌할 것이냐? 이것이 나의 생각이다.

"할 수 없다. 산타할머니의 이메일도 광호가 보낸 것으로 속여. 아들에게 죄를 뒤집어씌우는 거야. 그 대신 광호에게 돈을 주어서 광조에게 맛있는 것을 사주고 사과하도록 하는 거야. 별 방법이 없어."

"그러면 자장면이나 사주도록 시켜봅주."

"자장면으로 되나? 적어도 탕수육은 사주어야지."

이렇게 지시 아닌 지시를 해놓고 나왔는데, 며칠 후 들으니 광호가 아빠의 죄를 뒤집어쓰기로 하고 아빠한테서 돈을 받았다는 것이다.

오늘은 일요일로 제주일고 총동창회의 체육대회 날이다. 큰아들이 제주일고 출신이어서 참가할 것은 물론, 광호도 이 학교 총동창회에서 실시한 논술경시대회에서 금상에 입상하여 그 상을 받으러 가게 되었다. 아빠와 광호는 광조를 불러 같이 차를 타고 갔다. 오후 세 시가 되어야 광조가 돌아왔다. 싱글벙글 웃는 얼굴이다. 손에는 무엇인지 자그마한 상자 같은 것이 들려져 있다. '이 놈들이 어떻게 해결을 했나.' 이것이 궁금해졌다.

"오늘 재미있었어?"

"예, 재미있었어요. 광호 형 금상 받았어요."

"그래 공부 잘하니까 금상 받았지. 너도 그렇게 잘할 수 있어?"

"그럼은요. 광호 형같이 잘할 거예요."

"광호형 훌륭하지? 좋아하지?"

"그럼은요."

"손에 든 건 뭐야?"

"이거 보세요. 선물 받은 거예요. 이건 그레파스구요, 이건 스케치북이에요."

"아, 광조가 착하니까 선물도 주었구나. 그래 끝나서 어디서 점심은 먹었어?"

"걸어 내려와서 500번 버스 타고 와서요, 광호 형이 비 에이치 시 치킨을 사줬어요."

"맛이 있었어?"

"지금까지 먹은 것 중에 제일 맛이 있었어요."

"이제도 광호 형이 미워?"

"아니오. 이제까진 미워서 놀러도 안 갔는데 이젠 갈 거예요."

"그럼 '충성' 하고 거수경례하는 건 어쩔 거야?"

"지금까진 안 했는데, 오늘은 '충성' 하고 거수경례하고 왔어요."

나는 마음이 쑥 놓였다. 비 에이치 시 치킨이라는 것을 나는 먹어보지 안 해서 어떤 것인지 모르되, 요 치킨 한 접시가 형의 권위를 완전히 회복시켜 따르게 하다니! 거기에다 팡파르가 울려퍼지는 가운데 금상을 받는 장면을 광조에게 보여준 것이 존경하는 마음을 더욱 높여 준 것이 아니겠는가. 어느 쪽이 광조의 마음을 흔들어 놓았는지 잘 모르지만 아마 치킨 쪽이 더 큰 작용을 했을 것이다. 돈은 얼마나 들었는지 모르지만.

어떻든 나는 흐뭇하다.

— 2003. 5. 18.

편지를 태우면서

나는 지금까지 보내온 편지들을 하나도 버리지 않고 보관해 오고 있다. 한 해가 저물면 그 해에 받은 편지를 큰 서류봉투에 담아 그 곁에 「몇 년도의 정(情)」이라 사인펜으로 쓰고 보관하는 것이다. 어떤 해에는 그 큰 봉투가 두 개씩 되는 일이 있다. 이 편지 꾸러미가 40여 년이 되어가니 집의 붙박이장 안이 가득해 갔다. 이렇게 내가 받은 편지를 버리지 않고 보관한 것은 별뜻이 있어서가 아니다. 내가 이 세상에 살면서 사귄 어른들, 벗들, 제자들, 모든 사람들이 나와 인연이 맺어져 서로 정을 나눈 이들이니 그 정을 내내 잊지 않고 살자는 생각에서이다.

그런데 내가 서른 다섯 살 때에 3~4대 물리려는 생각으로 단단히 지은 기와집이 좁고, 옆에 양옥식 높은 집이 들어서 가니 그만 납작한 낡은 기와집이 되고 말았다. 거기에다 나와 아내는 나이가 들면서 아픈 데가 많아 부부만으로는 밥 끓여먹기도 어려운 형편이 되었다. 가족 회의를 거쳐 막내하고 한 솥의 밥을 먹기로 결정했다. 아들 가족까지 합치니 좁은 기와집에는 살 수 없는 형편이 되었다. 생각 끝에 하나 있는 밭을 팔아 집을 허물어 이층으로 새 집을 짓기로 했다. 그리하려면 어디 아파트라도 잠시 빌어 살다가 집이 완공되면 다시 들어와야만 한다. 이사를 하려 하니 사람이 산다는 것이 어떻게 복잡한 것인지, 무슨 가재도구가 그리 많은지 처리하기도 어렵거니와 나의 책들과 그 편지 꾸러미를 어떻게 처리해야 할 것인지가 고민거리가 되었다.

책은 살리고 편지들은 버리자고 작정했다. 이제 좁은 아파트에 이 편지 꾸러미를 옮겨다 놓는다 해도 내가 죽으면 결국은 버려지게 마련이기 때문이다. 그런데 아내는 "「현용준」이라 쓰인 편지 봉투가 쓰레기장에서 바람에 이리 날리고 저리 날리고 하면 무슨 꼴이 됩니까. 차라리 불태우고 갑주." 했다.

오늘 아침은 조금 느지막이 일어나서 처를 찾아보니 울타리 옆 공지에 솥을 앉혀 그 편지 꾸러미를 가져다 불을 피워 고사리를 삶고 있었다. 나는 그 옆에 가서 쭈그리고 앉아 불 속으로 들어가 타는 편지 봉투들을 물끄러미 내려다보았다. 일반봉서, 엽서, 항공우편 봉투들이 솥 밑으로 들어가며 훨훨 타오른다. 나는 솥 옆에 싸여진 봉투들을 하나하나 들여다보았다.

'아, 이것은 제자에게서 온 문안 편지. 그 학생은 공부도 부지런히 하고, 졸업 후 고등학교 교사로 갔는데, 시집간 후 소식이 끊겼구나. 지금은 애를 몇이나 낳았을까?'

'아, 이것은 이숭녕 박사한테서 온 엽서. 내 『제주도 무속자료 사전』의 출판을 신구문화사와 교섭하여 출판을 서둘라고 한 엽서로구나. 얼마나 나를 격려하고 학문의 길로 이끌어준 분인가? 그런데 돌아가실 때 서울이 멀다 하고 문병도 가보지 못했으니…….'

'아, 이 편지는 고등학교 교사를 할 때 제자의 편지. 납부금도 내지 못하여 쩔쩔매며 졸업하고 상경하여 이젠 물류회사를 경영하여 성공한 녀석인데……. 그래도 매해 꼬박꼬박 연하장을 보내는 것을 잊지 않았지. 나는 열두 번 이사를 하면서도 그 제자가 고등학교 때에 쓴 습작 소설을 보관했다가 몇 년 전에 추억을 되살리라고 보내주었지……. 지금은 위암으로 투병을 한다는 소식을 받았는데 어떻게 돼가고 있을까?'

'아, 이것은 연하장. 임석재 선생님이 손수 그린 연하장이로구나. 어린아이의 웃는 얼굴을 그려 놓았는데 얼마나 귀엽게 그렸는지. 일제 때 평안북도에서 중학교 교사로 시작하여 서울대학교 교수로 공직을 끝마쳤지만, 중학교 교사 시절부터 설화를 수집하고 퇴직한 후에는 무속으로 분야를 넓혀 이북에서 내려온 무당들을 댁에서 살리며 무가를 녹음하지 않았던가. 내가 서울에 가 문안전화를 올리면 꼭 집으로 오라고 해서 점심, 저녁을 먹이며 민속학을 논하던 선생님. 얼마나 인자한 어른이신가. 그러면서 항상 동심에 살아 동시를 써서 책을 내기까지 하신 분. 이가 다 빠져 틀니도 못하고 잇몸으로 식사를 하시다가 아흔 여섯 살에 돌아가셨던가?'

내가 추억을 되씹으며 건네주는 그 아까운 편지들은 아내가 밀어넣는 솥 밑에서 훨훨 타서 재가 되어 사라진다. 몇십 분 지나가니 나는 다리가 저려 더 견딜 수가 없다. 허리 디스크 수술을 한 이후 방바닥에만 앉으면 다리가 저려 견디지 못하여 의자 생활만 하는 나는 그 정의 추억 때문에 이만큼이라도 쭈그려 앉은 것이다.

일어서서 허리를 펴고 몇 걸음 마당을 걸으며 지나간 정들을 되씹는다. 얼마큼 걸으니 다리가 괜찮은 것 같아 다시 아내 옆으로 다가갔다. 여전히 편지는 훨훨 타오르고 있다. 또 봉투를 꺼내어 들었다.

'아, 이것은 도쿄대학 대학원에서 나를 지도해 주신 오바야시 다료[大林太良] 교수의 편지. 이 선생님은 참으로 친절하고 부지런한 분이지. 대학원 강의를 할 때 원고를 들고 와 그것을 학생들에게 이야기해 주는데 다음 달엔 보면 그 가르친 논문이 학술지에 그대로 실려 나오곤 했지. 나의 논문을 보고 좋은 논문 썼다고 하며 『民族學硏究』에 실어 주시지도 않았는가. 내가 도쿄대학에서 박사 학위를 받을 때 심사위원장도 하시고……. 그 대학자가 글씨는 망가진 특이한 글씨다. 그 은혜도 못 갚았는데 벌써 세상을 떴다니…….'

'아하, 이것은 다케다 아키라[竹田 旦] 교수의 편지. 내가 도쿄대학에서 일본 민속학을 배운 분. 이 교수는 한국 민속에 흥미를 가져 조사 연구를 하고 비교민속 책을 여러 권 썼지. 인정이 두터운 분. 내가 수전증으로 편지를 못 쓰니 인터넷 이메일로 서로 소식을 주고받고 하는 분. 내가 일본어로 이메일을 보내니까 「어떻게 일본어로 이메일을 보냈냐.」고 깜짝 놀라지 않았던가.'

'아, 이것은 도쿄대학의 요시다 대이고[吉田禎吾] 교수의 편지. 내가 도쿄대학 학부 3학년의 문화인류학개론 강의를 청강해가니 '이런 이야기도 소용이 되느냐' 고 나의 부지런함을 칭찬하시던 분. 당신이 전공하는 사회인류학 쪽으로 나를 끌어들이려고 호의를 베푸시던 분. 내가 비자기간이 다되어 귀국인사를 갔더니 송별파티를 하자고 하며 점심을 사시던 선생님이 아닌가. 지금은 수전증으로 편지 한 장 못 보내고, 이메일 주소도 몰라 소식을 못 올리는데 얼마나 늙으셨을까?'

'이것은 일본 아마미에서 보낸 야마시다 긴이치[山下欣一] 교수의 연하 카드.'

펴고 보니 A4 용지만큼 한 그림을 네 겹으로 접었는데, 기모노를 입은 여인이 부채를 들고 머리를 뒤로 빗어 돌려 가슴까지 흘려 반쯤 누웠는데 완전 일본 고전 화법이다. 막내며느리를 불렀다.

"애야, 이 그림 일식집 방 벽에 표구해다 붙이면 일본 냄새가 물씬할 것 같잖아?"

막내며느리는 새 집을 지으면 자기가 표구해서 방을 장식하겠다고 가지고 간다. 나는 계속 편지를 열어본다.

'아, 이것은 중화민국 민족학연구소의 유지만(劉枝萬) 교수의 편지. 만나기만 하면 장개석(將介石)의 독재에 분개하는 분. 야나기다 구니오[柳田國男] 생탄 백년기념 국제 민속학 심포지엄에 가서 나와 둘만이 볼링을 못 쳐 창피를 당한 추억이 새롭다.'

'아, 이 편지는 인도에서 나를 세계인명사전에 올리겠다며 신상을 적어달라고 보낸 편지.'

그러나 나는 '내가 어찌 세계인명사전에 오를 수 있는 인간이냐? 사람을 잘못 보았다.' 하고 사절했는데, 그 후 3년간 더 요청이 오다가 끊어졌다.

'이것은 중국민족대학에서 보내 온 「21세기의 민속문화 국제학술대회」의 초청장, 이것은 일본민속학회의 회비 납부 통지서, 이것은 일본 대학원생이 제주도 조사를 오는데 초청장을 보내달라는 편지, 이것은 독일 튀빙엔대학의 Eikemeier 교수의 편지, 이것은 오키나와국제대학 남도문화연구소에서 연구자문위원으로 위촉했던 것…….'

이 식으로 건둥건둥 보아 가는데 봉투에 아무것도 쓰지 않은 편지가 손에 잡혔다. 누구 편지일까? 열어보니 큰손자놈이 내 생일날 케이크를 자른 후 읽어 준 편지다.

사랑하는 할아버지께

할아버지 안녕하세요?

세월이 참 빠른 것 같군요. 저도 어엿한 4학년이 되었고, 할아버지도 66번째 생신을 맞이하셨고…….

저는 요즈음 할아버지께서 젊어지시는 듯한 느낌이 들어요. 가족들과 얘기도 많이 하시고, 잘 웃으시고, 할아버지께서 기뻐하시면 저도 괜히 기뻐요. 학교 공부 시간에 할아버지와 같이 장기를 두던 생각이 언뜻 나요. 즐거운 생신을 보람되게 보내세요. 요즘은 날씨도 아주 더워지고 있어요. 건강하시고 부디부디 오래 사세요.

그럼 이만 쓸게요. 안녕히 계셔요.

1997년 5월 31일 손자 현광호

'아하, 초등학교 4학년이던 놈이 벌써 고등학교 1학년이 되었구나. 요놈이 여섯 살 때쯤이던가. 이 손자와 나는 장기를 많이 두었지. 그런데 번번이 지는 것은 나이고, 나는 한 수만 물러달라고 해도 요놈이 결코 물러주지를 안았지. 나는 요놈이 이겨서 기뻐하는 것을 보고 내가 더 마음이 흐뭇했지. 손자의 편지 말대로 세월은 참 빠르구나.'

나는 다시 이름을 밝히지 않은 알락달락한 봉투가 손에 잡혔다. 손녀 유진이의 편지다.

성할아버지께

할아버지 안녕하세요?

제주대학교를 퇴임하셔서 집에 계시려고 하니 얼마나 심심하세요.

퇴임하시기 전에는 친구들에게 우리 할아버지는 제주대학교 교수라고 자랑도 했었는데, 이제는 그 말이 우리 할아버지는 제주대학교 교수였다가 퇴임했다는 말로 바뀌었군요.

저도 이제 2학년이 되었어요. 할아버지 66번째 생신 축하합니다. 할아버지께서 제주대학교를 퇴임하시니 저는 슬퍼요. 할아버지, 학교를 퇴임하셔도 건강하시고 오래오래 사세요. 사랑해요.

1997년 5월 31일 유진이 올림

아, 나의 퇴임이 손녀의 마음에도 슬프게 비쳤다니! 벌써 6년 전의 편지인데 맞춤법도 안 틀리게 쓴 손자 손녀의 편지를 읽으니 나는 눈물이 날 것 같아 그만 일어서 버렸다. 다리가 저려서 움직이지를 못한다. 나는 잠시 다리가 풀리기를 기다렸다. 그러면서 이젠 편지를 더 읽지 말고 나머지를 그저 태워버리기로 했다.

나를 가르쳐 주신 선생님들도 거의 세상을 떴고, 나와 그렇게 다정하게 민속 조사를 하고, 학문을 논하던 국내 여러 대학의 친구들이나 외국 대학의 친지들도 거의 정년퇴임을 하면서 소식이 끊어졌다. 개중에는 세상을 뜬 분이 얼마나 되나. 내 나이 일흔 셋. 이젠 과거를 청산하고 고요히 세상을 바라보며 살 나이가 아닌가. 이 소중하게 보관해 오던 편지들을 불태움으로써 그 아까워하던 옛정들은 다 불타 재로 사라지는 것이다. 나는 고독한 실존이 되어 버렸다. 그래도 아침이 되면 옛날이나 다름없이 태양은 불타오를 것이고, 달은 여전히 찼다 기울었다 할 것이다. 꽃은 계절 따라 찬란하게 필 것이고, 가을이 들면 낙엽은 단풍이 들며 떨어질 것이다.

그러나 위에 든 편지처럼 나의 손자 손녀들은 내가 나이 드는 만큼씩 자라나 어른이 되어 갈 것이고, 나의 늙음과 고독을 알아 줄 것이고, 위안해 줄 것이며, 내 마음의 벗이 되어 줄 것이다.

그렇다. 나는 외롭지 않다. 무릎이 아파하는 마누라도 있고, 착한 아들과 며느리도 있다. 손자 손녀들도 여덟씩이나 있다. 나는 이들과 매일 웃음을 만들며 살아가고 있지 않는가.

옛정은 불태워 버리고 새로운 정을 창조하며 삶을 즐기자.

— 2003. 5. 21.

할아버지의 덕

나는 일흔 세 살이나 되었으면서도 젊은 사람들에게서 '할아버지'라고 불리는 것을 별로 달갑게 생각하지 않는다. 어떻게 하면 '아저씨' 하고 불러주어 조금이라도 젊었다는 것을 인정받고 싶은 것이다. 그런데 '아저씨'라고 불리는 일은 가뭄에 콩 나듯이 드물다. 가끔 택시를 탔을 때 운전기사에게서나 들을 뿐이다.

나는 나이가 들자, 내가 살아온 역경의 이야기를 자손들에게 남기고 싶은 마음이 들어 「한라산 오르듯이」란 제명으로 자전적 수필을 썼다. 이것을 책으로 인쇄를 하는데, 이왕이면 나의 연보와 저작 목록을 덧붙이려 했다. 그래서 저작 목록을 작성하는데, 내가 중학교 4학년 때 고학하느라고 남선전기주식회사 제주영업소에 근무하면서 이 회사의 사지 『電友』에 쓴 수필과 시 각 1편, 그리고 그 후 오현중학교 교지 『귤림』에 쓴 수필도 올리고 싶었다. 그런데 그 잡지의 호수를 알 수 없는 것이다. 이 책들은 나의 서재가 너무 좁아 보관하기가 어렵기에 별로 쓸데없는 책이라 여겨지는 책들에 끼워 몇 년 전 우당도서관에 기증해 버렸기 때문이다. 이제 저작 목록을 쓰려 하니 그 호수도 알아야 하겠거니와 그 어렸을 때 어떤 글을 썼는지 그것도 다시 읽어보고 싶은 것이다.

오늘은 우당도서관을 찾아가 그 잡지의 호수도 알고 그것을 복사해 와서 컴퓨터에 입력해 두고 싶은 생각이 났다. 점심을 먹는 둥 마는 둥 하고 급히 차려 우당도서관엘 가기로 했다. '그래도 도서관엘 가는데 정장을 아니 하고 가서야 되겠냐.' 하고 넥타이까지 단정히 매고 집 앞 버스정류소에 나갔다.

우리 집 앞 정류소엔 중앙로를 거쳐 제주대학교로 가는 버스는 자주 있지만 사라봉 앞의 우당도서관을 거치는 버스는 드문 모양이다. 이 노선은 타 본 일이 없기 때문에 몇 번 버스를 타야 할 것인지도 잘 모른다.

정류장에 가고 보니 경찰관 둘이 교통 단속을 하고 있었다. 경찰관은 달리는 차를 옆으로 멈추게 하여 거수경례를 하고 무엇이라 이야기를 나눈 후 딱지를 떼어 운전기사에게 넘기고, 다음 몇 번째 오는 차를 멈추게 하여 같은 일을 반복한다. 나는 그 단속 행위를 물끄러미 쳐다보며 버스를 기다렸다. 그런데 한 경찰관이 차를 멈춰놓고 딱지를 떼는데 오른손에 종이를 들고 왼손으로 글을 쓰는 것이다. 아마 차량번호, 운전면허 번호 등을 적는 모양이다. 나는 '하, 왼손잡이 경찰관이로구나. 나는 오른손이 수전증으로 글을 잘못 쓰는데, 저렇게 왼손으로 글을 써지면 얼마나 편리할까.' 이런 생각을 하다 보니 버스는 수십 대가 지나가도 우당도서관으로 가는 버스는 오지 않는다. 버스를 기다린 시간은 이미 30분이 지났다. 정류장 의자에 앉았다가 버스가 와 가면 '이 버스인가.' 하여 일어서서 바라보고, 바라보고 하는 나에게 왼손잡이 경찰관이 다가왔다.

"할아버지, 어디 가시려고 합니까?"

"우당도서관에 가려고 합니다."

왼손잡이 경찰관은 정류장의 운행시간표를 보더니,

"두시 사십팔분에야 있군요. 제가 어떻게 해보지요."

시계를 보니 아직도 20분은 더 기다려야 할 판이었다. 약간 피로하지만 '저 경찰관이 버스가 오면 세워서 태워주려는가 보다.' 이렇게 생각하고 안심하여 의자에 앉아 기다리기로 했다.

조금 앉았더니 이 경찰관이 어떤 검은색 자가용차를 멈추게 했다. 운전기사하고 무엇인가 대화를 하는 것이다. 그리고서는 나에게 다가와서,

"할아버지, 이 차로 가십시오."

엉뚱한 말을 하는 것이다. 나는 얼떨떨하여 일어서서 우물쭈물하다가 그 자가용 옆으로 갔다. 운전석에는 아가씨인지 아줌마인지 구별 못할 젊은 여자가 앉았다가 뒷자석을 가리키며 "타세요." 한다.

"우당도서관까지 태워다 주시겠어요?"

"그러세요."

나는 영문도 모르고 차를 타자, 차는 얼른 출발하기에 나는 경찰관에게 손을 들어 인사를 표하고 운전기사에게 곧 말을 건넸다.

"왜 차를 멈추었어요?"

"신호 위반했어요."

"신호 위반하면 벌금이 얼만데?"

"육만 원이에요."

"그럼, 나를 어떻게 하여 이 차에 태워줬어요?"

"경찰관이 '딱지를 뗄까요? 한 십오분 시간 소비를 하겠어요?' 그러

길래 시간 소비를 하겠다고 하니까, 그럼 저 할아버지 30분 이상 차를 기다려도 못 타 하니까 우당도서관까지 태워다 드리라고 해요. 그러겠다고 해서 딱지를 면했지요."

"그럼 이 차는 어디 가는 차인데?"

"광양 쪽으로 갈 거예요."

"그럼 좀 미안하긴 해도 내가 탈만 하네. 육만 원 벌었으니까. 그래도 나 때문에 국가 수입은 육만 원 줄었는걸."

나는 껄껄 웃으며 그 왼손잡이 경찰관을 생각하지 않을 수 없었다. '3~40분 버스를 기다리는 이 늙은이가 얼마나 가련해 보여야 딱지를 안 떼고 나를 태워 주었는가? 그렇다고 신호 위반을, 이 늙은이를 태워 주기 위해 봐주는 것이 과연 옳은 일인가?' 왼손잡이 경찰관은 잘한 일이냐? 못한 일이냐? 피로해 하는 이 할아버지 편으로 보면 도덕적으로 훌륭하고 고마운 일이 되지만, 법적으로 보면 직무유기나 다름없다. 나는 법과 도덕 사이에서 한참 갈등하다가 '그렇다. 법보다 도덕이 먼저다.' 이렇게 결론을 내리고, 우당도서관까지 편안한 마음으로 갔다. 내릴 때 운전기사 여자도 흐뭇해하고 나도 흐뭇해서 서로 웃으면서 인사를 나누고 헤어졌다. 할아버지의 덕을 톡톡히 본 것이다.

— 2003. 4. 28.

오빠

내가 오목 두는 것을 처음 본 것은 국민학교 다니던 때다. 셋째형님이 일본에서 상업학교를 졸업하고 돌아와 친구와 두는 것을 본 것이다. 옆에서 지켜보던 나는 흑과 백의 바둑돌을 가로 세로 놓아가며 다섯 개를 일렬로 먼저 놓는 데 성공하면 이기는 것을 안 것이다. 그 후 나는 바둑판을 대해본 일도 없고, 오목을 실제 두어본 일도 없다.

나이가 들어 직장 퇴임을 하고 집에서 무료하게 시간을 보내려고 하니 컴퓨터를 약간 배워 책도 써서 시간을 보내고 하다 이젠 인터넷까지 하게 되었다. 그런데 하루는 막내 손자가 인터넷으로 오목을 두는 것을 보게 되었다. 나는 어릴 적 오목 두는 것을 본 추억이 있어 나도 이 오목을 두고 싶은 생각이 났다. 오목을 두는 사이트는 게임업이었다. 나도 이 게임업에 아이디와 비밀번호를 찍어 가입을 했다. 사이트를 열고 보니 여기에는 '고스톱, 섯다, 포커, 훌러, 장기, 바둑, 오텔로, 오목' 등등 여러 가지 경기 종목이 있다. 이들 중 내가 그 이름을 아는 것은 장기, 바둑, 오목이다. 화투를 쳐보지 못한 나는 고스톱이니 섯다 같은 것은 알 수가 없고 나머지들은 처음 들어보는 것이어서 무엇이 무엇인지 알 수가 없다. 장기는 턱을 알 정도는 되지만 남을 상대하고 둘 만한 실력이 없고, 바둑은 보기만 했지 한 번도 두어본 일이 없기 때문에 할 줄을 모른다. 역시 오목이 쉬울 것 같아 이것을 두며 시간을 보내기로 한 것이다.

나는 여기에 가입하면서 이름을 '오목쫄맹이'라고 이름을 걸었다. 오목의 초보여서 제일 하졸의 어린아이 같은 놈이란 뜻의 제주도 방언을 쓴 것이다. 그래서 대국 신청을 하고 오목을 두는데 별의별 이름의 상대자가 나와 서로 바둑돌을 놓게 된다. 나는 상대방이 3이 되면 부지런히 막고, 4가 되면 또한 겁이 나서 막는 데 바쁘지, 공격을 할 기회를 좀체로 얻기가 어렵다. 이렇게 상대방의 공격을 막는 데 허덕이다가 우연히 5가 되어 이기는 수도 가끔 있지만 번번이 지는 것이 일반이다. 이겼을 때의 박수소리가 가슴을 설레게 하여 나는 이번에는 꼭 이겨 보리라 하고 승부욕이 생겨 어떤 상대이든 나오기만 하면 두어보는 것이다.

한 60 몇 승인가 성적이 되었을 때 패배한 것은 150 몇 패가 되었다. 옆에서 구경하며 "이디 노십서.", "저디 노십서." 하고 훈수를 하는 막내며느리의 오목 실력이 나보다 월등한 것을 안 나는 며느리에게 부탁을 했다.

"애야, 이거 80승만 만들어 놓아라. 내가 노래방에 데려다 주지."

그래서 아이디와 비밀번호를 가르쳐줬더니 하루만에 80승 이상을 이겨 놓았다. 나는 마음이 흐뭇해서 그날 저녁 처와 막내며느리를 데리고 노래방엘 가서 서로 노래를 부르며 즐기기도 했다.

며칠 전에는 인척의 결혼식이 있어 여기에 참석하려고 서울에 갔다. 물론 둘째놈 집에 머무는 것이다. 이 아들 집에는 컴퓨터가 두 대나 있다. 이 컴퓨터를 열어서 심심풀이로 오목을 두고 싶은 생각이 나서 게임업 사이트에 들어갔다. 대국신청 클릭을 했더니 상대방이 나타나는데 그 이름이 '봉수엄마'였다. 실력은 56승 36패.

"하, 이름을 보니 30대 아니면 40대쯤 되는 아줌마이겠구나. 그런데 승이 패보다 훨씬 많으니 이제야 두기 시작했지만 잘 두는 아줌마임에 틀림없다. 그래도 여자하고 오목을 두는 것이 얼마나 즐거운 일이냐!"

192승 345패의 성적을 가진 나는 '기어코 요 아줌마를 이겨 승리의 쾌감을 느껴봐야 하지.' 이렇게 생각하고 흑점을 바둑판 한가운데 탁 놓았다. 그런데 상대방은 바둑돌을 놓지 않고, 바둑판 아래쪽에 푸른 글자의 메시지를 보내는 것이다.

"님."

나는 "왜?" 하고 회신을 찍어 엔터를 쳤다. 이번에는 "반말을 쓰시네요." 하는 메시지가 떴다. 나는 메시지 회신을 보냈다. "나는 할아버지."

이 메시지를 읽었던지 상대방 아줌마는 다시 아무 말 없이 바둑돌을 놓기 시작했다. 컴퓨터에서는 바둑돌 놓는 소리만 뚝뚝 울려 정적을 깨뜨린다. 나는 눈을 바짝 떠서 상대방의 3이나 4를 놓치고 넘어가나 응시하며 심중히 한 점 한 점을 놓아갔다. 그래서 어떻게 하면 가로 세로 대각선으로 3, 4가 되게 하여 이기려고 작전을 짜며 필승의 의지로 놓아간 것이다. 그런데 이게 웬일인가? 우연인지, 상대방의 실수인지 3, 4가 가로 세로 되어 나는 한 점만 더 놓으면 이기게 되었다. 아, 그 통쾌함이라니!

그런데 시급히 컴퓨터 창에는 "상대방에서 한 수 물림 요청이 왔습니다. 수락하시겠습니까?" 하는 글이 떴다. 나는 얼른 '아니오'에 클릭을 했다. 어렵사리 이겼는데 한 수 물림을 받아들이면 내가 질 것이 뻔하기 때문이다. 다시 또 시급히 한 수 물림 요청 창이 떴다. 나는 단연코 '아니오'에 클릭을 했다. 두 번 거절을 받은 봉수엄마한테서 이번에는 메시지가 떴다.

"오빠."

나는 "오빠라 하여 부르며 어리광을 떨어 한 수 물려 막아보려는 것이 분명한데 내가 그것에 넘어갈소냐! 내가 겨우 이겼는데 어찌 양보할 수가 있겠느냐!" 이렇게 생각하면서도 마음이 불쾌하지가 않았다. 나에게 오빠라고 부르는 여자가 있다니! '할아버지' 소리만 듣던 나의 마음은 조금 흔들린 것이 분명하다. 그래도 한 수 물림 요청을 거절했다. 이번에는 조금 더 강도 높은 메시지가 떴다.

"오빠아 으응."

그래도 또 한 수 물림 요청 거절의 신호를 보냈다. 그랬더니 이번에는,

"오빠아! 으응."

느낌표까지 더 붙여 메시지를 보내오는 것이 아닌가! 나는 나도 모르는 사이에 한 수 물림 창의 "예"에 클릭을 하고 말았다. 무심결에 그만 그 여자에게 넘어가 버린 것이다. 나의 결정적인 한 점은 지워지고 그 자리에 상대방 아주머니의 바둑이 딱 찍히고 말았다. 보나마나 오목은 내가 지고 말았다.

나는 담배를 한 대 피워 물며 "아, 남자라는 것은 아무리 강한 체해도 늙으나 젊으나 여자에게는 당해낼 수가 없는 것이로구나." 이렇게 생각하며 담배를 깊숙이 빨아들였다.

"클레오파트라의 코가 한 치만 높았어도 세계의 역사는 바뀌어졌을 것이다." 라는 말이 떠올랐다.

— 2003. 5. 8.

30만 원짜리 코미디

우리 집엔 우편물이 귀찮을 정도로 많이 날아든다. 나에게 오는 우편물, 큰아들 부부에게 오는 우편물, 막내아들 부부에게 오는 우편물. 어떤 때는 대여섯 통씩 고무줄에 묶이어 대문에 담겨 있는 수가 많다. 나는 그것을 가져다가 수신자 별로 분류하여 각각 나누어주는 일을 일과처럼 하며 산다.

하루는 이상한 우편물이 날아들었다. 나에게 온 우편물이다. 발신자 단체 이름은 잊어버렸지만, 열어 보니 구봉서, 배삼용의 코미디 공연특별 초청장이다. 그것도 무궁화 다섯 개나 붙은 KAL호텔에서 한다는 것이다. '아, 그래도 내 이름이 조금 알려져 이런 초청장을 보내 주었나 보다.' 이렇게 생각하고 약간 마음이 흐뭇했다. 그런데 큰아들, 막내아들에게 온 것도 보니 같은 초청장이다. 그제야 '요게 무슨 꿍꿍이속이 있는 것이로구나.' 생각되었지만, 구봉서, 배삼용이라니 마음이 조금 끌렸다. 그 코미디언들은 나보다 나이가 몇 살 많을 터인데 늙지도 않고 어떻게 무대 위에 올라와 코미디를 할 것이냐가 흥미를 끈 것이다. 나는 허리 디스크 수술로 해서 걸음이 조금 불편한데 그들은 어떤가, 그것을 비교해 보고 싶은 생각이 들었다. 그래가니 옛날 「웃으면 복이 와요」라는 코미디 프로를 보았던 기억이 되살아난다. 가장 기억에 남는 것은 배삼용이가 죽는 장면을 연출할 때 벌렁 드러누워 자기 입으로 '꼴깍' 소리를 내며 전신의 힘을 빼어 늘어지는 장면이다. 그뿐인가. 무슨 라면 선전을 할 때 구봉서와 배삼용이가 나와 라면 사발을 들고 서로 권하는 장면도 기억이 난다. "형님 먼저.", "아우 먼저." 하며 서로 라면 사발을 권하다가 구봉서가 먼저 라면을 먹어가니 배삼용이가 서운해하는 모습. 그 선전 장면이 지금도 잊어지지를 않는다. 그러니 더욱 가 보고 싶을 수밖에.

그 날은 나에게 온 초대장과 큰아들에게 온 초대장을 가지고 집사람하고 둘이서 구경을 가기로 했다. 점심을 얼른 먹고 3시 공연에 늦지 않도록 출발을 했다. 그런데 하필이면 비가 오는 것이 아닌가. 버스를 탈 형편도 못 되고 하여 지나가는 택시를 타고 일금 2천 원이나 주면서 KAL호텔에 갔다. 2층 공연장엘 들어서고 보니 꼭 나같이 늙은 할아버지 할머니들이 꽉 차 있다. 들어가는데 종이 한 장과 볼펜 하나씩을 주기에 무슨 의미인 줄도 모르면서 받고 겨우 자리를 찾아 앉았다. 앞 무대엔 네모난 상자 같은 기구가 몇 개 높이 놓여져 있고, 그 밑에 무슨 쌀 양푼이니, 병이니, 컵이니 여러 가지가 놓여져 있다. "저것들이 코미디 공연에 무슨 소용이 있는 것일까? 아마 재미있는 공연인가 보다." 이렇게 생각하며 기다렸다.

3시가 딱 되자 어떤 무명 여가수가 가슴을 거의 드러내고 나와 노래를 부르기 시작한다. 박수소리가 인색하다느니, 노래 한 구절을 같이 부르라느니 하면서 한참 기분을 풀게 하더니, 다음에 무슨 회사 전무인가 하는 사람이 정장을 하고 무대 위에 올라왔다. 이 신사는 "비가 내리는 궂은 날씨에 이와 같이 만장을 이루어 주셔서 감사합니다." 하는 인사말부터 시작해서 유창한 말씨로 우리의 환경 오염 실태를 털어놓아 가는 것이다. 쌀을 생산하는데 그 독한 농약을 몇 번 뿌린다느니, 사과를 달리게 할 때까지 농약을 몇 번 뿌린다느니, 배추나 고추를 생산하는데 몇 번 농약을 쳐야 된다느니, 우리가 먹는 음식물이 완전히 농약으로 오염되어 우리는 독약을 먹고 있다는 것이다. 농약뿐만 아니라 황사니 매연가스니 담배 연기니 하는 것들이 공기를 완전히 오염시켜 우리의 생명을 단축시키고 있다는 것이다.

"자, 그러면 이러한 농약 오염이나 공기 오염을 맑게 할 수 있는 방법은 없느냐? 있습니다. 바로 여기에 있는 오존 살균기가 그것입니다. 이것을 보십시오."

청산유수같이 연설을 하던 신사는 무대 위에 놓인 오존살균기인가 청정기인가 하는 것을 가리키며, 거기에서 마이크 줄 같은 것을 꺼내어 쌀한 되쯤 든 양푼에 집어넣는다. 5분만 이렇게 담갔다가 밥을 지으면 농약이 모조리 씻어져 이틀이 지나도 밥은 하얗게 깨끗해진다는 것이다. 다음은 사과를 꺼내어 그 청정기에 담가서 껍질 채 바삭바삭 씹어먹는다. 껍질을 벗길 필요가 없다는 것이다. 이 식으로 선전해 가다가 컵에 농약을 조금 붓고는 물을 가득 부어 놓는다. 농사짓는 분이 계시면 나와서 냄새를 맡아보라 한다. 할아버지 두 사람하고 할머니 한 사람이 나가 냄새를 맡아본다. 농약 냄새가 분명히 난다고 말을 한다. 신사는 청정기의 줄을 이 농약 컵 속에 집어넣는다. 거품이 부글부글 일기 시작하더니 거품은 컵에서 넘쳐 밑으로 흘러내린다. 연설하던 신사는 아까 그 농사짓는다는 할아버지를 불러내어 이 컵의 물을 마셔보라고 한다. 할아버지들은 고개를 설레설레 흔들며 들어가 버리니 그 신사는 컵의 거품을 푸푸 불어버리고 그 물을 단숨에 들이마셨다. "아, 배불다!" 하고 배를 쓰는 것이다. 이쯤 해가니 이 살균기인가 청정기인가 하는 것을 믿지 않을 사람이 어디 있을 것인가? 전기료도 한 달에 몇 백원밖에 안 든다는 것이다.

이렇게 이 기계의 효능을 실험해 보인 신사는 "자, 그러면 이 기계의 값이 얼마냐?" 하고는 어느 중앙지의 전면 광고를 확대시켜 비춰 보였다. 가격이 598,000원. "이것이 그저께 나온 광고인데, 여러분들은 궂은 날씨에 오셔주셨으니 큰마음 먹어 300,000원을 딱 짤라버리고 298,000원에 드립니다. 그러면 이 돈을 어떻게 갚느냐? 10개월 월부도 좋고, 3개월 월부도 좋고, 일시불도 좋고, 신용카드로 긁어도 좋습니다. 단, 신용카드로 긁는 분에게는 금 차숟가락 한 벌과 전화기를 선물로 드립니다. 이 전화기는 보통 것이 아닙니다. 부재중에 전화가 왔을 때 상대방의 전화번호가 딱 창에 박혀 어디서 전화가 왔었나를 금방 알 수 있는 겁니다."

이렇게 선전이 끝나 가니 옆에 앉은 집사람이 내 옆구리를 쿡쿡 찌르며 사자는 것이다. 특히 집안이 나의 담배 연기로 가득하니 이 담배 연기 청정을 위해서 사자는 데는 나도 말리는 방법이 없었다. 집사람은 들어갈 때 나누어 준 종이에 신사가 부르는 대로 1, 2, 3, 4를 쓰고, 그 번호에 이름, 주소, 전화번호 등을 써서 바치니, 그 회사 직원들이 그 기계를 싹 나누어줬다. 모인 사람 거의가 사는 것이다. 집사람은 돈 지불을 내 카드로 긁어라 한다. 금 차숟가락과 전화를 준다니 이왕이면 그 혜택도 보자고 했다. 할 수 없이 나는 아끼는 카드를 꺼내어 긁었다.

물건을 다 판 후에야 이름 모를 코미디언이 나와서 요망스러운 연기를 부려 잠시 웃기고, 배삼용이가 나온다. 흰 잠방이에 적삼을 입은 배삼용이는 단상에 오를 때 부축을 받아 계단을 올라왔다. 조금 있더니 구봉서가 사또 차림을 하고 지팡이를 짚어 약간 절룩거리며 단상에 올라와 한 5분간 웃기는 시늉을 하고 부축을 받아 들어가 버리는 것이다. 나는 코미디 내용이 문제가 아니라 그 늙은 코미디언을 나와 비교하여 보는 것이 목적이었으니 불만이 없다. '역시 늙으면 아무도 별 수 없는 것이로구나. 나와 별 차이가 없지 않은가.' 하는 것을 느꼈다. 그것으로 족했다.

얼마 전엔 인척의 결혼식이 있어 서울엘 갔다. 물론 둘째 놈 집에 머물렀다. 5월 8일 어버이날이 되자 딸이 집에 오라고 했다. 우리는 둘째 놈의 식구들과 같이 가서 저녁을 먹고 케이크에 불을 켜 '어머님 은혜' 노래도 부르고 박수도 치고 즐거운 시간을 보내었다. 나는 "애야, 어머님 은혜는 있고 아버님 은혜는 없으니 불공평하다." 우스갯소리를 하며 KBS 9시 뉴스를 틀었다. 마침 방영하는 것이 오존청정기에 대한 보도였다. 근래 농약을 청정시켜 마시는 척하며 시민을 현혹시켜 파는 오존청정기가 인체에 유해하다는 것이다. 전문가가 나와 증언까지 한다.

"그러면 그렇지. 598,000원짜리를 298,000에 팔 리가 있나! 거기에다 선물까지 덧붙이면서. 구봉서, 배삼용의 코미디가 30만 원짜리였구나."

나의 담배 연기를 제거시키려고 이 오존청정기를 방에 틀어놓고 살았다면 나는 오존에 찌들려 비실비실 죽어갈 것이 아니었겠는가! 서울에는 지금 오존 주의보가 내리고 있는데.

다시는 공짜 구경은 절대 안 가기로 마음을 다졌다.

— 2003. 5. 13.

마라도(馬羅島) 단상(斷想)

서부 일주도로를 덜렁거리며 달리는 버스는 드디어 모슬포에 도착했다. 학생들은 반은 더 왔다고 들떠 있었다. 제주대학 제주도문제연구회 서클에서 마라도를 탐방하는 길이다. 나는 학생들의 추대에 못 이겨 그 지도교수를 맡았기 때문에 이 마라도 탐방의 실질적인 인솔교수인 셈이다. 1966년인가. 어느 여름이었다.

그 날은 비는 안 왔지만 하필이면 폭풍주의보가 내려 있었다. 쌀, 냄비, 김치, 간장, 버너 등 식사를 해결할 재료와 도구를 나누어 짊어진 학생들을 데리고 모슬포 부두에 갔다. 경찰에서는 폭풍주의보가 내렸으니 출항을 못 한다는 것이다. 실망한 학생들은 짐을 부리고 경찰관 파출소 앞에 주저앉아 버렸다. 기다리는 사이에 마라도로 건너가려는 사람 몇이 파출소를 몇 번 드나드는 것이 보였다. 그 중 인사를 나누어 알게 된 것이 가파국민학교 마라분교장 선생님이었다. 우리는 마라도행이 처음이라 이 마라분교장이 구세주처럼 반가워 지도를 받기로 했다. 이 분교장은 폭풍주의보가 내려도 바람이 그리 세지 않으면 배가 뜬다는 것이다. 마라분교장은 몇 번 파출소를 드나들었고, 오후 3시가 되니 배가 출항한다는 소식을 우리에게 알려주었다. 학생들은 환호성을 질렀다.

마라분교장, 마라도 사람 장년 몇 분, 그들이 몇 주일 살아나갈 갖가지 생활 용품, 그리고 우리 학생들 20여 명을 태운 통통배는 드디어 부두를 빠져나갔다. 폭풍주의보가 내렸다고 해도 모슬포 부두에서 가파도 근처에 이르기까지는 물결이 별로 거세지 않았다. 학생들은 미지의 세계를 찾아가는 마음으로 가슴이 들떠 배 안이 떠들썩했다. 즐거운 시간의 흐름이다. 그런데 가파도 바다를 지나가자 물결은 차차 거세기 시작하더니 통통배는 앞으로 밀려오는 산더미 같은 물결을 훌렁 오르면 다시 급강하하여 밑으로 훌렁 내리고, 다시 앞의 물결을 훌렁 오르면 후르르 내리곤 하는 것이다. 앞에는 산더미 같은 물결이 끝없이 밀려오는 것이 보일 뿐이다. 그렇게 떠들어대던 학생들이 죽은 듯이 조용해졌다. 조금 더 통통배는 그 높은 물결을 타 넘기더니 이번엔 물결이 앞으로만 밀려오는 것이 아니라 옆으로도 배를 감싸갔다. 통통배가 산더미 같은 물결을 훌렁 기어올라 후르르 내려앉을 때는 뱃전 양옆으로 산더미 같은 물결이 치솟아 뱃전을 아슬아슬하게 감싸버리는 것이다. 물결이 조금씩 뱃전 안으로 튕겨 들어왔다가는 다시 빠져나가곤 한다. 앞으로 보면 밀려오는 산더미 같은 물결, 양옆으로 보아도 산더미 같은 물결, 사방을 보아도 산더미 같은 물결뿐.

배가 금방 그 물결 속으로 뒤집힐 것 같다. '일엽편주(一葉片舟)'라 하더니 이런 것을 말하는 것인가! 배는 물결로 휘감겨 금방 뒤집힐 듯 흔들거리니 사람들이 몸을 가누느라고 기대고 엎드리고 꼼짝하지를 못한다. 나는 공포에 휩싸여 뱃바닥에 큰 대(大)자로 납작이 엎드리어 흔들거리며 생각했다. '아, 배는 이 거센 물결에 휩쓸려 침몰할 것이 분명하다. 그러면 나는 이 산더미 같은 물결에 휘말려 허우적거리다가 몇 분 새에 죽을 것이고, 이 학생들도 나와 마찬가지 운명이 될 것이다. 그러면 내일 제주신문에는 이 죽음들을 대서특필로 쓸 것이다. 나는 죽어도 좋다. 아까운 것이 없다. 그런데 그 신문보도가 「현용준 교수가 인솔하여 마라도에 가다가 학생들을 죽여먹었다.」이렇게 날 것이 분명하다.' 여기까지 생각이 미친 나는 뱃바닥에 납작이 엎드린 채 죽을힘을 다 내어 큰 소리로 외쳤다.

"선장! 선장! 배를 모슬포로 돌리시오!"

"선장! 선장! 배를 빨리 모슬포로 돌리시오!"

그러나 그 울렁이는 물결 소리에 이 외침이 선장실에 들어갈 일이 있는가. 겨우 주변에 엎드린 학생이나 들었겠지. 그런데 앞에서 차분한 말소리가 들려왔다.

"아이고, 선생님. 걱정 맙서, 이 정돈 아무것도 아니우다."

고개를 들고 보니 마라분교장이 기관실 벽에 몸을 기대어 서서 팔로 기둥을 잡고 60도 각도로 몸을 흔들거리며 말하는 것이었다. 매주 이런 물결을 타고 마라도를 왕래하는 분교장의 말은 아버지 말씀보다 더 미더워 내 마음을 가라앉히는 것이었다.

드디어 통통배는 마라도 가까이 왔다. 이젠 물결이 다소 가라앉았다. 분교장의 말은 과연 옳았다. 배는 마라도 동북쪽 바다 바위틈을 누벼들어 가 '살레덕 선착장'에 닿았다. 윗옷을 하나도 아니 입은 아이들이 멀리 언덕 위에서 구경하다가 달려와 밧줄을 던져주었다. 배에 얽어맨 그 밧줄을 잡아 겨우 섬 땅을 밟을 수 있었다. 들은 바에 의하면, 박 대통령이 돈 백만 원을 내려주어 방파제를 만들었는데 태풍이 한 번 몰아치더니 그만 온데간데없이 사라져버렸다는 것이다. 우리는 마라분교장의 호의로 그 학교의 교실을 하나 빌어 짐을 풀었다. 그제야 모두들 마음이 쑥 놓이고, 드디어 해내었다는 희열과 충족감에 가득 차 모두 얼굴이 풀어지고 헤헤거리기 시작했다.

대한민국 최남단의 마라도. 총 가구수가 30가구. 인구가 130여 명. 분교 학생수는 30여 명. 산업은 어업이 주이고, 고구마나 보리를 약간 경작한다. 고구마는 땅 속에서 자라는 것이니 꽤 되는데, 보리는 섬 중앙에 약간 갈지만 바다 물보라가 거기까지 날아와 낱알이 잘 여물지 못한다. 여인 3~4명이 보리 불리는 장면을 다행히 만나 카메라의 셔터를 누르고 보리를 만져보니 거의 쭉정이뿐이다. 웅덩이가 하나도 없는 이 섬엔 개구리가 없고, 또한 뱀이 전연 없는 것도 특징이다.

집은 제주 본도와 똑같은 초가인데 정낭이 없다. 집들은 섬의 서쪽에 주로 분포되어 있다. 기이한 것은 누구도 자기 집 주소를 행정구역명으로 아는 이가 없는 것이다. 대정읍 가파리 몇 번지인지, 마라리 몇 번지인지 그 이명(里名)조차 모른다는 것이다. 그리고 그 땅의 소유주가 누구 이름으로 되어 있는지, 등기가 되어 있는지 아닌지도 모른다. 그저 집을 짓고 울타리를 두르면 내 땅이요, 내 집이 되는 것이다. 세상에 이런 경쟁 없는 사회가 있을까. 아마 본래 제주도에 사람이 살기 시작할 때가 바로 이랬을 것이다. 누구든 그 허허 벌판에 들어와 땅을 개척하고 집을 지으면 그것이 내 땅, 내 집이 아니었던가. 무슨 행정적인 이명이나 번지가 필요 있었을 것인가. 마라도가 바로 그러한 원초적 본보기를 남기고 있는 것이다.

섬의 맨 동쪽에는 등대가 하얗게 서 있고, 서쪽 바닷가에 마라분교가 있고, 섬의 서쪽 가운데에 초가들이 옹기종기 차분히 앉아 있다. 나머지는 평평한 들판, 거기에는 소 몇 마리가 한가로이 풀을 뜯고 있고, 염소가 수십 마리 놀고 있다. 들판의 풀은 주로 띠다. 소나 염소는 이 띠를 먹고 자란다.

섬의 모기가 독하다는 말은 들었지만 마라도의 모기처럼 독한 데가 있을까. 학교 교실에서 잠을 자는데 모기가 어찌나 독한지, 모기와 싸우다 보니 날이 새었다. 아침 일찍 일어나 북쪽으로 구경을 나섰는데 바닷가 절벽 바위 위에서 여인들이 앉아 무엇인가 만들고 있다. 가까이 가 보니 여인은 지난 밤 싼 쇠똥을 모아다 한 줌씩 끊고 왼손바닥에 놓아 오른손바닥을 착착 치며 손바닥만큼 하게 납작한 것을 만들어 바위 위에 가지런히 널고 있다. 무엇인가 물어보니 '쇠똥떡'이라는 것이다. 둥그스름하게 만든 것이 꼭 떡 같다. 눈을 돌려보니 이 쇠똥떡을 절벽 바위 위에 군데군데 널어 말리고 있는 것이다. 나무가 없는 이 섬에선 이 쇠똥떡이 유일한 연료다. 집들의 구조를 살피려고 마당에 들어서서 부엌을 보니 땅바닥의 부엌엔 무쇠솥 크고 작은 것 세 개가 '솟덕[돌받침]'에 앉혀 있는데 그 구석에 마른 쇠똥떡이 수북히 쌓여져 있다. 쇠똥떡 세 개면 한 끼니 밥을 짓는다고 했다. 그 화력이 얼마나 센지 가히 알 수가 있다. 이 쇠똥떡은 마라도에서만 가능하지 가파도에만 가도 안 된다고 한다. 마라도 쇠똥은 띠만 먹어 싼 것이기 때문에 섬유질이 많아 땔감이 되지만 가파도 소는 잡초를 먹기 때문에 똥이 묽어서 말려도 불을 때지 못한다는 것이다. 이 마라도 사람들은 얼마나 자연 환경을 잘 이용했는가. 그 지혜에 감탄하지 않을 수 없었다.

마라도는 섬이니까 어업으로 생계를 유지할 것이라는 것은 누구나 짐작할 것이지만, 그 어업의 양상이 나 같은 농촌 출신에겐 신기롭고 경이로운 것이 아닐 수 없다. 남자들은 저녁이 되면 배를 타고 나가 그물을 쳐 놓고 돌아온다. 그래서 잠을 자고 일찍 일어나 배를 타고 나아가 그 그물을 걷어올린다. 그물 속엔 갖가지 고기가 수북이 걸려져 있다. 이 고기를 다 떼어내어 배에 싣고 모슬포로 팔러 나간다. 팔고 돌아올 땐 생활용품을 사서 돌아오고 또 그물을 치러 나간다.

여자들은 다 해녀다. 집집마다 '전복망사리'와 '미역망사리'가 처마 기둥에 걸려져 있다. 전복망사리는 고동, 전복 등을 잡을 때 쓰는 망사리(그물로 엮어진 멱서리 같은 것)로 작고, 미역망사리는 나 같은 몸뚱어리는 들어가다가도 남을 만치 크다. 전복, 고동 등을 잡을 시기에는 이 작은 망사리를 들고 바다에 들지만, 미역을 캘 철에는 큰 미역망사리를 메고 바다에 든다. 이 때가 가장 바쁜 때다. 바다 속의 미역밭은 마치 들판의 띠밭처럼 한 길이 넘는 미역이 빽빽이 자라서 너울거리고 있다. 해녀는 이 미역밭에 들어가 미역을 캐는 것이 아니라 마치 보리 베듯 한쪽으로부터 낫으로 베어간다. 베어지는 대로 물 위에 떠올라 미역을 망사리에 담는다. 이 작업을 얼마간 계속하다 보면 망사리가 가득 차 가니까 더 많이 담기 위해서 물 위에서 망사리 속에 발을 집어넣어 마구 밟아 망사리가 팽팽해질 때까지 미역을 베어 담는다. 그래야 바닷가 절벽으로 헤엄쳐와 망사리를 올리면 기다리던 남편이 받아서 붓고, 해녀는 다시 물 속으로 들어간다. 그런데 놀라운 것은 들어간 해녀가 먼저 베었던 다음으로 차례차례 미역을 베어나가야 할 터인데 그 곳을 찾지 못하여 한참 헤맨다는 것이다.

해녀가 그 위치를 가늠 못 해서가 아니다. 먼저 미역을 베어다 남편에게 넘기고 다시 오는 사이에 해조의 흐름으로 빽빽이 들어선 미역들이 이리 휘어지고 저리 휘어지고 해서 다시 미역이 빽빽이 차버리니 어디까지 베었는지 그만 헷갈려 버린다는 것이다. 전에 베었던 곳을 찾아 다시 미역을 베어 망사리에 담는다. 그 동안 바위 위의 남편은 한 발이 넘는 미역을 골라 펴며 바위 위에 가지런히 넌다.

이 너는 일이 끝마치기도 전에 해녀는 다시 미역을 한 망사리 담뿍 해서 둘러메어 남편에게로 헤엄쳐 온다. 이런 일을 하루 종일 하니 해녀는 얼마나 지치며 그 남편은 얼마나 바쁠 것인가. 그런데 미역 채취 작업이 한 달이나 계속되니 얼마나 고된 일이냐! 그러니까 이런 미역 채취가 끝나면 해녀들은 완전히 지쳐버려서 몸보신으로 염소를 한 마리 잡아먹어야 한다. 그러니까 그 섬에 기르는 염소는 해녀의 몸보신용으로 기르는 셈이 되는 것이다.

나는 학생들 몇하고 배를 빌어 마라도 해안을 한 바퀴 돌아봤다. 섬 전체가 모두 기암 괴석의 절벽으로 둘러쳐 있다. 북서쪽의 '남대문'이라 이름 붙여진 기암은 아치형으로 이어져 붙어 그 밑으로 배가 왕래할 수가 있다. 나는 이 해안선의 기괴하고 아름다움에 감탄하고 말았다. 그런데 섬 위에 올라가 그 절벽을 내려다보면 금방 떨어질 것 같은 무서움을 느낀다. 이런 무서운 절벽 위를 주민들은 원숭이 뛰어다니듯 일을 하며 밤에 다녀도 한 사람도 떨어진 일이 없다고 한다. 이것을 주민들은 '할망당' 신이 보호해 준 덕택이라 믿고 있다. '할망당'은 섬의 북쪽 바닷가에 있는데, 이 당의 형성에는 애절한 이야기가 전해지고 있다.

> "옛날 이 섬은 나무로 울창했었다. 사람이 아직 살고 있지 않을 때 모슬포 사람이 아기업저지 처녀를 데리고 이 섬에 땔감 나무를 하러 왔다. 나무를 하고 배에 실어 돌아가려는데 마침 폭풍이 불어 배를 띄울 수가 없었다. 할 수 없이 섬에서 밤을 새우는데 꿈에 백발노장이 나타나 아기업저지 처녀를 남겨놓고 가면 바람을 재워주겠다고 하는 것이다. 날이 밝자 주인은 이 처

녀가 불쌍하기는 해도 할 수 없다 해서 「아기 업는 멜빵(걸랭이)을 저기 놓고 왔으니 가져 오라.」고 거짓말을 하여 처녀가 가자, 그 틈새에 배를 띄우니 바람이 자서 모슬포까지 무사히 돌아갈 수 있었다고 한다. 처녀는 가서 결국 멜빵을 찾지 못하고 돌아와 보니 배는 이미 떠나 버렸고, 며칠을 주인을 부르며 울다가 굶어 죽었다 한다. 그래서 마라도에 사람이 들어와 살기 시작하자 이 처녀의 원혼을 달래어 모시기 시작한 것이 지금의 할망당이라는 것이다."

이 '할망당'은 바다를 배경으로 둥글게 돌담 울타리를 두르고, 그 안쪽에 납작한 네모진 큰돌을 세워 세 벽을 만들고 그 위에 납작한 돌을 덮어 속에 알락달락한 천 조각을 걸어 모셔놓고 있다. 각 가호의 주부들은 이 당에 제물을 차리고 와 가정의 무사 안녕을 빈다. 이 당신(堂神)은 바로 마라도민의 정신적 귀의처요, 지주인 것이다.

이 신에게 빈다고 해도 감기나 설사 등 작은 병이 안 날 리 없는 것이다. 이럴 때 의사 역할을 하는 이는 마라분교장이다. 이 분교장은 모슬포에 가면 반드시 감기약, 설사약 등 구급약을 사다가 비치해 두었다가 주민이 아팠을 때 약을 주어 낫게 한다. 그뿐 아니라 주민이 어떤 곤경에 빠졌을 때 상담역을 맡아 해결해 준다. 초등학교 평교사인 분교장은 이 섬의 의사요, 가장 존경받는 지도자인 셈이다.

장사가 났을 때는 급한 일이니까 가파도에 알려야 한다. 가파도에 면한 바닷가에 봉수대처럼 불을 피우는 곳이 있는데, 밤에도 여기에 불을 피우면 가파도에서 곧 배가 달려오게 되었다. 그것도 집안마다 불 피우는 곳이 달라 가파도에서 그 불의 위치를 보면 어느 집안에 장사가 났다는 것을 알 수 있다. 그래서 가파도로 옮겨가서 장사를 지낸다.

혼인식을 할 때에도 신랑이 사모관대를 차리고 일행이 배를 타고 신부를 데리러 가는데, 사돈댁은 대개 가파도이다. 날씨가 사나우면 이 잔치를 하는 데 여간 힘든 것이 아니다.

그래서 마라도 사람들은 어떻게 하면 돈을 벌어 가파도 큰 섬에 가서 사느냐, 또 한 걸음 나아가 모슬포 도회에 나아가 사느냐가 꿈이다. 결국 모슬포가 그들의 꿈의 이상향인 것이다.

나는 이 마라도 탐방에서 인간의 원초적인 순수한 삶과 자연과 조화되는 지혜, 그리고 아름다운 인간적인 정감을 절절이 느끼고 돌아왔다.

그런데 그 후 세상은 근대화 바람이 일기 시작했다. 첫째 불어닥친 것이 신생활 운동. 이 운동을 아는 데는 긴 이야기가 필요 없이 도내 모 일간지 1972년 2월 15일자 기사 「해독의 소지…… 미신에서 헤어나야」의 한 구절을 보는 것으로 족하다.

> "……무당들은 당국이 신생활 운동 저해 요소로 지적 1969년도에 장구 압류, 서낭당 파괴(1백 35개소) 등의 행정 조치로 약간 고개 숙인 듯 보였으나 현재는 예전 상태로 되돌아간 것으로 보이는데, 南榮號 침몰 때 죽음 사건에 따른 초혼 푸닥거리가 이들에게 다시 발붙일 소지를 마련해 주는 계기의 하나로 된 것 같다……."

다음 불어닥친 것이 새마을 운동. 이 운동의 실상도 긴 이야기를 할 필요 없이 도내 모 일간지 1973년 2월 28일자 「청년회서 마을 祠堂 철거」란 기사 하나를 보면 대충 알 수가 있다.

> "유신 과업 수행을 다짐하며 앞서가는 새마을을 만들자고 나선 한림읍

옹포리 청년회에서는 4일 조상 대대로 신봉해오던 마을 사당을 헐어버렸다. 이 마을이 생기면서부터(3백 50년 추정) 마을 사람들이 소원을 빌어 오던 이 사당은 해마다 1월 1일과 8월 15일이면 무당을 초청, 마을 전 세대가 제물을 바치고 소원을 빌어 왔을 뿐 아니라 12일 만에 한 번씩 丑日에도 축원하고 있는데, 연 평균 세대당 5천여 원을 소비해 오고 있는 실정이었다. 한편 청년회는 가정의례준칙을 지켜 관혼 상제의 낭비를 없앨 방침이다."

오호(嗚呼) 통재(痛哉)라! 이게 무슨 짓들인고. 세대당 5천 원 소비를 막기 위하여 350년 동안 조상 대대로 신봉해 오던 신당을 파괴한다니……. 문화 유산을 이렇게도 모르던 운동이었다.

이런 바람은 마라도에도 들어가기 시작했다. 도내 모 일간지 1977년 10월 17일자 「할망당 대신 佛像을…… 馬羅島서 奉佛式 성황」이란 기사를 보자.

"우리 나라 최남단 마라도에 관세음보살상 봉불식이 14일날 12시 관음사 장연종 스님을 비롯 신도회·법우회원과 남제주군 관내 유지 및 기관장, 주민 등 1백여 명이 현지에 모여 거행됐다. 이 날 불상이 처음으로 마라도에 세워지게 된 것은 주민들이 90여 년 전부터 모시던 「할망당」이 무속신앙이기 때문에 당을 없애고 그 자리에 불상을 세워 달라는 건의를 남제주군에 했는데 남군에서는 20만 원을 들여 불상을, 관음사 신도회에서는 관세음보살상(시가 10만 원 상당)을 기증함으로써 이룩된 것이다."

이 기사가 과연 사실 그대로인가? 내가 갔을 때 주민들이 그렇게 신성하게 신봉하던 그 할망당을 무속신앙이라는 이유만으로 불상으로 대체해 달라고 건의했을까? 관의 유도는 없었을까? 설사 그런 건의를 했다고 하더라도 남제주군에서는 그 애절한 할망당 유래를 전승시키기 위해서라도 만류해야 했었을 것이 아닌가? 애석하기 그지없다.

지금은 마라도가 관광객이 들끓는 관광지로 변하고 있다고 한다. 가구는 30가구 그대로인데 외지에서 들어온 장사꾼이 태반이고, 관광객이 1년에 25만 내지 30만 명이 드나든다고 한다. 이에 따른 민박 겸 식당이 10여 군데나 되고, 유람선이 매일 왕복한다고 한다. 그 언덕 위에서 풀을 뜯던 소도 한 마리 없고 따라서 쇠똥떡도 사라졌다고 한다. 마라분교장의 학생 수는 겨우 3명. 이것도 폐교하려 하니 주민들의 간곡한 청원에 못 이겨 존속시키고 있다고 한다. 섬의 바닷가로는 일주도로를 만들어 포장해 놓고 관광객들이 마음놓고 돌아다니며 구경하도록 해놓았다고 한다.

아, 나는 걸음이 불편한 것을 무릅쓰고 다시 마라도를 찾아 그 변화상을 보는 것이 좋을 것인가? 예전의 마라도 모습과 주민의 삶의 정감을 머리에 간직한 채 다시는 가 보지 말아야 옳은 것인가?

— 2003. 5. 30.

다시 찾은 마라도(馬羅島)

하늘은 구름 한 점 없이 맑았다. 바다는 새파란 비단결처럼 잔잔했다. 풍광이 아름다운 송악산 기슭의 선착장에서 출발하는 마라도 유람선은 기름 냄새 하나 없이 깨끗했다. 배 속의 의자는 항공기의 좌석처럼 폭신하여 머리를 받쳐준다. 때는 2003년 6월 6일.

'아, 잘 와졌다.' 하는 마음에 나는 충만했다. 근 40년 전 고기잡이 통통배를 타고 산더미 같은 물결을 타 넘으며 마라도를 찾았던 그 날, 배가 산더미 같은 물결 틈으로 후르르 내려 흔들릴 때 죽음을 각오하던 그 날의 도항은 옛날의 꿈이었다. 나는 그 때의 마라도 모습과 주민의 삶의 정감을 머리에 간직한 채 다시는 가 보지 말아야 할 것인가, 아니면 오늘날의 변화상을 보는 것이 좋을 것인가를 놓고 얼마나 고심했던가. 나는 그 때의 느낌, 마라도 주민들의 원초적인 순수한 삶과 인간적인 정감을 그대로 간직한 채 가 보지 말아야 한다고 생각했었다. 그런데 큰아들놈이 친구와 마라도 탐방을 한다 하기에 그만 마음이 변해 큰아들놈의 자가

용차에 몸을 싣고 만 것이다. 잘 포장된 제2관광도로를 달려 이 유람선의 푹신한 의자에 주저앉자 '아, 잘 와졌다.'를 절감하게 된 것이다. 역시 나는 현대에 살고 있으니까.

9시 30분, 관광객 200여 명을 태운 유람선은 서서히 선착장을 빠져나갔다. 안내 방송이 오른쪽으로 눈을 돌려 굴을 보라고 한다. 오른쪽을 보니 송악산 언덕 줄기가 우리를 감싸듯이 뻗었는데, 병풍처럼 둘린 바다 위 바위에 콧구멍처럼 듬성듬성 굴이 파여 있다. 태평양전쟁 때 미군의 상륙을 막기 위해 일본군이 마을 주민을 동원하여 강제노동으로 이렇게 굴을 파 놓았다는 것이다. 그 수가 열 다섯 개. 그래서 '15동굴'이라 이름이 붙여졌다고 방송은 설명한다. 아, 나는 그 때 국민학교 4학년, 그 어린 아이가 근로봉사라는 명목으로 아흔아홉 골의 나무를 연동의 남주봉까지 매일 져 나르지 않았던가. 일본군이 남주봉에 수없이 굴을 파는데 굴이 허물어지지 않도록 떠받치기 위한 나무였다.

『하멜표류기』로 세계에 널리 알려진 가파도를 동쪽으로 흘려보내며 30분 만에 유람선은 마라도의 서쪽 '지리덕' 선착장에 서서히 배를 붙였다. 좌우로 마라도를 휘두른 기암 절벽, 그 틈새로 층계를 만들어 사람이 올라가게 만들었는데 그 계단이 53개. 나는 한 발 한 발 세며 그 계단을 올라가는데 숨이 찼다. 예전에는 여기로 보리쌀을 실은 배가 닿으면 주민들이 모여 밧줄을 내려 보리가마니를 묶고 끌어올리던 절벽이었는데, 사람이 만든 기계의 힘이 놀랍다.

층계를 오르면 반반한 벌판 위에 띠밭이 잔물결을 치고 저 건너 30가구 되는 나지막한 초가집들이 옹기종기 차분히 앉아 있고 멀리 하얀 등대가 한국의 최남단을 자랑하고 있어야 할 것인데 이게 웬일인가. 바닷가를 뱅 두른 아스팔트로 포장한 일주도로가 굽이돌고 그 곁에 천막을 쳐 자전거 30여 대가 나란히 세워져 있으며 그 너머에 「마라도 해녀촌」이란 큰 식당 건물이 앞을 가리고 있다. 자전거는 섬 일주를 하며 구경을 할 때 타서 즐길 수 있도록 차려 놓은 자전거 가게의 것이다. 섬에 올라온 관광객들은 너도 나도 자전거를 한 대씩 빌어 타고 바닷가 길을 달린다. 임대료는 1시간에 1인용 3천 원, 2인용 5천 원이다.

우리는 우선 「마라도 해녀촌」 식당에 들어갔다. 마라도 안내 팜플렛을 가지고 왔는데 그 마라도 지도에 방위를 표시하지 않았기 때문에 그 방위도 알 겸 마라도의 현재 개황을 듣기 위해서이다. 이장(里長)은 놀랍게도 여성 분이었다. 그녀의 말을 들어보니 행정구역상 마라도는 대정읍 가파리 582번지부터란다. 그러니까 실질적인 이장은 가파리장이고, 이 여성 이장은 마라도만을 관할하는 가파리장의 보조역인 셈이다. 총 가구는 30가구. 40년 전과 같은데 원주민과 외래인이 반반씩이란다. 외래인들은 거의 관광객을 상대로 장사하기 위해서 입주한 사람들이다. 총 인구는 80명 정도. 항상 들쭉날쭉이다. 유람선은 아침 9시 30분부터 총 7회 왕복한다. 그러니 아침에 유람선을 타고 와 가게문을 열고 저녁이면 모슬포집으로 가버리는 사람도 있기 때문이다. 자, 이 섬을 떠난 15가구들은 지금 어디에 가서 무엇을 하며 사는가? 예전 방문했을 때 섬 주민들은 어떻게 하면 넓은 섬 가파도로 갈까, 어떻게 하면 도회 모슬포에 가서 살 수 없을까 하고 모슬포를 선망하고 있던데, 이젠 모슬포로 가서 잘살고 있을까? 그러나 생각해 보면 1년 관광객이 25만 내지 30만이 된다고 하니 이들을 상대로 한 식당, 민박집 등 때문에 대대손손 살아온 집과 땅을 빼앗기고 쫓겨난 것은 아닌지? 예전에 왔을 때 가파초등학교 마라분교장 학생 수가 30여 명이 되던데 지금은 단지 3명. 물론 산아 제한의 탓도 있겠지만 외래 장사꾼들의 탓은 없는 것일까. 현재의 인구 중 30

대가 2%, 40대가 17%, 나머지가 5 · 60대인데 60대가 가장 많다고 한다. 이러니 초등학생 수가 줄 수밖에. 나는 마음이 울적해져 식당 바깥의 붉은 파라솔 밑의 의자로 나와 앉았다. 관광객들이 파라솔을 그늘 삼아 술잔을 기울이고 있다. 우리도 소라와 오징어를 섞어 한 접시를 부르고 맥주 컵을 잡았다. 푸른 바다가 눈에 탁 트이게 펼쳐져 있다. 시원하게 맥주를 몇 모금 기울이다 보니 푸른 바다를 배경으로 2인용 자전거를 타서 페달을 천천히 밟는 신혼 부부들의 웃음소리가 싱그럽다.

우리는 동쪽으로 섬을 한 바퀴 돌 심산으로 천천히 걸음을 옮겼다. 먼저 찾은 것은 처녀의 원혼을 모셨다는 할망당이다. 내가 근 40년 전 이 당을 보았을 때 '이 당신은 마라도민의 정신적 귀의처요, 지주라'는 강한 인상을 받았기 때문에 오늘날 어떻게 되었는가가 큰 관심거리였다. 그런데 찾고 보니 할망당은 건재하고 있었다. 납작한 자연석 바윗돌을 세 면에 세워 벽을 만들고 또 납작한 바윗돌을 지붕 삼아 덮어놓은 당집이 그대로이고 돌담으로 울타리를 둘러놓은 것도 그대로이다. 당집 안에는 사과, 참외, 배 등을 고여 놓은 과일 접시와 올리다 남은 술병 두 개가 가운데 놓여 있고, 명태 한 마리가 머리를 위로 하여 서쪽 벽에 기대어 서 있다. 서쪽 벽 바깥에는 노랑 저고리와 붉은 치마가 단정히 개어져 놓여 있는데 그 위에 동전 700원을 놓아 비닐을 덮고 바람에 날리지 않도록 자그마한 돌멩이 두 개를 얹어놓아 있다. 비를 한 번도 아니 맞은 것으로 보아 어제나 그제쯤 누가 와서 기원을 하고 갔음을 알 수가 있다. 노랑 저고리와 붉은 치마 밑에 묵직한 큰 비닐봉지가 놓여 있기에 그것을 열고 보니 노랑 색, 붉은 색, 녹색, 푸른 색, 흰색의 옷감들이 겹겹이 개어져 있는데, 이것들은 비닐 속으로 빗물이 스며들어 색이 바래고 있다. 다들 처녀신에게 바친 옷감이니 곧 신의(神衣)인 것이다. '할망당'의 건재함을 보고 나는 마음이 흐뭇했다. 역시 옛 모습과 신앙심의(信仰心意)가 그대로 살아 있음을 확인했기 때문이다.

1977년 10월 17일자 도내 모 일간지의 「할망당 대신 佛像을…… 馬羅島서 奉佛式 성황」이란 기사를 보았을 때 나는 얼마나 탄식했던가. 그 기사에 이르되,

> "우리나라 최남단 마라도에 관세음보살상 봉불식이 14일날 12시 관음사 장연종 스님을 비롯 신도회 · 법우회원과 남제주군 관내 유지 및 기관장, 주민 등 1백여 명이 현지에 모여 거행됐다. 이 날 불상이 처음으로 마라도에 세워지게 된 것은 주민들이 90여 년 전부터 모시던 「할망당」이 무속신앙이기 때문에 당을 없애고 그 자리에 불상을 세워 달라는 건의를 남제주군에 했는데 남군에서는 20만 원을 들여 불상을, 관음사 신도회에서는 관세음보살상(시가 10만 원)을 기증함으로써 이룩된 것이다."

이 기사를 보고 나는 도저히 믿어지지 않았다. 그러면서도 당을 허물고 그 자리에 관세음보살상이 세워졌나 보다 하고 탄식했던 것이다. 그런데 가고 보니 당은 건재하고 그 주위를 아무리 둘러보아도 불상은 보이지가 않았다. 섬의 서쪽 일주도로 가에 와서 우리는 기원정사라는 절간을 발견했다. 절간 속으로 들어서려 하여 보니 「난간 조심」이라 써 붙여 있다. 난간마루를 보니 난간마루가 비를 맞아 거의 떼어져 덜컥거리는 건물이었는데, 그 속에 불상을 격에 맞게 모셔 놓고 있었다. 또 나와 그 절간 옆엘 보니 하얀 관세음보살상이 인자하게 서 있었다. "아, 여기에 불상과 관세음보살상을 세운 것을 그렇게 보도한 것이로구나." 그제야 알고, 신문기자가 현지 취재도 아니 하고 들은 풍월로 맞추어 쓴 것임

을 알았다.

태양열을 이용한 마라도의 하얀 등대는 예전이나 다름이 없다. 등대를 돌아 남쪽으로 가니 띠, 억새, 이름 모를 꽃을 피운 잡초들이 섞인 밭이었다. 예전엔 여기에 소와 염소 떼가 모조리 풀을 뜯어 잔디밭처럼 말끔하던데, 이제는 소도 염소도 하나 없으니 거친 밭이 되고 만 것이다. 소가 없으니 그 유명한 쇠똥떡도 없어지고 연료는 석유로 모조리 대치되었다.

나무 한 그루 없었던 이 섬에 소나무 숲을 만들어 놓은 것은 인상적이다. 남제주군과 제주일보사가 공동으로 만들었다고 하는 이 소나무 숲에는 「최남단 마라도 푸른 숲」이라 이름하여 안내판을 세웠는데, 1991년에서 92년에 걸쳐 사업비 8천 1백만 원을 들여 2ha의 면적에 해송 12,000본을 심은 것이다. 안내판은 마라도를 푸르게 가꾸고 후손들에게 소중한 유산으로 물려주기 위한 것임을 잊지 않고 적어 놓았다. 아직 10년이 조금 넘게 자란 소나무지만 제법 자라 송홧가루를 날리고 있었다. 아, 우리나라 최남단의 소나무 숲, 이 나무들이 쑥쑥 자라 낙락장송이 되어 마라도의 풍치를 한층 고아하게 만들어 줄 날을 기대한다. 이미 나는 이 세상을 떠나 백 수십 년이 흐른 뒤이겠지만.

걸음을 더하니 「大韓民國最南端」碑에 다다른다. 관광객들이 여러 명 모여 비를 바라보며 숙연해 한다. 우리나라의 최남단의 바위 위까지 와 섰으니 더 갈 데가 없다. 한 발자국이라도 더 남쪽으로 옮기면 망망대해로 굴러 떨어져버릴 것이니 말이다. 아쉬운 마음을 안고 북쪽으로 발걸음을 옮긴다. 멀리 섬 가운데 발전소의 풍차가 한가로이 돌고 예수교 장로회의 교회 건물이 눈에 다가선다. 이 30가구의 작은 섬에 불교, 예수교, 할망당의 신들이 마치 10여 군데의 식당처럼 경쟁하듯 느껴진다.

마을의 집들은 초가가 하나도 없고 슬레이트집, 벽돌집으로 바뀌었고 2층집도 듬성듬성 보인다. 몇 걸음 옮기니 보건진료소가 보인다. 마라분교장이 맡던 구급 진료가 이 보건소로 옮겨진 것이다. 3명의 학생을 가르치는 마라분교장 가까이 와서 호객하는 식당에 들러 금방 잡아온 소라, 해삼, 오징어를 섞은 안주 한 접시를 시켜놓고 그 맛을 음미하노라니 검은 스폰치옷 차림의 해녀가 소라, 전복 등이 든 망사리를 둘러메고 와 해산물을 붓는다. 60세가 훨씬 넘어 보이는 그을린 얼굴이다. 마라도의 해녀는 지금 십 명 정도라 하나 모두 할머니들이다. 이 해녀 할머니들이 세상을 뜨면 그 주변 바다의 미역, 소라, 전복은 누가 캐어올 것인가. '어떤 다른 채취 기술이 나오겠지…….' 생각하며 점심을 시켰으나 식사는 안 된다고 한다. 다시 자리를 떠 조금 걸으니 「원조 마라도 자장면집」이란 간판이 눈에 들어왔다. 「원조」라는 어휘가 마음을 끌어 조금 살펴보니 「KBS MBC SBS 3개 TV 생방송된 바로 그 집」이란 문구가 사람의 마음을 끈다. 우리들은 식당 앞의 붉은 파라솔 아래 앉았다. 테이블 위에 플라스틱의 큰 물병이 놓였는데 물병 면에는 돌아가며 관광객들이 사인펜으로 낙서들을 해 놓았다. "우리 둘만의 영원한 사랑. 누구와 누구(이름). 경고 : 절대로 지우지 말 것. 지우면 폭파한다. 2000. 4. 16." 이런 신혼 부부의 장난기 어린 낙서가 있는가 하면 "일산에서 왔다 간 누구", "대전에서 온 누구"……. 한국 각처에서 왔다 간 젊은이들의 낙서가 빈틈 없이 씌어 있다. 이 낙서한 물병의 물을 한 컵 부어 마시며 마라도가 이렇게 관광지가 되어버린 것을 기뻐해야 할 것인지, 아니면 서운해해야 할 것인지 곰곰이 생각해 본다. 이윽고 자연재료 27가지로 만들었다는 해물자장면을 한 그릇 먹고, 예전에 내가 학생들과 묵었던 마라분교장을 향해 손을 흔들어 보이며 돌아오는 유람선에 몸을 싣지 않을 수 없었다. 관광객들 틈에 끼어 의자에 앉은 나는 이 어처구니없는 마라도의 변화에 만감을 반추할 수밖에 없었다.

자그마한 범선을 노 저어 섬의 기암절벽을 한 바퀴 돌아보지 못한 채 마라도를 떠나야 했다. 특히 아치형 '남대문' 바위 아래를 배로 뚫어 넘어보지 못한 것이 아쉽다. 그러나 기암 절벽의 자연은 국가 천연기념물로 지정, 보호되고 있어 예전이나 다름이 없을 터이니 괜찮다. 그 때의 장관을 추억으로 영원히 남겨 충분하다. 그런데 마라도가 40년 만에 너무나 변했다. 이젠 완전 관광지가 되어버렸다. 이에 따라 원주민의 반은 이 섬에서 쫓겨났다. 원초적인 소박한 삶은 사라지고 정감을 잃어버린 경쟁의 사회로 변하고 말았다. 이것은 시대의 추세이니 어찌하랴. 이젠 제주도가 살아나갈 길은 관광이다. 관광과 감귤이 양대 지주라 하지만 감귤은 이미 기울어 가고 있다. 그런데 이 마라도는 감귤도 안 되니 관광밖에 없다. 이 시대의 변화를 외면하고 회고적(懷古的)인 감상에 젖어 있을 수만은 없는 것이다. 나는 현실에 살고 있는 것이니까 말이다. 그러나 쫓겨난 마라도 원주민의 앞길에 영광 있으라. 그리고 처녀의 원혼을 모셨다는 그 할망당은 언제까지나 건재하고, 새로이 심은 소나무 숲은 낙락장송이 되어 깡마른 마라도가 풍치 있는 섬으로 자라기를 염원한다.

— 2003. 6. 8.

자판기 커피 한 잔

감귤 붐으로 제주도 전체가 들끓을 적, 그러니까 한 30년 전에 나도 천여 평 밭이 있기에 밀감을 심었다. 남이 하니까 나도 그에 휘말린 것이다. 심은 밀감은 조생종 반, 만생종 반인데 그 품종이 무엇인지 그것도 잘 모른다. 식물은 본래 종족을 번식시키기 위해 열매가 달리는 것이니 으레 감귤이 잘 달리려니 하고 나는 생각했다. 그런데 밀감은 종족 번식을 위해서 열매를 달기는 하되 이렇게 달린 밀감은 상품이 되지 못한다는 것을 미처 몰랐다. 이것은 전정을 해서 햇볕을 잘 받도록 수형도 만들어주고, 너무 많이 달리면 열매 솎기도 해주고, 계절 따라 살충제, 살균제 농약도 뿌려주고 거름도 알맞게 해주고 해야 상품이 된다는 것을 내가 알 리가 없었다. 나는 학교 일이 바쁘고 논문 쓰기에 신경을 써서 그대로 방치해 놓으니 밀감밭이 될 리가 없는 것이다.

나는 이 좁은 밀감밭을 위해서 새로 밀감 공부를 할 필요성을 느끼지 못해 밀감 경작을 포기하기로 했다. 그러나 아내는 심어 놓은 밀감이 아쉬워서 일꾼을 빌어 전정도 하고 농약도 뿌리는 척하고, 매어보지 아니한 김도 매고 하면서 고생을 하는 것이다. 몇 년은 여기에서 조금 수입이 들어왔지만, 몇 년 지나가자 품삯도 거두지 못하는 지경이 되고 말았다.

해걸이를 하는 데다 품종이 나쁘니 팔아야 돈이 되지 않았다. 결국 관리사라고 지은 집만 세를 주어 밀감은 경작하여 팔아먹으라고 하여 던져버리고 말았다. 그런데 처음 밀감을 심을 때는 희망에 차서 밀감협동조합이나 농협에도 회원으로 가입해 두는 것이 유리하다 해서 양쪽에 회원 가입을 해서 출자금을 얼마큼씩 내곤 했다. 그것이 각각 십여 만 원씩은 될 것이다.

밀감밭이 되지도 아니하고 용돈도 여기에서 나오지 않으니 결국 금년에는 이 밭을 팔아버리고 말았다. 밭을 팔아버리고 보니 겨우 하나 있는 밭을 판 것이 서운하기는 하되 어쩔 수 없는 노릇이다. 이제 밭이 없으니 감귤협동조합이나 농협 회원으로 가입했던 것을 탈퇴해서 그 출자금이라도 받아서 용돈이라도 써야 하겠다는 마음이 들었다. 먼저 감귤협동조합에 탈퇴신청 수속을 밟아 출자금 십여 만 원을 받았다. 그 다음엔 농협 조합원 탈퇴 수속을 밟았다. 그런데 농협에 탈퇴 수속을 밟은 지 2~3개월이 지났는데 출자금이 내 통장에 입금이 안 된 것이 이상했다. 제주시 농협에다 전화를 걸어 문의했다. 전화를 받은 여직원은 잠깐 기다리라고 해놓고는 컴퓨터를 때려보았는지 탈퇴 신청이 안 되었다고 했다. 나는 분명 탈퇴 신청을 한 것 같은데 안 되어 있다니 나의 건망증인가 하면서도 기분이 상쾌하지 못했다. 불쾌한 감정을 억누르고 탈퇴 절차를 물으니 '북초등학교 동쪽 탑동지점에 주민등록증, 예금통장, 도장을 가지고 가서 신청을 하라.'고 친절하게 가르쳐 주었다. 나는 티셔츠에다 양복저고리만 걸치고 급히 버스를 탔다. 관덕정에서 버스를 내리고 한 십여 분 걸어서 농협 탑동지점에 도착했다. 나는 허리 디스크 수술을 한 후 걸음이 조금 불편해서 걷는 것은 그다지 좋아하지 않는다.

사무실에 들어서서 보니 창구 위에 죽 담당 업무의 팻말을 달아 놓았는데 나는 어느 창구로 가서 수속을 밟아야 할지 몰라 이리저리 한참을 둘러보았다. 이 때 맨 뒤쪽에 큰 책상을 받아앉아 등을 의자에 기대고 있던 중년신사가 "어떻게 해서 왔습니까?" 하고 묻는 것이다. 아마 대리거나 과장쯤 되는 사람인 것 같다.

"예, 조합원 탈퇴 신청을 하려고 왔는데 어디서 수속을 합니까?"

"여기서 안 합니다. 본점에 가야 합니다."

"본점이라니……. 저 시민회관 앞의 제주시 농협 말입니까?"

"예. 여기는 탑동지점입니다. 그런 사무 취급을 안 합니다."

나는 마음이 불쾌해졌다. 본점까지 가려면 내 걸음으로 20분은 더 걸어야 할 판이 아닌가.

"아니, 내가 제주시 농협에 전화를 해보고서 왔는데, 거기에서 주민등록증과 도장하고 예금통장을 가지고 북초등학교 동쪽 지점에 가면 된다고 하여 왔는데, 안 된다니 무슨 말씀이오?"

나는 조금 소리를 높였다. 그래도 그 대리인가 과장인가 하는 사람은 의자에 등을 기댄 채,

"여기는 지점입니다. 여기서 안 합니다."

태연히 앉아 말하는 것이다. 나는 화가 버럭 났다.

"여보시오! 여기 가면 저기 가라, 저기 가면 여기 가라. 사람을 이렇게 농락해도 되는 거요!"

사무실이 흔들릴 정도로 큰 소리를 바락 질렀다. 더 무엇이라고 말을 하면 '당신들, 농민의 피나는 돈으로 월급을 받아 사는 사람들이 이 따

위로 어리석은 농민을 대접해서 되는 것이오?' 하고 마구 퍼부을 생각을 하며 소리지른 것이다. 내 큰 소리가 떨어지자 그 대리인가 과장인가 한 사람이 벌떡 일어나더니 맨 끝의 창구 남자 직원에게 와서 작은 소리로 말을 했다. "허여 드려. 허여 드려." 하는 소리가 들리는 것이다.

그 창구 직원이 얼른 나더러 앞의 의자에 앉기를 권하였다. 나는 앉으면서도 '이게 본점에서 잘못 알려 준 것인지, 이 지점에서 잘못하는 것인지' 판단이 서지가 않았다. 아직도 나의 분개는 그대로다. 내가 의자에 앉자, 창구 직원은 나지막이 제주 사투리로 말을 시작했다.

"어디서 옵데가?"

나는 제주 사투리의 말을 들으면 정감이 들어 큰소리를 하지 못하는 습성이 있다.

"용담2동마씀."

"커피 한 잔 허시쿠과?"

"아니우다, 아니우다."

"한 잔 허십서."

"미안허연마씀."

얼마 전부터 기간제 교사에게 차 심부름을 시켜 항의를 받고 교장이 자살했다는 보도에 논의가 분분함을 아는 나는 차마 이 남자 직원이 들고 오는 차를 마실 염치가 나지 않을 뿐 아니라 아직 분개에 차 있어 차를 먹고 싶은 마음도 나지 않았다. 그러면서도 사실은 아침을 먹고 커피 한 잔을 즐기는 습관이 있는데 빨리 오느라고 커피를 못 먹고 온 터라 커피 한 잔 생각은 나면서도…….

창구 직원은 얼른 일어나 안으로 들어가더니 자판기 커피 한 잔을 들고 와 나에게 내밀었다. 나는 나도 모르는 사이에 일어서서 두 손으로 종이 커피잔을 받았다. 창구 직원은 "팩스로 받으려면 시간 조금 걸립네다. 커피 마시멍 조금 기다립서." 하며 일어서서 전화를 거는 것이다. 나는 커피잔을 기울여 한 모금 입에 넣었다. 아, 그 향긋한 냄새와 향기! 커피 한 모금을 목구멍으로 내리우자 그만 나의 분노는 커피 향기에 녹아서 스르르 사라져 버리는 것이다.

커피를 몇 모금 음미하며 그 직원이 하는 것을 보니 본점에 전화를 걸어 서류 용지를 팩스로 보내 주도록 하여 서류를 작성하는 것이다. 그제야 나는 이 조합원 탈퇴 사무는 본점에서 하는 사무이고, 본점에서 그 여직원이 잘 몰라서 지점으로 가라고 가르쳐 준 것을 확인할 수 있었다. 지점의 잘못이 없는 것을 안 나는 오히려 송구한 마음이 들었다.

그 직원이 여러 용지에 이름만 써 달라고 하는데 나는 미안한 감에서 이름뿐 아니라 주민등록번호, 전화번호까지 써 드렸다. 수전증으로 오른 손이 떨려서 글을 잘 못쓰는데 제법 글씨가 글씨답게 써지는 것이다. 조금 느리게는 썼지만.

서류를 받은 그 직원은 "본점에서 잘못 알려드린 겁니다. 이것은 탈퇴 신청서이고, 이것은 출자금 영수증이고……." 하면서 서류 내용을 다 말해 주고 1주일 후면 출자금이 통장에 입금될 것이라고 말해 준다. 그뿐 아니라 만일 입금이 안 되거든 여기로 전화를 하라고 하면서 본점의 담당 직원 이름과 전화번호까지 써서 쪽지를 넘겨주는 것이다. 나는 고맙다고 정중히 인사를 하고 사무실을 나왔다. 나오면서 나는 생각했다.

"자판기 커피 한 잔의 위대한 힘! 자판기 커피 한 잔의 원가가 80 몇 원이 된다는데, 나의 분노는 100원도 안 되는 것이었구나……."

— 2003. 5. 16.

일보 양보

내가 '일보 양보'라는 것을 생각하기 시작한 것은 중학교 2학년 때 목숨을 연명하기 위해서 남선전기주식회사 제주영업소의 급사로 일하기 시작한 이후부터다. 급사란 회사의 운영을 위한 여러 가지 심부름 일을 하는 아이라는 것은 나도 이미 알고 있었다. 그러니까 급사는 사내에서 사무실 청소, 현관 앞길바닥 청소, 변소 청소, 사원들의 업무 준비의 보조는 물론, 은행, 우체국, 각 관공서 등 업무를 위해 심부름을 다니는 것은 당연한 본연의 임무다.

그런데 입사한 얼마 뒤부터 회사의 업무가 아닌 일들, 사원 개인의 심부름은 내가 해야 할 일이 아님을 어렴풋이 느꼈다. 이를테면 집에 가서 업무에도 관계없는 것을 가져오라든지, 구두를 닦아오라든지, 집의 라디오를 수리해서 가져다 놓으라든지 등등. 이런 일은 사원 개인의 집안일이지, 회사 업무와는 전연 상관없는 심부름이다. 나는 이런 일들을 처음엔 순순히 받아들였다. 해가 지날수록 '이런 일은 내가 해야 할 일이 아니지 않으냐.' 하는 다소의 불평이 마음에 움텄다. 하지만 불평을 참고 직원들 개인의 잔심부름을 했다. 싫은 체도 아니 하고. 나는 그런 심부름을 하며 "이런 심부름은 내가 일보 양보하는 일이라."고 생각했다.

'일보 양보'의 심부름은 전연 의미 없는 일이 아님을 나중에 알 수가 있었다. 그 직원이 숙직수당 같은 의외의 수입이 들어오면 돈 1,000원씩은 주고, 나를 아껴주어 여러 가지 괴로운 일을 도와주는 것이다. 이런 도움을 받을 때 나는 '일보 양보'가 인간 관계를 원만히 하고 다스운 정을 도탑게 하고 사회에서 슬기롭게 지내는 생활 방식임을 깨닫게 되었다. 나는 이것을 '일보양보주의'라고 이름을 붙이고 생활 신조처럼 삼아 살려고 노력해 왔다.

대학까지 기어오르면서 공부할 때도 학우들 사이에 무슨 불편한 일이나 경쟁할 일이나 무슨 딱한 일이 생길 때는 '내가 먼저 일보 양보하자.' 했다. 내가 조금 손해보아 버리면 우정 관계도 원만해지고 일이 원만히 해결되어 마음이 편안해졌다.

대학을 졸업해서 고등학교 교사로 갔을 때도 나는 항상 '내가 조금 손해보며 근무하자.'고 하는 일보양보주의를 항상 머리에 두고 일을 했다. 가령 무슨 행사가 있어 오전 수업으로 끝나는 날 같은 때 보면, 선생들이 자기 수업을 오후로 내려서 쉬자고 하여 "복, 불복이다." 하며 서로 기를 쓰고 말다툼을 한다. 수업계를 맡은 나는 딱해져서 "저의 오후 수업을 올려서 오전에 하지요." 하고 수업하는 수고를 도맡아 했다. '수업하는 것을 한 시간이라도 빠져 쉬려고 하는 교사가 어찌 선생이냐.'는 것이 나의 마음이었다. 그리하니 교사들 간에 서로 인간 관계가 원만해지고 미움을 받지 않는다.

대학 교수가 된 후에도 이 일보양보주의를 버리지 안 했다. 수업을 빠지려 아니했다. 학생들의 현지 학술조사를 갈 때에도 앞장서 같이 가서, 그 뙤약볕에 학생들과 똑같이 마을을 돌아다니며 조사 지도했다. 연구비를 받을 기회가 있어도 라이벌이 될 만한 교수에게 내가 먼저 양보해서 내가 조금 손해를 보아 버린다. 한국정신문화연구원에서 전국 구비문학 조사를 할 때 제주도의 조사위원에 나를 위촉해 왔다. 나는 첫 회의에 가서 "김모 교수를 같은 조사위원으로 위촉해서 같이 조사하게 해달라."고 요청해서 같이 조사한 것도 이러한 이유에서다. 이러니 인간 관계가 매우 원만해지는 것이다.

내가 제주대학에서 조교수를 9년 이상이나 하고서 부교수에 승진한 것도 이 '일보 양보' 때문이다. 승진 사무가 총 · 학장에게 위임된 때인데 나같이 승진을 위해서 말 한마디 아니 하는 사람에게 승진의 기회가 올 리가 없다. 후배 교수들이 선배를 뒤로 미루고 승진할 면목이 없으니 현용준 교수를 빨리 승진시켜 달라고 건의했다. 나를 승진시켜 놓고 이어서 승진했다. 이러니 후배 교수들도 나를 나무라는 일이 없었다.

나는 지금까지 한 번도 선거에 출마하여 표 경쟁을 해본 일이 없다. 국민학교 때 2학년부터 계속 급장을 했지만, 선생이 들어와서 "오늘은 급장 선거를 해야 할 터인데 누가 좋을까?" 하고 말을 시작하면 학생들이 내 이름을 일제히 불러서 자동적으로 급장이 됐다. 제주대학교에서 사범대학장이 될 때에도 지금처럼 교수들에게 술을 사 먹이며 선거 운동을 하여 된 것이 아니다. 당시는 총장이 제청하면 문교부장관이 임명하던 때인데, 학장 급의 보직은 박사 학위를 가진 사람이라야 한다는 방침이어서 나는 사양했음에도 불구하고 나를 학장으로 제청한 것이다. 당시는 박사 학위를 가진 교수가 극히 적었었기 때문이다.

나는 강의를 할 때 본 궤도에서 벗어나 관련되는 잡담을 섞는 버릇이 있다. 꼭 해야 할 강의 내용만 말해 가면 딱딱해서 학생의 흥미도 없어 할 것은 물론, 관련되는 잡담을 섞으면 본 강의에도 도움이 되고 또 학생들의 사회 생활에도 도움이 될 것이라 생각해서이다.

무슨 강의를 할 때였던가. 국문학과 3학년 강의실에서다. 마침 인간 관계에 관련된 문제가 나왔다. 나는 잡담 섞는 버릇이 있는지라 이 '일보 양보' 이야기로 옆길에 들어섰다.

"사람은 사람과 사람들이 서로 접하면서 인간 관계를 형성하여 이 사회를 살아나가는 것입니다. 이 인간 관계 형성에 있어서 지나친 욕심을 부리고, 내가 이기려고 또는 이익을 보려고 악을 쓰는 것은 결코 바람직하지 않다고 생각합니다. 생명에 관한 것이 아닌 한 일보 양보해서 내가 조금 손해봐 버리면 인간 관계는 원만해집니다." 운운.

이런 요지를 내가 살아온 길을 곁들이면서 한참 이야기를 하는데, 한 남학생이 손을 들고 일어서더니,

"교수님, 그럼 여자도 양보해야 합니까?"

이 질문에 나는 가슴이 선뜻했다. 내가 일보양보주의를 이야기하고 있는데 이 질문은 어려운 질문이다. 그렇다고 일보양보주의론에 일관성 있는 대답을 해야 하지 예외를 두어서는 안 된다. 내 이야기에 예외를 둔 것은 '생명에 관련된 것이 아닌 한' 이것뿐이었는데……. 나는 여자, 곧 이성 문제는 이 논리로 생각해 보지 않았는데…….

이런 것을 머리에 고속으로 흘리면서 나는 얼른 입을 열었다.

"여러분, 여러분은 지금 가장 이성에 대하여 관심이 많고 예민한 때입니다. 그러니 가장 이상적이라고 생각되는 이성을 발견했을 때 상대방과 삼각 관계임을 알면 고민이 크겠지요. 쌍권총이라도 들어 결투를 해서라도 이겨야 한다고 생각하겠지요. 이러는데 일보 양보하라고 하면

그것은 너무 가혹한 말이라고 하겠지요. 그러나 여러분의 연령은 이성을 보고 가리는 눈이 꼭 완숙해졌다고 말하기는 어렵습니다. 여자나 남자나 완전무결한, 완벽한 사람은 없습니다. 지금 이상형이라고 생각하는 사람도 같이 살다 보면, 결점이 무수히 발견될 수 있습니다. 혹시 후회하게 될지도 모릅니다.

여러분은 지금 구두를 양화점에서 맞추어 신지요. 자기 발 크기를 그려서 만들었는데도 처음 신을 때는 볼도 좁아 답답해 보이고 발가락이 막히는 것 같기도 해서 불편해 보입니다. 그렇지만 얼마간 신어가면 이 구두가 발에 착 따라붙어 발에 꼭 맞아 마음에 드는 것을 경험했겠지요. 발과 구두가 궁합이 맞은 것입니다. 이성 관계도 이런 것이어서 남녀가 처음은 서로 맞지 않은 듯이 불만이 있을 수 있지만 살다 보면, 발과 구두가 궁합이 맞듯 맞아드는 것입니다. 그러니 이성도 일보 양보해서 안 된다는 논리는 성립되지 않습니다.……."

이런 대답을 하고는 본 강의로 말을 돌렸지만, 이성과 구두 비교론이 과연 옳은 것인지, 지금도 이 문제는 의문으로 남긴 채 살고 있다.

— 2003. 5. 26.

나의 산책길

"나이가 들수록 건강을 지키는 비법은 산책이다."

귀가 닳도록 듣는 이 말에 나도 덩달아 산책을 한다. 어떤 이들은 아침 일찍 깨어 걷는다고 하고 어떤 이는 하루 세 끼 식사 후에 세 번 한다고도 한다. 나는 아침이면 인터넷의 이메일을 열어 무슨 소식이 없나 보고 신문을 가져다 큰 뉴스들 제목도 보고 글을 읽거나 쓰거나 하다가 오후 네 시가 되어야 단 한 번 산책을 떠난다.

나의 집은 서문파출소 맞은편 골목이다. 산책길은 집에서 바닷가까지 걸어갔다 돌아오는 길이다. 바닷가까지 걷는 데도 자동차의 위험이나 인가가 드문 한적한 길이 좋겠다고 생각하여 그런 길을 찾아내었다. 그것이 공항 서쪽에 새로이 바닷가까지 뽑은 왕복 4차선의 넓은 길이다. 이 길은 이제야 뽑았기 때문에 인가가 별로 없어 한적하다. 이제야 길 양쪽으로 상점, 주택들이 듬성듬성 들어서는 형편이어서 거의 밭들이다. 그러니 한적할 수밖에 없다.

나는 집에서 입은 허름한 옷차림에 운동모만 쓰고 운동화를 신어 집을 나선다. 집 북쪽의 인가 좁은 길을 조금 걸어 돌아가면 길 양쪽이 모두 밭이다. 심는 작물은 보리, 맥주보리, 유채가 일반이다. 계절 따라 그 작물들의 색깔이 다르지만 5월에 이 밭길을 걸을 때는 그야말로 황홀하다. 파란 보리밭을 뒤로하여 길가 넓은 밭에 노란 유채꽃이 가득 피어 있는 그 색채의 아름다움!

나는 허리 디스크 수술을 한 이후 걸음이 약간 절룩거리고 발을 빨리 옮겨놓지를 못하기 때문에 될 수 있는 한 이를 극복하려고 발을 빨리 옮겨 놓으려고 노력한다. 하지만, 이 보리밭 앞의 유채꽃에 다다르면 그만 황홀한 빛깔의 조화에 감동하여 걸음을 늦춘다.

유채꽃밭을 지나면 오솔길은 조금 언덕길로 이어진다. '그렇지, 조금 언덕길을 걸어야 운동이 되지.' 이렇게 생각하여 걸음을 재촉하면 그 새로 뽑은 4차선 큰길에 이른다. 길 양쪽에 자전거도로가 죽 만들어져 있기에 자동차의 위험도 없이 바닷가를 향해 걸을 수가 있다. 이 큰길에서 굽이돌면 이제야 지은 아담한 벽돌집이 하나 서 있고 또 밭이다. 밀이 자라 미끈미끈한 대가 미풍에 물결치고 있다. 밭 서너 개를 지나면 조그만 마을이 길에 이어졌는데, 길가에는 상점들이 몇 개 늘어서고 있다. 식당도 하나 있다. 이름이 「우리 할망네 집」. 제주에선 4 · 50대만 넘어가면 자기 부인을 '우리 할망'이라 말하는데 원숙하게 살아온 부부간의 정이 흐르는 어감의 사투리다. "어허, 자기의 다정한 부인의 집으로 들어가고 싶은 감정을 일으키는 이름이로구나." 들어가 '전문'이라고 하는 곰탕이라도 한 그릇 먹어 가고 싶은 충동을 느끼며 그 앞을 얼마큼 지나면 또 밭들이다. 이 밭들은 큰길을 뽑느라고 끊긴 다랑이들이다. 면적이 좁은 지라 구멍이 솜솜히 뚫린 비닐을 깔아 마늘을 꽂아 심은 곳도 있고, 강낭

콩이나 상추, 고추 같은 작물들이 심어져 있다. 나는 계절 따라 이것들의 자라는 모습을 보며 자연의 생명력을 흠뻑 느끼며 걸어간다. 바닷가가 얼마 남지 않았다. 바닷가에 가까워 가면 콘도식 민박집들이 제법 조경을 하고 말끔히 지어져 손님을 기다리고 있다. 역시 제주의 바다가 관광객의 추억을 남기는 것이다.

나는 드디어 바닷가에 다다른다. 확 트인 푸른 바다가 잔잔한 물결을 밀어다 기괴한 현무암 바위에 부딪혀 하얗게 부서지고, 갈매기 서너 마리가 하늘을 돌고 있다. 동쪽으로 고개를 돌리면 멀리 사라봉 쪽으로 빌딩들이 푸른 바다를 향하여 그림처럼 조화롭게 이어져 있고, 서쪽을 보면 스포츠공원 저쪽으로 크고 작은 건물들이 바다를 향해 둘러쳐 있다. 아, 얼마나 아름다운 곳인가! 나는 이 풍경을 바라보며 할딱이는 숨을 잠재우고, 바다를 향해 보건체조를 시작한다. 무릎운동도 무릎이 뻐근하고, 허리운동도 3분의 1 정도밖에 허리를 굽히지 못한다. 제자리 뜀뛰기도 발이 바닥에서 떨어지는 둥 만 둥이다. 그러나 마지막 심호흡은 제법 되어 바다공기를 흠뻑 들이마시고 뱉는다. 이렇게 보건체조를 마친 나는 그래도 운동을 했다고 자부하며 뒤돌아서 집으로 향한다. 갈 때에는 조금 내리막길이라 그리 힘들지 않았지만 돌아오는 길은 조금 오르막길이라 조금 힘겹다. 집이 가까우면 가까울수록 숨이 차고 발이 무거워 걸음이 옮겨지지를 않는다. 그래도 나는 온힘을 다 내며 걸어가면 이마에서 땀이 송송히 배이고 등이 땀으로 촉촉이 젖는다. 겨우 집에 도착한 나는 의자에 털썩 앉아 가쁜 숨을 내쉬며 "아, 나는 그래도 해내었다!" 하고 충족감에 젖는 것이다.

공기 맑은 길을 걷노라면 분홍색 추리닝을 입은 아가씨, 운동모를 쓴 아주머니, 나란히 걸어가는 부부 등 여러 사람을 만난다. 그들은 조깅을 하거나 부지런히 걷는 것이다. 싱싱한 아가씨나 젊은 아주머니가 내 뒤를 따라 넘어 앞으로 나아가면 나는 그 젊음에 감탄하며 '옳지, 이 아가씨 뒤를 꼭 따라가 봐야 하지.' 하고 걸음을 재촉한다. 그래도 아가씨와 나는 거리가 조금씩 멀어져 간다. 내 발걸음이 늦은 것인가 하고 아가씨의 발을 주시하며 그 발걸음에 맞추어 나도 발을 옮겨 놓아 따라가 보지만 거리는 점점 멀어져만 간다. '아, 내 보폭이 좁은데다가 다리가 무거우니 어쩔 수 없다.' 하고 아쉬워하며 포기한다. 발걸음을 늦추고 옆 밭에 보릿대의 미끈함을 보고 젊은 마음을 되살리곤 한다. 젊은 부부가 나란히 나지막한 이야기를 나누며 힘차게 걸어가는 것을 보면 그렇게 부러울 수가 없다. "나는 나대로, 아내는 아내대로 제 일만 하며 저렇게 산책 한번 못해 보고 이 나이가 되고 말지 않았는가. 이제라도 같이 산책해 보고 싶지만 나도 발걸음이 무거운데다 아내는 무릎 관절염으로 나보다도 훨씬 걷지를 못하니 도저히 같이 걸을 수가 없다. 아, 아쉬운 일이여!" 나는 울적해지려는 마음을 익어 가는 옆 밭의 보리콩을 보며 달랜다.

그런데 몇 달 전엔 조그만 사업을 하는 막내아들이 내 산책길의 마지막 바닷가 쪽에 50평 짜리 밭을 사고 동화책의 그림 같은 자그마한 2층집을 지었다. 아들의 장사하는 것도 구경할 겸 나의 산책은 더욱 빈도가 잦아졌다. 그런데 전과 달라진 것은 바닷가에 다다르면 바다를 향해 보건체조를 하는 것이 아니라 곧장 아들놈의 사무실에 들어가는 것이다. 그 2층에 오르면 바닷가 쪽 벽이 온통 유리로 되어 있기 때문에 푸른 바다가 그냥 한눈에 들어온다. 바람이 없는 날엔 바위에 부서지는 파도가 작고 바람이 센 날엔 부서지는 하얀 물거품이 하늘로 치솟는다. 유리벽 너머 바라보는 바다의 풍경은, 바람이 잔잔한 날은 그 맛으로 좋고 바람이 센 날은 또 그 맛으로 장쾌하다. 어디 그뿐인가. 옆의 유리에 이 쪽 도시 건물의 그림자가 어리어 마치 바다 위에 빌딩이 서 있는 것처럼 보인다. 또 수평선 위 멀리 구름이 잔잔히 낀 날이면 그 빌딩들이 구름 숲에 떠 있는 것이다. 나는 별세계에 온 것 같은 환각에 젖으며 막내며느리가 뽑아다 주는 자판기 커피를 음미한다. 나는 커피가 식기를 기다려 몇 모금에 마셔 버리는 사람을 보면 '거 무슨 맛으로 커피를 마시나.' 하고 나무란다. 커피는 조금 입에 넣어 한참 동안 그 향기와 단 맛을 음미하고는 아까워하는 마음으로 목으로 내려야 제대로의 맛이 난다. 바다 풍경과 바다 위에 어린 빌딩의 그림자를 완상하며 오랜 시간 커피 한 잔을 마신다. 그러면서도 종이컵 바닥에 붙은 마지막 커피를 마실 때는 아까워서 서운한 마음으로 빨아 내린다. 이렇게 커피를 마시고, 아들이 차로 태워다 주겠다는 것을 굳이 말리고 일부러 숨이 차게 걸어 돌아온다.

나는 소변이 잦다. 혈압약을 먹는데 혈압 강하 이뇨제가 섞여 있어서 그런지, 아니면 하루에 두석 잔 마시는 커피가 이뇨제가 되어서인지, 그 원인은 잘 모르되 어떻든 오줌이 잦다. 그런데 산책을 할 때에는 꼭 도중에 소변이 마려워지는 것이 탈이다. 아마 산책을 하는 것이 운동이 되어서 그러는지도 모른다. 소변을 참으면 혈압도 오르고 신장에도 나쁘다는 말을 들은 바 있다. 다행히 나의 산책길이 거의 밭이어서 한적한 곳이므로 소변을 보아도 별 문제가 없을 것 같은 것이다. 나는 걷다가 소변이 마려우면 이내 자전거도로 가에 서서 소변을 본다. 한적하다 하지만 길에는 택시, 자가용차가 마구 달린다. 이런 데서 소변을 보는 것이 약간 마음에 걸리지 않는 것은 아니다. 만일에 경찰차가 지나다가 발견하고는 "당신은 노상방뇨(路上放尿)요." 하면서 벌금을 물어야 한다면 어떻게 하나? 약간 걱정이 든다. 나는 소변을 보면서 이에 대비할 궁리를 하는 것이다.

"여보세요. 나는 길가에서 소변을 보고 있으니 '노변방뇨(路邊放尿)'는 될 수 있을지언정 노상방뇨는 안 돼요. 나는 길 옆에 서서 소변을 보지만 소변은 밭으로 흘러내리고 있지 길에 흘러내리는 것은 아니오. 그러니 정확히 한자말로 말하면 '田上放尿'란 말이오. 어디 농부들이 밭일을 하다가 소변이 마려우면 밭에서 소변을 보지, 집의 화장실까지 달려가는 사람 보았소?"

이런 논리를 대비하여 놓으니 안심하고 소변을 볼 수 있다. '누가 소변 안 보고 사는 사람이 있나.' 이렇게 마음먹으면 시원히 소변을 보고 걸을 수가 있어 좋다.

며칠 전에는 덜 된 수필을 한 편 쓰고 산책을 가려다 보니 오후 5시가 가까워졌다. "아이고, 오늘은 늦었다. 빨리 가야지." 하고 운동모를 쓰고 집을 나섰다. 주택가 좁은 길을 지나 유채꽃이 한창이던 그 밭 가까이 이르니 변을 보아도 좋을 듯한 기가 나는 것이다.

"거 이상하다. 내가 변비를 해서 매일 변을 못 보는데……. 더욱이 어제 변을 보아 오늘은 변을 못 볼 것으로 생각하고 출발했는데……. 어제 저녁 '변락'이라는 변비약을 먹은 것이 즉효가 나는 것인가."

언덕길을 걸어 올라가니 장운동이 되어서인지 변의(便意)가 더욱 심해져 갔다. "이거 안 되겠다. 빨리 걸어 아들의 사무소까지 참아 가야 하겠다." 이렇게 마음을 고쳐먹고 언덕길을 다 올라 큰길에 이르니 이건 참을 수 없을 정도로 심해지는 것이다. 큰길에 나서면 새로 지은 벽돌집이 있는데, 이 집에 들어가 화장실을 조금 빌어야 하겠다 생각하고 들어서려 해 보니 그 집 대문은 꽁꽁 잠겨 있는 것이 아닌가. "이거 큰일났다. 시간이 급한데……." 하며 그 집을 지나가니 바로 밭인데, 변은 바로 일각을 참을 수 없는 지경이 되어 간다. 그 밭을 보니 밀을 갈았다가 바로 수확해 가서 아직 밭담도 물러 놓은 채 있다. 나는 할 수 없이 그 밭으로 들어갔다. 길가의 밭담은 1미터 정도 쌓아 있는데 이 담을 의지 삼아 얼른 허리띠를 풀고 쭈그려 앉았다. 길에는 차들이 달리고 있지만 뒤에 밭담을 가리개 삼고 앉았다. 얼른 보아 일하는 사람이 앉은 것으로 보일 터이니 마음이 놓였다. 변이 기분 좋게 나오는 것이다.

"음, 내가 여기 변을 보면 며칠 없어 이 밭은 갈아엎어 새 작물을 심을 것이고, 내 변은 거름이 되어 그 작물은 그 영양을 빨아먹어 쑥쑥 자랄 것이니 내가 결코 잘못하는 일이 아니라 오히려 자연을 돕는 일이다. 양변기에 앉아 변을 보고 두어 말 물로 씻어 내리고 하수 처리를 잘못하여 바다를 오염시키는 것보다 얼마나 자연스러운 일인가. 내가 이 밭에서 변을 보는 것은 바로 자연 그대로다! 내가 언제부터 양변기를 사용했는지 기억은 안 나되 어릴 적은 밭에 가면 이처럼 변을 보지 않았는가. 그리고 돼지를 기르는 변소에서 변을 보아 퇴비를 생산하고 농사를 짓지 않았는가. 그것이 자연이요, 오늘 나는 그 자연을 몸소 실천하고 있는 것이다."

이렇게 자연론을 펴다 보니 볼 일이 시원스럽게 다 끝났다. "자, 이젠 뒤처리를 해야 할 터인데……." 사방을 둘러보아도 종이 한 장 구르는 것이 없다. "야, 이거 끝마무리가 낭패로구나." 그러나 「궁즉(窮則) 통(通)」이란 말이 있지 않는가. 바로 앞의 손닿을 곳에 주먹만큼 한 스폰치가 하나 뒹굴고 있는 것이 아닌가. 이것을 오른손으로 주워 두 개로 딱 꺾었다. 한 개로는 우선 대충 닦고 다시 하나로는 마무리 닦음을 해서 허리띠를 매었다.

이젠 상쾌한 기분으로 밭을 나와 걷기를 계속했다. 겨우 아들의 사무소에 다다라 들어가 보니 직원들이 있는지라 그 우스운 말을 차마 못하고, 아들에게 "이야, 나 제우 왔저. 저기 커피 한 잔 뽑아 오라." 이렇게 말하며 화장실에 들어가 손을 씻고 나와 의자에 털썩 앉았다.

커피의 향기를 음미하며 새파란 바다 물결이 밀려와 부서지는 것을 보면서 마음을 씻었다.

— 2003. 5. 27.

수전증

나는 논문을 한 편 쓰려 하면 그 가설을 생각하는 데 꽤 시간을 소비한다. 밥을 먹을 때나 길을 걸을 때나 버스를 탄 때나 언제나 머리에서 그 가설을 맴돌리는 것이다. 그래서 '요것이 이야기 거리가 되겠다.'는 확신이 서면 이제는 그 논증할 자료를 찾는 데 한참 시간을 소비한다. 내가 조사한 필드 노트에서 또는 이미 읽은 문헌에서 논증이 될 만한 자료를 뽑아 적는 것이다. 그래도 논증이 시원치 않을 것 같으면 책장에 꽂아 두었던 책들을 새로이 이것저것 뒤적거리며 논증이 될 만한 자료를 뽑아 적어 놓는다. 이래서 그 결론이 타당하다고 인정될 만하다고 생각되면 이번엔 서론의 서두를 어떻게 시작해서 이야기를 전개할 것인가를 놓고 한참을 고심한다. 이것이 번득이면 그 서론의 서두부터 각 장 순으로 그 요지를 적어 묶어 놓는다. 그것이 거의 논문 원고의 부피만큼 된다. 이 자료 묶음을 책상 왼쪽에다 놓고 오른쪽에다 원고지를 놓아 논문을 쓰기 시작하는 것이다.

논문을 쓰기 시작할 때 가장 긴장되는 시간은 처음에 제목을 쓸 때이다. 처음에 논문을 몇 편 쓸 때까지는 백지에다 초고를 아무렇게나 갈겨 놓고 그것을 수정한 후 원고지에다 옮겨 썼지만, 이것이 시간이 걸리고 귀찮은 노력 낭비인 것 같아 직접 원고지에다 쓰기 시작했다. 원고지에다 직접 쓰려 하니 글씨도 너무 험하게 쓰면 안 될 것이고 해서 제목부터 잘 쓰려고 해진다. 그래서 제목을 쓰려 하면 사람이 바싹 긴장해지는 것이다. 긴장해서 쓰니 볼펜을 잡은 오른손이 조금 떨린다. 그래서 내 논문 원고 가운데 조금 논문다운 논문은 그 제목이 조금씩 비틀거리는 글씨다. 특히 내려긋는 획이 미끈하게 그어지지 않아서 돌돌돌 떨린 획이다. 제목과 이름을 쓰고 서론을 반쯤 써 가면 긴장이 풀려서 글씨가 떨리지 않지만 처음은 조금 떨린 글씨다. 이것이 나의 수전증의 시초다.

이런 글 쓰기는 40대 후반이었거나 50대 초반부터가 아닌가 생각된다. 서울 학회에 원고를 보내고 나서 언제인가 편집하는 교수를 만났더니 "현 교수 논문은 제목 글씨가 조금 떨렸어." 하는 소리를 들은 적이 있지만, 내 조급한 성격 탓인지 논문 첫머리 글씨가 떨리는 것은 어쩔 수가 없는 노릇이었다. 그 후 60대가 되어 가니 어떤 글씨든 오른손이 떨려 제대로 쓸 수가 없게 되어 갔다. 그것도 조금 곱고 잘 써야 할 글씨는 떨리는 글씨가 되어 영 쓸 수가 없다. 이런 때는 우선 담배를 피워 물어 마음을 진정시키고 심호흡을 하며 잠깐 멈추었다가 다시 쓰면 조금 나아지지만 몇 글자 나아가면 역시 글씨가 되지 않는다. 차차 글을 쓸 수가 없게 되어간 것이다.

이것을 본 큰아들놈이 컴퓨터를 가져왔다. 이 자판을 치면 떨리는 손으로도 글을 쓸 수 있다는 것이다. 우선 자판 외기 연습부터 하라고 가르쳐 주었지만 다섯 손가락으로 이 글자 저 글자 치는 것이 어렵고 귀찮고 또 내 글 쓰기가 바쁘니 아무 손가락으로라도 자판 글자를 보며 쳐도 제법 글이 써지는 것이다. 컴퓨터를 이용해 보니 이렇게 편할 수가 없다. 지워서 고쳐 쓰는 것도 마음대로 할 수 있고, 자료로 쳐 두었던 것을 복사해다가 집어넣어 붙일 수도 있고, 여러 가지 기호나 도표도 집어넣을 수가 있고 해서 떨리는 손으로도 글 쓰기는 문제 없게 되었다. 그래서 그 후 컴퓨터로 책을 세 권이나 썼다.

그런데 책은 컴퓨터로 쓸 수 있지만 어디 장사가 났거나 결혼식이 있거나 할 때 부조 봉투는 컴퓨터로 쓰지 못한다. 이것은 할 수 없이 내 육필로 쓸 수밖에 도리가 없다. 이런 땐 몸이 제일 안정된 아침, 곧 일어나자마자 축의금, 부의금 봉투를 써 두는 것이다. 이 때는 어찌어찌 글씨가 된다.

세월이 흘러 가니 밥을 먹는데 손이 떨려 불편해졌다. 밥은 어찌어찌 숟가락으로 떠먹지만 국을 떠먹을 때는 오른 손이 떨리니 국 숟가락이 출렁거려 가로삭삭 흘러서 입에 들어가는 것이 없다. 이러니 나는 오른쪽 팔꿈치를 식탁에 딱 붙이고 국을 떠서 들면 숟가락이 별로 흔들리지 않아 국을 떠먹을 수가 있다. 그것보다도 더 편한 것은 국 사발을 들고 후룩 들이마시는 것이다. 이 때 국 사발을 드는 손은 왼손이다. 커피를 마실 때도 찻잔을 왼손으로 든다. 그러면 커피가 물결치지 않아 자연스럽게 마실 수가 있다. 그 대신 나는 밥을 먹을 때 항상 허리를 굽혀서 식탁 가까이 입을 가져다대고 먹어야 한다. 다행스러운 것은 모임에서 회식할 때 다른 사람들이 내 밥 먹는 것을 유심히 살피지 않는 것이다. 자기가 먹는 것에만 급급하지, 남들이 어떻게 먹는지를 살피지 않기 때문에 내 험상궂은 식사법을 숨길 수가 있다. 그런데 딱한 것은 젓가락으로 김치를 집어먹을 때 손이 떨리는 바람에 고추 양념이 하얀 와이샤츠 앞가슴에 튕겨 묻는 것이다. 그러니 나는 가급적이면 김치를 먹지 않는다.

그렇다고 내가 밥 먹는 모습이 전연 남에게 들키지 않는 것은 아니다. 제주대학교에 재직하던 시절, 교직원 식당에서 손을 달달 떨면서 밥을 먹고 있노라니 모 교수가 들어오면서 "거, 무사 아니 먹키여. 아니 먹키여 ᄒᆞ는디 자꾸 먹엄수과?" 하는 인사말을 하여 서로 웃기도 했다.

이런 형편이니 나도 이 수전증에 대하여 무심히 지낸 것은 아니다. 한의원에 가서 침도 맞아보고, 이 병원 저 병원 찾아 가서 의논도 해봤다. 한의원의 침은 효과가 없었다. 병원에선 의사가 신문지를 잡아들게 하여 신문지가 떨리나 안 떨리나를 살펴보거나, 눈을 감아 두 팔을 앞으로 수평이 되게 펴게 하여 손 위에 종이를 놓아 종이가 떨리는가 여부를 볼 뿐 뾰족한 원인을 말하지 못한다. 한번은 중앙대학교 부속병원에 가서 종합진단을 받은 일도 있다. 거기에서 이 수전증에 대하여 근전도검사를 했다.

팔에 전깃줄 같은 것을 붙이고 한참동안 앞쪽의 시계 같은 것의 바늘이 움직이는 것을 보는 것이다. 이러한 검사까지 해놓고도 마지막 날엔 '건강합니다.' 하며 내보내었다. 나는 혹시 파키슨씨병이 아닌가 하고 인터넷 검색을 해 보아도 그건 아닌 것 같았다. 그래서 나는 나대로 결론을 내렸다. 가을에 낙엽이 지려면 일찍 지는 놈도 있고, 늦가을까지 견디는 놈도 있다. 낙엽이 지려는 놈은 먼저 단풍이 든다. 단풍이 들어 낙엽이 지는 것은 자연 현상이다. 내가 손을 떠는 것도 단풍이 드는 것과 꼭같은 자연 현상이다. 대자연의 한 알갱이인 인간이 자연에 따르는 것은 순리 중에도 순리다. 그러니 부끄러워할 것도 없고 겁먹을 것도 없다. 자연 현상에 순종하는 것밖에 별 도리가 없다. 이렇게 결론을 내리니 마음이 편안하다. 부득이 글을 쓸 것이 있으면 컴퓨터로 쓰면서 견디는 것이다.

그러니 나는 밖에 나가서 글을 쓸 일이 있으면 '나는 글을 못쓴다.'고 아예 부끄러움 없이 자백해 버린다. 은행에 용돈을 찾으러 간 때나 계좌 이체를 할 때에도 자동인출기에 카드를 집어넣어 처리한다. 그런데 이 때에도 비밀번호니 금액을 손가락으로 눌러야 하기 때문에 오른쪽 손가락으로 누르면 손가락이 떨리니까 이중으로 숫자가 찍혀져 실패한다. 그래서 생각해 낸 것이 왼쪽 손가락으로 누르는 것이다. 왼쪽 손가락으로 누르면 숫자가 정확히 바르게 나타나 일이 쉽게 이루어진다. 처음 이랬을 땐 가벼운 희열이 느껴졌다.

한번은 어느 은행에서 증권회사로 계좌 이체를 해야 할 일이 생겼다. 이것은 기계로는 자동적으로 안 된다. 할 수 없이 창구의 여직원에게 도움을 청하니 전표를 두 장 주면서 써오라고 한다.

"나는 글을 못 쓰는 사람인데 좀 써 줄 수 없겠어요?"

이랬더니 그 여직원이 바빴던지,

"저기 아저씨한테 써 달라고 하세요."

이 말은 안내하는 직원에게 부탁하라는 말이다. 나는 사방을 두리번거려 봐도 안내 직원이 보이지 않기에 '아무런들 내 요 전표 두 장이야 못 쓰랴.' 하고 객석의 둥그런 책상 앞에 서서 전표를 놓고 쓰기 시작했다. 그런데 글자의 가로 그은 획은 바로 그어지는데 세로 그은 획은 돌돌 떨려 오돌토돌하여 획이 되지가 않는다. 이제는 심호흡을 하여 진정시키고 그 오돌토돌한 획 위에 다시 그어 붙이니 획이 가로 그은 것보다 배 이상이나 굵어졌다. 이 식으로 가늘고 굵고 하게 겨우 전표 두 장을 작성하여 그 여직원에게 가져다 제출하니 여직원이 보고 고개를 갸우뚱하며 말하되,

"아! 이거 볼펜이 어째서 이렇게 됐나?"

여직원은 내 수전증으로 글씨가 그렇게 된 것은 꿈에도 예상하지 못하고 볼펜 잉크가 가늘고 굵게 나오게 잘못된 것을 탓하는 것이었다. 나는 그저 빙그레 웃기만 했다. 그래도 그 전표를 컴퓨터에 집어넣으니 그대로 척척 돌아가 업무가 끝나는 것을.

나는 처음엔 수전증으로 글씨를 잘못 쓰는 것을 부끄러워했지만 이제는 부끄러움이 완전히 사라졌다. 자연 현상인데 부끄러울 것이 무엇이 있을 것이냐 말이다. 나는 이 자연 현상을 그대로 받아들여 적응이 되어 부끄러움을 초월했다. 사람이 몹쓸 병에 걸렸거나 죽게 되었을 때도 처음에는 겁이 나고 당황하겠지만, 그것이 자연 현상임을 깨쳐 받아들이면 담담하게 자연에 순종해질 것 같다.

— 2003. 7. 6.

장묘 문화

어느 날 도내 모 일간지를 보다가 눈에 띄는 기사가 있었다. 모 관공서에서 직원들한테 '화장 유언 서약서'를 받는다는 이야기다. 자기가 죽으면 꼭 화장해 달라는 유언을 하겠다는 서약서를 제출 받는 것이란다. 이렇게 공무원부터 받아놓고 일반인에게도 홍보, 유도하여 화장 문화를 보급한다는 것이다. 이 기사를 보니 나는 조금 어이가 없어졌다. 화장을 싫어하는 공무원도 모가지를 유지하여 월급을 타고 가족을 먹여 살리려면 할 수 없이 이 서약서를 써 바쳐야만 할 것이기 때문이다. 이런 반강제적인 서약서도 효과가 있을 것인가. 그 공무원이 죽으면 그 가족들이 의논하여 화장을 하든 매장을 하든 처리를 할 것인데 그 서약서가 법적인 효력이 있어 그대로 실천될 것인지 의문이다.

화장을 권장하는 것은 이해가 간다. 경작지를 침식하고 분묘로 엄청난 국토가 잠식되어 가는 이 마당에 어떤 새로운 장묘 문화를 만들어 국토 잠식을 막자는 것이니 당연한 생각이다. 그러나 이것도 한편 생각해 보면 살아 있는 사람이 국토를 이용하여 잘 살아보려는 발상이지, 죽은 사람 쪽은 전연 고려하지 않는 데서 나온 발상이다. 그 사람이 죽어갈 때 어떤 것을 원했는지가 중요하지, 산 사람 쪽에서만 생각해서 덮어놓고 어떤 특정한 방법으로 장례를 치르는 것은 죽은 사람을 너무 무시하는 행위가 아닐까. 하기야 죽은 사람이 무슨 말이 있으랴? 문화라는 것이 모두 산 사람이 더 잘살기 위해 만들어진 것이다. 장묘 문화도 우리 문화의 흐름 속에서 자연적으로 형성되어야 한다는 생각이다.

요즘은 아파트를 분양하듯 가족납골당 부지를 마련하는 것이 일반화되었다. 나는 가족납골당이란 것이 어떤 형태의 것인지 모른다. 아마 아파트같이 몇 층의 집으로 지어 놓고 칸을 갈라 자그마한 방을 만들고 화장한 유골단지를 안치하게 하는 것이 아닌가 생각하고 있다. 문은 물론 쇠로 만들어 닫아 잠그게 되어 있을 터이고, 그 문이나 어디에 '누구네 집안 조상의 묘' 식으로 써 붙여 서로 구분하여 알도록 만드는 것이 아닐까. 이것도 좁은 면적에 많은 유골을 안치할 수 있어 국토면적을 살리는 데 유효한 발상임은 누구도 부인할 수 없을 것 같다.

어느 날 텔레비전을 보다 보니 어느 대통령은 어디에다 부모의 묘소를 이장하여 치산을 잘 해서 대통령이 되었고, 모 정당의 총재는 어디에다 부모의 묘를 이장하여 치산을 해서 그 정당의 총재가 되었다는 풍수지리설의 이야기를 하고 있었다. 그리고 지금 대통령의 조상 묘는 별로 볼 것이 없었던지, 열세에 몰렸던 그가 대통령에 당선되자 지관들이 그의 생가 터를 풍수지리설적으로 감식하려고 구름같이 모여든다는 것을 덧붙이고 있었다.

풍수지리설은 중국 문화의 소산으로 고려 때엔가 우리나라에 들어와 일반화된 것으로 나는 그것을 별로 믿지 않는다. 청룡이니 백호니 하는 산 줄기를 포크레인으로 파헤쳐서 평지로 만들어 버리고, 묘의 맥상이라는 언덕 줄기를 가로질러 평지와 도로를 만드는 세상에 무슨 지맥이 있고, 청룡 백호가 어떻게 둘렀느니 논할 수 있을 것인가. 나는 텔레비전 프로를 보면서 풍수지리에 대한 관심보다는 그 높은 어른들, 부모의 묘소에 치장해 놓은 화면이 눈길을 끌었다. 봉분도 보통 묘소보다 몇 배 크고 비석도 큼직하게 세워 놓았다. 문관석, 무관석 등 석물도 그럴 듯하게 만들어 세웠고 주변을 공원처럼 꾸며 놓은 것이다. 이런 호화스러운 묘소가 그 대통령이나 총재에 한한 것은 아닐 것이다. 소위 높은 사람들, 돈푼께나 있는 사람들은 이렇게 조상 묘소를 호화스럽게 단장해 놓은 것은 아닐까.

대통령이나 장관, 정당의 총재, 재벌이나 나라의 발전에 공헌한 사람임에는 틀림없다. 그렇다고 하급 공무원이나 회사의 급사, 농부나 막노동을 하는 사람들, 이런 사람들은 나라의 발전에 공헌한 점이 없는가. 대통령이나 장관, 재벌 같은, 소위 높은 어른들도 물론 있어야 하지만 농부나 길 만드는 데에 자갈을 깔고 아스팔트를 덮고 하는 이, 매일 쓰레기를 수거하여 운반하는 이, 매일 길바닥을 청소하는 이, 이런 막노동을 하는 서민층도 있어야 나라가 제대로 돌아가는 것이 아닌가. 소위 높은 어른들이 나라에 공헌했다면 이런 서민층도 그 나름대로 나라에 공헌을 한 것이다. 대통령이나 장관이나 재벌 등 높은 사람들이 인생을 성실히 노력하여 살았다면 농부나 막노동꾼 같은 서민층 사람들도 그들 나름대로 주어진 환경에서 노력하며 성실히 산 사람들이다. 물론 그렇지 않은 서민층 사람들도 있겠지만. 그렇다고 소위 높은 사람들은 모두 인생을 성실히 살았다고 할 수도 없다. 갖은 비리와 계략으로 깨끗하지 못하게 그 지위를 획득한 사람도 없잖을 터이다.

어떤 지위에서 어떻게 살았든 사람은 일생을 살다가 죽을 때는 엄숙한 것이다. 죽음에 무슨 계층 차이가 있을 것인가. 그런데 높은 사람은 호화스러운 묘소를 써서 국토를 잠식해도 누구 하나 말이 없고 서민들은 납골당 쇠문 속에 화장한 뼛가루 단지를 담아 잠가버린다? 허허! 살아 있을 때에야 환경과 유전자, 두뇌 차이로 잘 살고 못 산다 치고, 죽어서도 그런 차별을 당해서야 인생이 불쌍하지 않은가! 개를 아껴 기르는 어느 나라에선 자기네 개가 죽으면 관을 짜서 매장하여 무덤을 만들고 꽃을 뿌려 주며 애도한다는데…….

민주 사회는 평등 사회라고 한다. 산 때에야 평등한 대우를 못 받는다 치고 죽어서도 평등한 대우를 못 받아서야 될 말인가. 지도자들이 외국의 장묘 제도를 보고 와서 그대로 우리에게 적용시키려는 것은 무리다. 우리의 기층문화가 그것을 수용할 만큼 변하지 않으면 그 실현은 쉽지 않다.

화장을 하든 무엇을 하든 사람이 일생을 성실하게 살다 엄숙하게 죽었으면 누구든 평등하게 대우해야 한다. 그리고 어떻게 인생을 살다가 세상을 떴다는 비석쯤은 남겨서 후대 사람들이 기억하게 해주어야 할 것이 아니겠는가.

— 2003. 7. 9.

제왕절개수술

벌써 17년 전 일이었던가. 큰아들을 결혼시켰더니 큰며느리가 이내 임신이 되어 차차 배가 커가더니 어느덧 만삭이 되었다. 호박같이 둥근 배를 안은 며느리는 배가 힘겨워서 앉을 때도 팔을 뒤로 짚어서 겨우 앉고 일어설 때도 팔로 몸을 받쳐서 겨우 일어날 정도가 되어 갔다. 나는 그저 해산이 가까웠나 보다 생각했을 뿐 별로 걱정되는 것이 없었다. 모든 동물이 임신을 하면 자기대로 저절로 새끼를 낳게 되어 있는 것이니까, 이건 자연 그대로 별일 없이 해산할 것이 당연한 일이라고 생각했기 때문이다. 그래서 나는 모른 척했다.

그런데 며느리는 사정이 급했던지 이 병원 저 병원 산부인과를 돌아다니는 눈치다. 병원에서 돌아온 며느리는 엉뚱한 심부름을 나에게 시키는 것이다. '여러 병원을 돌아다녀 보았지만 아기가 너무 커서 자연분만으론 못 낳을 터이니 제왕절개수술을 하여 낳을 날짜를 택일하여 오라고 의사가 말하더라.'는 이야기다. 그러니 나더러 택일을 해다 달라는 것이다. 나는 조금 어처구니가 없었다. 자연분만을 해서 그 아기가 태어나는 날짜와 시간이 그 아기의 사주이지, 칼로 째어 인공적으로 꺼내는 시간이 무슨 사주와 관계가 있겠느냐 하는 생각이 먼저 들었기 때문이다. 더군다나 10년 의사 공부를 한 지성인인 의사가 사주가 좋은 날짜 시간까지 택일을 해와서 그 시간에 수술을 하자고 임산부에게 말했다는 것이 기이하기 짝이 없다. 의사도 사주팔자론을 믿는 것인지 아니면 이왕이면 좋은 날에 태어나게 해서 환자의 마음을 흡족하게 하려는 것인지는 모르되, 어떻든 기이한 속신(俗信)이 새로 생겨나고 있다는 데에 한편 놀라움을 금치 못했다.

하지만 며느리 마음을 놓이게 하여 주어야 할 의무감 같은 것을 느껴 택일을 하러 나섰다. 이왕이면 나를 잘 아는 이에게 가서 택일을 하려고 봉투에 일금 5만 원을 싸 호주머니에 넣고 가서 사실을 이야기했다. 그랬더니 그는 "거, 자연스럽게 낳는 시간이라야 사주라 할 수 있지…… 거, 뭐, 수술해서 낳는 시간이야 사주라 할 수가 잇어마씀? 여하튼 선생님이 왔으니 아니 보아 드릴 수도 엇고……." 이렇게 언짢은 말을 중얼거리며 때묻은 헌 책을 이 책 저 책 꺼내 보면서 창호지 반 장에 나도 알 수 없는 글자들을 붓으로 갈겨쓰고서는 마지막에 해산할 연월일시를 써서 넘겨주는 것이다. 나는 그가 중얼거리는 소리가 백 번 옳은 말이라 생각하고 부끄러움을 참으며 기다렸다가 그 택일기를 받고 돈 봉투를 놓고선 돌아왔다. 택일된 날짜는 이틀 뒤였다.

그런데 그 날 저녁 열 시가 훨씬 넘자 아들방에서 큰 소리가 들려왔다.

"아이고! 양수가 터져 나왐저!"

아들놈의 겁내는 소리에 나도 정신이 번쩍 들어 내달았다. 아들은 마누라를 부축하고 택시를 잡아타 병원으로 달렸다. 그런데 이 시간에 산부인과 의사가 앉아 있을 리가 있나? 겨우 아는 의사에게 전화로 부탁하여 산부인과 의사와 마취사를 불러내어 수술 준비에 들어갔다. 나중에 안 일이지만 며느리가 이 병원 저 병원 돌아다니며 만삭된 배를 하도 만져 놓으니 아기 탯줄이 그 밤에 끊어져 버렸다는 것이다. 휠체어에 몸을 실은 며느리가 수술실로 들어가 한참 기다리고 있노라니 흰 가운을 입은 의사가 나오며 "반갑습니다. 아들입니다." 하는 것이다.

그 아기가 자라서 지금 고등학교 1학년이 되었는데, 덩치도 든든하고 얌전하고 공부도 잘한다. 그런데 그 수술하여 꺼낸 시간의 사주는 아직 아니 보았기 때문에 좋은지 나쁜지 모르되 지금 보기로는 요놈은 커나서 무슨 일을 단단히 할 놈 같은 생각이 든다. 미리 가서 본 좋은 날짜보다 이틀이나 먼저 꺼내어 버렸으니 좋은 날짜는 아닌 성싶기는 하지만 어쩔 수 없는 일이 아닌가. 공연히 돈 5만 원만 헛되게 소비한 셈이 되고 말았다.

누구나 다 아는 바이지만 사주(四柱)란 출생한 해, 달, 날짜, 시간, 네 가지를 말하는 말이다. 이 사주를 '갑자(甲子) 을축(乙丑) 병인(丙寅) 정묘(丁卯)……' 하는 육갑(六甲)으로 맞추어 말하면 여덟 글자가 되니 팔자(八字)가 되어 '사주팔자'란 말이 나온 것이다. 그래서 흔히 '사주가 좋다', '팔자가 사납다'라는 말을 한다. 이것은 '낳은 연월일시가 좋다' 또는 '나쁘다'는 말이 되고, 나아가서 출생한 연월일시가 그 사람의 일생의 운명을 결정한다는 이론이 되는 것이다.

사주팔자론은 분명 중국 문화에서 발원하여 우리나라에 들어온 것 같은데 나는 식견이 모자라 이 이론이 중국의 누가 먼저 창안했고, 언제 우리나라에 들어왔는지 자세히 모른다. 어떻든 이 사주팔자론은 우리나라 사람들의 신앙처럼 되어버려 남녀가 결혼을 하려 하면 이 사주를 맞추어 보아 궁합이 맞나 안 맞나 가리고, 결혼식 날짜 택일을 하고, 자기가 무슨 곤경에 빠지면 "이건 내 팔자다." 하고 운명론으로 체념한다.

출생한 연월일시로 그 일생의 운명이 결정된다? 자, 눈을 조금 널리 돌려 생각해 보자. 사주팔자의 시간은 하루를 24시간으로 나눠 말한 것이 아니라 '자축인묘진사오미신유술해(子丑寅卯辰巳午未申酉戌亥)' 12시간으로 나눈 것이다. 그러니까 24시간으로 나누는 오늘날의 시간으로는 두 시간이 한 시간이 되는 셈이다. 그러면 전 세계로 눈을 돌려 볼 때, 같은 날 이 두 시간 사이에 태어나는 아기 수가 얼마나 될 것인가. 수십, 수백 만이 될 것이다. 그러면 이 수십 만, 수백 만 되는 세계 사람의 일생의 운명이 다 일치할 것인가? 결코 그렇다고 대답할 사람은 아마 없을 것이다. 그 나라의 환경 조건, 그 사회 제도의 환경 조건, 그 집안의 환경 조건, 그 사람의 유전자, 인생관, 정서, 의지 등등이 서로 복합적으로 작용하여 그 사람의 일생의 됨됨이가 다를 것이지, 결코 같을 리가 없을 것이다.

더 흥미 있는 것은 『토정비결(土亭秘訣)』이다. 이 책은 조선 선조 때 토정 이지함이 저술한 도참서인데 조선조 후기부터 민간에서 정월 초, 한 해의 신수를 판단해 보는 세시풍속으로 되어 버린 책이다. 이 책은 한 사람의 생년월일시에서 시간은 빼고 출생한 해, 달, 날짜만을 놓고 그 해의 신수를 판단하게 되어 있다. 나도 어릴 적 동네 아주머니, 할머니들에게 토정비결을 보아드린 적이 많지만, 같은 날에 태어난 모든 사람의 한 해 신수가 같을 리가 있겠는가. 그런데 이 책이 지금도 베스트 셀러가 되고 있다는 말을 들었다. 조선조 후기부터 우리 한국인의 전 생활을 지배해온 책이 이 『토정비결』과 조선조 영조 때 지백원 (池百源)이 지은 『천기대요(天機大要)』라 생각한다. 이러한 중국 문화 연원의 문화가 우리에게 얼마나 큰 영향을 주었나 생각할 때 놀라움을 금할 수 없다.

나는 식견이 부족하여 제왕절개수술의 유래를 잘 모른다. 들은 바에 의하면, 로마의 어느 황제가 그 부인이 해산할 때 자연분만을 하면 질이 늘어나 좋지 않겠다 하여 일부러 배를 째어 아기를 꺼낸 데서 제왕절개(帝王切開)라는 이름이 붙여졌다고 한다. 이 말이 사실인지 아닌지는 모르되 사실이라면 이 황제도 택일을 해서 절개했을까. 처음 시행하던 목적과는 전연 다르게 제왕절개수술을 하여 출생시키는 데까지 미리 사주・날짜・시간을 보고 칼을 댄다니 참으로 문화라는 것이 끈질긴 것에 놀라지 않을 수가 없다.

어느 날 인터넷을 하다가 NAVER 지식 IN에 "예수 (서기 1년 12월 25일 생) 사주 좀 보아주세요." 하는 질문이 올라 있는 것을 보고 나는 혼자서 한참 동안 웃었다. 왜 폭소가 나왔는가 하는 것은 굳이 부연하지 않아도 반추할 수 있을 것이다.

— 2003. 7. 22.

현고학생부군 신위(顯考學生府君神位)

「顯考學生府君神位」

이것은 아이들에게 지방(紙榜) 쓰는 법을 가르칠 때 초보적으로 가르치는 기본적인 것이다. 우리 조상들은 아이가 자라나 공부를 시작하면 먼저 지방 쓰는 법부터 부지런히 가르쳤다. 조상이 돌아가셨는데 축·지방(祝·紙榜)도 못 써서야 어찌 조상을 위할 수 있을 것이냐 하는 데서이다. 말하자면 조상 숭배의 기초 지식인 것이다.

'현(顯)'은 돌아가신 사람을 뜻하는 말이고, '고(考)'는 아버지를 뜻하는 글자이며, '학생(學生)'은 돌아가신 분이 벼슬이 없을 때 붙이는 것이고, '부군(府君)'은 돌아가신 아버지 또는 선대의 할아버지를 높이어 일컫는 말이며, '신위(神位)'는 문자 그대로 신위를 말한다.

"사람은 죽어서 관 뚜껑을 덮을 때 보아야 안다."라는 옛말이 전하듯

한 사람이 죽어서 관 뚜껑을 덮고 그 지방을 어떻게 쓰느냐 하는 것은 그 죽은 사람의 자식들이나 다른 모든 사람들의 커다란 관심사였다. 그 관심은 그 죽은 사람의 벼슬을 어떻게 쓰느냐 하는 것이다. 조선시대에는 벼슬의 관계(官階)가 정일품(正一品)에서 종구품(從九品)까지 18등급으로 나누어져 있었고, 그 품계(品階)에 따라 각 관서별로 보직을 주었었다. 그러니 오늘날의 장관 같으면 이조판서(吏曹判書)니 병조판서(兵曹判書)니 쓸 것이고, 국립대학 총장 같으면 성균관(成均館)의 대제학(大提學)이고, 교수이면 부제학(副提學)이니, 그대로 지방에 벼슬을 밝힌 것이다. 벼슬이 낮아 별감(別監)이나 참봉(參奉)이면 그대로 '현고별감(顯考別監)', '현고참봉부군신위(顯考參奉府君神位)' 식으로 쓰는 것이다. 벼슬이 전연 없으면 어쩔 수 없이 '현고학생부군신위(顯考學生府君神位)'라고 쓸 도리밖에 없다. 사농공상(士農工商)의 직업과 계층을 중히 다루던 조선조 사회에선 어쩔 수 없는 제도요, 법칙이었다.

그래서 조선 시대의 유풍이 오늘날 그대로 남아 사람이 죽으면 지방을 쓴다. 조선 시대와 같은 벼슬이 없으니 '현고학생(顯考學生)……' 하고 쓰고 있는 것이다. 그런데 가끔 보는 일이지만 '학생(學生)'이라고 벼슬이 없음을 그대로 쓰는 것이 부끄러워서 『논어(論語)』는 그만 두고 『소학(小學)』 한 줄 제대로 읽지 않은 사람도 향교(鄕校)에 기부도 하고 부지런히 다녀서 훈장첩(訓長帖)을 받고 지방을 '현고훈장(顯考訓長)……'이라고 쓰려고 애쓰는 이가 많고 또 그렇게 한 이도 많이 본다. 벼슬을 선망하던 과거의 유풍이 그대로 드러난 것이다.

가정의례준칙에는 '아버님 신위', '어머님 신위'라고 한글로 쓰도록 규정해 놓고 있지만 아직 국민에게 먹혀들지 못하고 있다. 이렇게 지방을 써 붙이는 것을 나는 본 일도 없다. 역시 옛날 식으로 '顯考學生……'

하고 쓰는 것이 일반적이다.

2003년 8월 4일 현대그룹의 현대아산주식회사 이사회 회장 정몽헌(鄭夢憲) 씨가 회사 12층 자기 사무실에서 투신 자살했다. 세상 돌아가는 데에 거의 무관심하여 신문을 잘 보지 않는 나에게도 이 사건은 쇼킹한 것이었다. 나는 각 일간지의 첫 면을 차지한 이 기사에 저절로 눈을 돌리지 않을 수가 없었다. 그 첫째 의문과 흥미는 정 회장이 왜 몸소 12층에서 몸을 던져 죽지 않으면 안 되었는가 하는 것이다. 그가 남긴 3편의 유서에도 죽어야만 할 이유를 하나도 쓰지 않은 것이다. 대북 금강산 사업이 빚더미로 되어 버린 때문인가? 개성 개발 사업이 순조로이 돌아가지 않기 때문인가? 아니면 대북 송금 내지는 비자금 살포가 들통나게 되어가기 때문인가? 아니면 검찰의 수사가 너무 강경했기 때문인가? 온갖 상상력을 동원해도 도저히 추측을 해 볼 도리가 없다. 나는 그저 그의 빈소 장례식장의 사진이나 물끄러미 바라볼 수밖에 없었다.

사진의 중앙 위쪽에는 안경을 쓰고 웃고 있는 정 회장의 영정이 하얀 국화꽃에 둘러싸여 걸려 있고 그 주위가 온통 꽃으로 장식되어 있는가 하면 영정 앞에도 하얀 국화꽃으로 온통 장식되어 있는데, 그 앞에 위패가 놓여져 있다. 내 눈을 번쩍 뜨게 한 것은 자잘하게 보이는 위패의 지방이다.

「顯考學生府君神位」

'아, 이게 웬 지방인가?'

나는 정 회장 생전의 업적을 거의 모른다. 그러면서도 자본주의의 최첨단에서 복잡한 남북경협에 아버지 정주영 씨의 뒤를 이어 지렛대 역할을 한 것은 틀림없는 것처럼 보인다. 이 상식적 추정이 맞든 안 맞든 그것은 나에게 하등의 문제가 없다. 다만 자본주의 사회에도 '顯考學

生……'이 있을 수 있는가?가난한 농부가 죽어도 '顯考學生……', 대사업가의 부호가 죽어도 '顯考學生……' . 어떤 면에서는 인간은 죽은 후 평등함을 나타내는 것 같아 일면 좋은 것 같기도 하지만 아무래도 고개를 갸우뚱하지 않을 수가 없다.

대체 누가 고안해서 이처럼 지방을 썼을까?다만 전통적인 관습을 따라 사업가의 리더는 벼슬이 아니라고 하여 일부러 쓴 것인가?아니면 겸손하게 민주적 평등성을 생각하여 이렇게 지방을 쓴 것인가?어떤 이유로 썼든 간에 일면 반가우면서도 일면 서운한 느낌을 금할 수 없는 것은 나의 보수성 때문일까?

어떻게 고치든 자본주의의 현대 사회에 걸맞는 지방 쓰는 방식이 새로 나와야 하겠다는 것을 절절이 느끼지 않을 수 없다.

– 2003. 8. 6.

내 집을 허물다

'아가가! 어깨여!'

'아이고! 어깨여!'

무정한 포크레인은 거인의 손 같은 앞가지를 들어올리더니 내 집 처마 위를 무지막지하게 콱 찍어 긁어내린다. 기왓장이 와르르 무너져 내리고 서리가 우두둑 부러지며 내려앉는다. 처마는 집의 어깨요, 내 집의 처마는 바로 나의 어깨다.

2003년 8월 19일 아침 8시. 드디어 내 집을 허무는 시간이 닥쳤다. 나는 아침을 먹는 둥 마는 둥하여 얼른 집 허무는 옆에 가서 말할 수 없는 비창한 마음으로 지켜보았다.

이 집을 지은 지 어언 37년. 열두 번의 이사를 하여 '새정드르' 양 선생네 집에 살 때였다. 어찌어찌 하여 돈이 약간 모아지기에 용담2동 673번지의 26호 77평을 사 놓았다. 언젠가 내 집 마련을 할 계획에서다. 그런데 큰애 녀석이 주인 아들의 세발자전거를 빼앗아 타려고 다투다가 울어 내 속을 썩일 뿐 아니라 집이 좁아 언제면 내 집 마련을 할까 예산 중이었다. 때마침 동서가 30만 원을 꾸어 줄 터이니 터를 놀리지 말고 집을 지으라 한다. 이 돈 30만 원만 가지고는 집을 지을 수가 없을 것이기 때문에 돈을 더 마련할 궁리를 하였다. 마침 '한내' 가에서 블록 공장을 하던 고완익 씨가 국민주택자금 당첨이 되었으나 집을 지을 형편이 못 되니 팔겠다는 것이다. 알아보았더니 임대 자금은 10만 원인데 거기서 권리금 1만 원을 떼어 가지고 9만 원을 10만 원에 팔겠다고 한다. 권리금 1만 원은 조금 심한 것 같다. 하지만 생각해 보니 이 9만 원을 받아 써 놓고 20년 동안에 상환을 하게 되었으니 1년에 조금씩만 갚아 가면 공것이나 다름없다. 이렇게 생각하여 그 돈을 얻어 놓고 집짓기를 착수하였다.

집짓기를 완공할 때까지 공사업자한테 다 맡겨버리면 내 신경을 안 써서 쉽기는 하지만, 업자가 재료를 잘 안 쓰고 날림공사로 할 우려가 있을 뿐 아니라 돈이 비싸게 든다. 돈을 적게 들이고 단단하게 짓는 데는 재료는 본인이 당하고 목수, 석공, 미장이만 평수대로 맡겨서 돈을 주어 공사를 하면 훨씬 낫다는 것이다. 나는 한 3대쯤 대물림할 집을 짓기로 작심하여 이런 방식을 택하였다.

우선 식구가 많으니 방은 좁더라도 여러 개 만들고, 마루와 부엌 난간이 있는 집을 구상하여 평면도를 그려 놓았다. 계산해 보니 18평이 되었다. 이 평면도를 가지고 우선 목수를 고르다가 역시 아는 사람이 낫겠다 하여 먼 친족뻘 되는 이에게 부탁했다. 이 목수의 소개로 석공도 미장이도 다 맡길 수가 있었다.

나는 될 수 있는 한 수고를 덜 들일 생각으로 우선 목수에게 들어갈 재료를 전부 기록해 주도록 부탁했다. 그리고 애월읍 하가리에 나무를 팔 것이 있다고 듣고 일부러 가서 그 목재를 샀다. 나무는 전부 통나무였다.

그것을 가격을 결정해서 사고 트럭을 빌어 실었다. 한 트럭이 가득했다. 트럭 위의 나무 위에 타고 포장이 안 된 마을길을 달리는데 실은 나무가 궁글궁글 흔들려 위에 탄 나는 꼭 떨어질 것만 같았다. "아! 나는 집을 지으려다 떨어져 죽는 것이 아니냐!" 공포에 마음이 달달 떨렸다. 일주도로에 오자 할 수 없이 차를 멈추도록 해서 겨우 운전석 옆에 타고 한숨을 내려 쉬었다. 이 통나무를 '향교동산'에 있는 제재소에 싣고 가서 다음 날 제재를 하고 실어왔다. 나머지 부족한 나무는 큰형님께 부탁해서 동문로터리에 있던 목재소에 가서 골라 사고 트럭으로 실어왔다. 이로써 나무 준비는 다 된 셈이다.

집은 석공이 기초 공사로부터 시작했다. 네모지게 집이 앉을 자리를 파서 자갈을 담아 시멘트를 하여 말린 후 돌담을 쌓아가고 목수가 그 벽 위에 나무를 올려 걸쳐가서 집 틀이 되어 가는 것이다. 상마루를 올릴 때는 닭을 잡아 상량식도 제법 격식있게 하고 미장이들이 흙을 쪄 붙여 집이 제법 되어 간다. 그런데 목수가 처음 소요될 나무를 계산하여 써 준 것을 모조리 사왔는데 미장이가 와서는 이 나무도 박박 싸서 지게를 만들어 써버리고 저 나무도 박박 싸서 들것을 만들어 써버린다. 그러니 나무가 판판 모자랄 수밖에. 목수는 이 나무도 다시 사 와라. 저 나무도 다시 사 와라. 메일 나무 사 오라는 소리를 한다. 나는 '향교동산'의 제재소에 가서 나무를 사 둘러메고 땀을 흘리며 날라와야 했다. 목수는 친족분이라 일을 잘 가르쳐 준다. 부엌의 흙을 파라 해서 파 놓고 보면 너무 깊이 팠다 해서 다시 얼마를 메우도록 하고, 벽을 쌓을 때의 돌조각을 마당을 파서 메우라고 해서 그것을 파 메우고, 일이 어떻게 많은지 쉴 틈이 없다. 나는 학교에 나가 수업을 마치면 완전 막노동꾼이 되어 버렸다.

그래도 혹시 나무들을 잃어버릴까 보아 나는 집 옆에 나무를 좌우와

위에 쌓아 올려 방같이 만들고 몇 달을 거기에서 자며 지키고, 거기에서 교재 준비를 하였고, 신문사의 강경한 요구에 못 이겨 「콩잎과 식생활」이란 수필도 밤에 엎디어 써서 내기도 했다. 하루는 저녁에 전화를 걸 일이 생겼는데 전화가 가까운 곳에 없었다. '한내' 가의 석유판매소에 가서 전화를 빌려 쓰고 나오다가 얕은 쇠문에 이마를 부딪혀 상처를 입고 머큐롬을 바르고 붕대를 붙여 다녔다. 그래도 수업할 때는 보기가 싫을 것이니 일부러 머리를 이마로 빗어 내려 학교에 가기도 했다.

아, 정말 내 이 집을 어떻게 지은 집이냐! 이 집은 바로 나의 분신이요 나 자신인 것이다.

그런데 이젠 이 집이 너무 좁아 할 수 없이 허물고 2층으로 올려 막내 아들과 같이 살아 밥을 얻어먹기로 하여 허물게 된 것이다.

'아야! 옆구리여!'

'아야! 다리여!'

처마를 긁어내린 포크레인은 옆벽을 무지막지하게 밀어 쓰러뜨린다. 집의 옆구리와 다리를 부수어 내리는 것이다.

'아이고, 아프다!'

이 벽은 돌의 양면을 다듬어 매끔하게 쌓아 올려 바람에 흔들흔들하면서도 끄떡도 안 하던 것이었는데 순간의 포크레인의 힘에 그만 와르르 무너져버린다. '아! 그 처참함이여!'

포크레인은 상마루로 큰 손을 뻗친다. 그 상마루 기와를 덮을 때 어찌 하였는가. 미장이가 다 덮어가다가 기와 하나만 안 덮어 옆으로 세워 놓고 내려와 버리는 것이 아닌가! 겨우 사정하여 술을 사 먹이고 마지막 기와를 다시 덮게 한 상마루. 그 상마루 반쪽을 포크레인은 큰 손으로 바락 내리쳐 덮으니 와르르 무너지며 상마루가 기우뚱 늘어진다. 대가리를 때려맞아 질식하며 의식을 잃은 것이다. 아, 이젠 거의 죽은 것이다. 마지막 남은 상마루가 무지막지한 그 큰 손에 얻어맞아 무너지자 집은 완전히 폭싹 내려앉아 버린다. 겨우 50분도 안 걸렸다. 이제 남은 것은 내 서재 벽과 현관 벽뿐이다. 아. 그 서재! 좁고 너저분한 방이지만 내가 37년 간을 매일과 같이 앉아 논문을 몇 편 썼으며 책을 몇 권 쓴 정든 곳이냐!

포크레인은 그 벽을 얼른 부수지 않고 가운데 널려진 나무들을 이리 밀고 저리 밀고 하며 모아놓는다. 아, 뼈다귀를 정리하여 모아놓는 것인가? 이 뼈다귀를 매장을 할 것인가. 화장을 할 것인가.

나는 차마 마지막으로 그 서재의 벽을 무너뜨리는 것을 볼 수 없어 고개를 돌리고 발을 옮겨놓고 말았다.

내 분신인 내 집은 이제 이 세상에서 없어지고 말았다. 흰 구름이 얇게 여기저기 떠돌고 있고 파란 하늘에는 반달이 구름 사이에 고요히 잠든 듯이 떠 있다. 천체는 구름도, 반달도 내 집이 헐리는 것을 알 리가 없다. 이러한 자그마한 인간사에 무슨 관심이 있을 것이냐. 자연은 원상대로 돌아가는 것뿐이다.

그러나 내 집은 헐리기만 하는 것이 아니라 이제 새로운 2층 건물로 말끔히 단장되어 나타날 것이다. 죽음으로 끝나는 것이 아니라 재생하는 것이다. '죽음과 재생', 이것은 원초적인 인간의 사고이면서 오늘날도 우리의 사고 속에 살아 숨쉬고 있는 것이다. 내 집은 비록 죽었으나 이제 재생하여 새로운 모습으로 나타난다. '파괴는 건설이다.' 하는 말이 이런 데서 나온 것인가?

— 2003. 8. 20.

어느 권사님의 기도

입원실은 생각보다 비좁았다. 조금 길쭉한 하얀 방에 병상이 양쪽으로 놓여 있고, 한쪽 옆에 화장실이 마련되어 있다. 병상과 병상 사이에는 간병자용 긴 의자를 두 개 놓을 수가 없어 한쪽에는 병상 앞에 놓고, 한쪽에는 병상 뒤로 놓아야 할 정도다.

우리 부부는 셋며느리와 함께 들어가 비어 있는 한쪽 병상에 자리를 잡고 아내는 환자복으로 갈아입어 이내 누워 버렸다. 인제대학교 일산백병원 906호실. 2인용 입원실.

아내는 퇴행성관절염이라는 진단을 받고 오른쪽 무릎이 아파 쩔룩거리며 제주시내 정형외과에서 매일과 같이 물리 치료를 받았다. 그러나 나아가는 증상은 조금도 보이지 않고 의사는 수술을 권유한다 했다. 나는 어느 정도이기에 수술을 권유하는가 확인하기 위해서 병원을 찾아가 의사와 상담을 했다. 무릎 엑스레이를 보이며 설명하는 의사가 "나의 어머니 같으면 당장 수술을 시키겠습니다."라고 했다. 이 말에 나는 수술

할 것을 마음에 굳혔다. 셋아들과 며느리에게 연락하여 병원과 의사를 고르도록 하여 결국 입원 예약한 것이 이 병원이다. 병원은 큼직하고 시설이 좋은 듯해서 나의 마음을 놓이게 했다.

입원실에 들어가자마자 나는 같은 병실에 입원해 있는 환자의 보호자에게 인사를 했다. 서른 살이 조금 넘어 보이는 아주머니는 특히 웃는 얼굴이 귀여워 보이는 친절한 분이었다. 여섯 살 난 딸이 신우결석으로 입원하여 어제 수술을 받았다 한다.

"아니, 결석이면 기계로 부수어서 소변으로 빼내지 못한답니까?"

"너무 커서 부술 수가 없대요."

꺼내 보이는 돌이란 것을 보니 자주색 보석처럼 동그스름한 예쁜 돌이 새끼손가락 부리만큼 했다. "아, 어쩌다 이 어린아이의 신우에다 이러한 돌이 생겨 이렇게 자랐을까? 이렇게까지 자라는 동안 얼마나 아팠을까?" 나는 내 마누라의 아파하는 것을 잊고 그만 그 아이에게 마음이 쏠려 있었다. 이름이 이보라라 했다.

보라는 착했다. 주머니 줄로 오줌을 받게 하고 링거 줄을 주렁주렁 매단 이 아이는 가만히 누워서 착하게도 울지도 아니하고 엄마 말을 잘 들었다. 무통주사를 링거에 달아맨 덕택인 듯했다.

아내는 긴장해서 혈압약을 먹었는데도 혈압이 190에 110까지 올랐다. 간호사가 와서 진정제 주사인지 뭔지 놓더니 얼마 없어 혈압이 정상으로 내렸다. 수술 수속을 해 가는 것이다. 나는 간호사실로 가서 레지던트에게 수술 설명을 들었다. 오른쪽 무릎에 연골이 다 닳아져 없어졌으니 무릎을 절개하고 위아래 무릎 뼈를 끊어낸 다음 인공무릎을 집어넣어 액체를 담고 봉합하는 수술이라 한다. 나는 들으면서 가슴이 섬뜩했다. 위아래 무릎 뼈를 끊어내다니! 톱으로 켜 내는 것일까? 나는 서약서에 서

명을 하여 제출하고 돌아와서도 누구에게도 이 말을 하나도 하지 않았다. 얼마나 겁나는 수술이냐!

하룻밤을 새고 다음 날, 그러니까 2003년 8월 5일 오후 1시 30분, 마누라는 수술대 위에 눕혀져 수술실로 들어갔다. 집도는 나경욱 교수. 초조히 기다리는 우리 앞의 전광판에는 '이운금 수술 중'이란 글자만이 불이 켜져 있을 뿐, 좀체로 '회복 중'이라는 전광판으로 옮겨지지를 않는다. 누구도 말 한 마디 없이 정적 그 자체다. 2시간 반이나 넘어 4시가 되자 나경욱 교수가 문을 열고 나오며 "수술 잘 되었습니다." 한 마디를 남기고 가 버리는 것이다. 초조해 하던 나는 마음이 허끈하여 전광판을 보니 이운금이란 이름이 '회복 중'이란 곳으로 옮겨져 있음을 의식했다. 한 30분 지나니 마누라가 수술대 위에 눕혀 오른쪽 다리를 붕대로 두툼히 감고 끌려나오는 것이다.

링거를 꽂고 무통주사를 달아매고 소변 주머니를 차서 이 줄 저 줄이 주렁주렁한 마누라는 고통을 참느라고 신음 소리를 한다.

다음 날이 밝았다. 옆 병상의 아주머니가 "오늘은 교회에서 오게 되니 조금 시끄럽더라도 양해해 달라."고 한다. 나는 "염려 마시라."고 했다. 그 아주머니가 교인임을 처음 알았다. 낮이 되자 검은 양복을 입은 목사를 선두로 아주머니 7~8명이 병실로 들어왔다. 일행은 잠시 침묵한 채 보라의 얼굴을 보더니 목사가 보라의 이마에 손바닥을 짚고 조용한 목소리로 의식을 시작한다.

"자, 찬송가를 부릅시다. 조용한 목소리로."

목사의 시작으로 찬송가가 시작되었다. 찬송가는 '조용히 부르자' 하던 목사의 목소리가 더 크고 낭랑해서 분위기를 돋구었다. 찬송가가 끝나자 목사는 "권사님, 기도하시지요." 하고 지시를 내린다. 며느리랑 식구들은 다 밖으로 나가 버리고 나는 병실 구석의 접의자에 엄숙히 앉아 지켜보았다. 기도는 조용한 목소리로 시작되었다.

"하나님 아버지, 보라가 언제 걸린지 모르게 신우결석으로 지금 수술을 받고 누워 있습니다. 이 어린 아이가 무슨 죄가 있겠습니까. 무슨 시련을 주어야 할 일이 있습니까. 하루 빨리 수술 자국을 아물게 하시고 뛰어다니게 하여 주시옵소서……."

마치 원고를 써서 외어 온 듯이 한 음절도 걸리는 데 없이 청산유수격으로 기도가 이어져 간다. 한 구절의 기도가 끝나면 합장하여 머리를 숙인 목사는 "아버지" 하고 부르고, 또 한 구절의 기도가 끝나면 목사는 "아멘" 하고 부르며 기도의 엄숙성을 높인다. 기도는 조금 지루하다시피 길었지만, 마치 심방이 굿을 할 때 '집인 연유 닦음'같이 집안의 사정과 병력을 소상히 말하며 완쾌하게 해 주기를 기도하는 것이다. 여기까지는 나는 별로 충격이 없었다. 그저 기독교 병 문안 의식을 공부하는 셈이라 할까. 그런데 마지막판의 기도에는 나는 의자에서 겸손하게 일어나 단정히 서지 않을 수가 없었다.

"옆 자리에 입원하여 누워 계신 어르신은 무슨 병으로 이렇게 고통받고 계신지 몰라도 하나님께서 살피셔서 하루 속히 이 고통을 말끔히 씻어주시고 하루 속히 나아서 퇴원하게 하여 주시옵소서……."

지금 그 기도의 내용을 모조리 외지는 못하지만 마누라의 병 쾌유를 위하여 기도를 하고 '아멘'을 불러주는 것이다. 그 후 목사는 마태복음 몇 장의 내용을 간단히 풀어 설교하고 해산하여 가려 했다. 나는 곧 그 교인들을 행해 물었다.

"권사님이 어느 분이십니까?"

"예. 접니다."

나이가 듬직한 아주머니가 나섰다.

"저희들 기도까지 해 주셔서 대단 감사합니다."

나는 공손히 그 분에게 절을 했다. 목사도 나와 인사를 나누었고 참가한 교인들 전부가 나와 맞절을 하여 흐뭇한 분위기에서 헤어졌다.

나는 그 기도가 내 아내의 수술 완치에 도움이 되리라고는 믿지 않지만, 그 권사의 배려에 고마움을 금할 수가 없었다. 옆에 누워 있는 환자에게까지 완쾌 기도를 해주다니! 그들로서는 동정이요, 배려요, 도움이다. 이 고마운 심정을 어찌 몰라주어서 될 것이냐.

나는 그들을 보내고 난 후 아내가 이 기도 소리를 듣고 조금이나마 마음의 안정을 얻게 되기를 소망하며 병상 위를 내려다보았다. 아내는 잠이 들었는지 눈을 감고 무표정하게 가만히 누워 있었다.

— 2003. 9. 3.

수명 단축

"담배를 끊는 놈과는 상대를 하지 말라."

내가 지금까지 살면서 항상 들어 온 말이다. 담배에 중독되면 너무나 끊기 어렵기 때문에 이 난관을 이겨내고 담배를 끊었다는 것은 그만큼 의지가 강하지 않으면 안 된다. 그런 친구를 찬양하지는 못할망정 "상대를 하지 말라" 한 것은 그만한 이유가 있을 것이다. 그처럼 끊기 어려운 담배를 끊었다는 것, 그 금단현상을 이겨낸 의지의 이면에는 그만큼 비정하고 고집이 세다는 부정적인 일면이 있기 때문이 아닌가 생각한다. 이런 사람과 사귀어서는 이쪽이 손해를 보면 보았지, 이익은 볼 수 없다는 의미가 들어 있는 것이 아닐까.

나는 열여덟 살에 동료의 권유에 못 이겨 주는 담배를 한 모금씩 빨기 시작한 것이 그만 담배 맛을 알아 버렸고, 지금까지 담배를 피우고 있다.

그간에 내가 담배를 끊어보려고 시도를 아니 한 것은 아니다. 마흔 일곱 살 때에 신경쇠약을 몰라 무슨 큰 병이나 걸렸나 하고 서울대학교 병원에 입원했을 때에도 담배를 끊으려고 했다. 그런데 옆에 간경화로 입원했던 분이 식사만 끝나면 "식후 일미라고 하는데 한 대 피우시지요." 하며 권하는 바람에 그만 그 호의를 물리칠 수 없어 담배 끊기에 실패했다. 그 다음 예순 다섯 살이 된 때는 담배를 완전히 끊을 자신은 없고 하루 열 개비 이내로 줄이기로 했다. 그래서 일기장에 한 가락 피우면 한 일 자를 긋고, 또 한 가락을 피우면 한 금을 내려긋고 하면서 바를 정(正) 자를 만들어 가는데, 결코 바를 정 자가 두 개가 안 되도록 일기장을 항상 보며 절제도 해 보았다. 그런데 이 짓도 며칠이 지나자 바를 정 자가 두 개가 되고 새로 한 일 자를 더 긋게 되었고, 또 며칠이 지나자 바를 정 자가 세 개로 늘어나게 되어 실패하고 말았다.

나이가 고희가 넘자 이젠 담배에 대한 생각이 달라졌다. 일흔 살이 넘었는데 이제 고생하면서 담배를 끊어 무엇을 할 것이냐 하는 생각이 드는 것이다. 담배가 몸에 해롭다는 것은 텔레비전을 통해 귀가 아프도록 들었지만, 이제 칠십 년을 살았으니 이제 죽는다 해도 누가 단명했다고 아쉬워해 줄 것도 아니고, 또 지금까지 피운 담배 독이 몸에서 사라지려면 10 몇 년인가 걸려야 없어진다는 소리를 듣고 보니 담배를 끊을 생각이 사라지는 것이다. 그도 그럴 것이 내가 지금까지 피운 담배 독이 몸에서 없어질 때는 내가 여든 살이 넘을 것이고 그 이상 더 산다는 것은 지나친 욕심 같아서이다.

내 만일 담배를 끊어 아흔 살이 넘도록 산다고 해 보자. 그 때에는 자식 놈이 벌써 회갑이 넘을 것인데, 그 회갑이 넘은 놈이 굴건제복을 하고 "아이고, 아이고" 곡을 하는 꼴이 그게 볼 꼴이냐 하는 생각이 나서이다. 그래서 금연한다는 생각은 일소해 버리고 하루 한 갑은 너끈히 마음놓고 피우며 살고 있다.

나는 근간에 컴퓨터에 재미를 붙여 집에 들어오기만 하면 컴퓨터를 부팅한다. 인터넷에서도 나는 NAVER의 지식iN이 흥미가 있다. 이 사이트에 들어가면 내가 몰랐던 지식의 질문과 그 답변들이 나와 나는 새로운 지식을 얻게 되고, 이 사이트의 용어대로 '아하! 그렇구나'를 토하게 되기 때문이다.

며칠 전에는 이 사이트의 '건강 · 의학' 분야를 열었다. 질문 목록을 죽 훑어보노라니,

"담배를 피우는 사람들이 꼭 먹어둬야 할 음식은 뭐가 있습니까?"

이런 질문이 내 눈을 찔끔 당기는 것이다. "아, 요것은 보아야 하겠다." 나는 그것을 그대로 넘길 수 없어 그 질문을 열어 보았다. 채택된 답변은 별 것이 아니었다. "니코틴을 녹여 소변으로 배출시키는 물을 하루에 2리터를 먹어라. 비타민C를 보충하는 녹차를 먹어라. 비타민E가 풍부한 당근을 먹어라. 가래를 없애주고 피를 맑게 하는 은행를 먹어라. 가래를 제거하고 폐를 맑게 하는 율무를 먹어라. 발암 물질을 없애는 된장을 먹어라. 폐를 건강하게 하는 연근을 먹어라. 혈액을 맑게 하고 암을 예방하는 다시마를 먹어라." 이런 내용이었다.

이것들은 나도 가끔 먹는 것이니 담배를 피우면서도 별로 감동될 것이 없다. "아, 그런가 보다." 할 정도인 것이다. 이와 비슷한 몇 개의 답변 뒤에는 네티즌들의 [동의하기] [내용 추가] [다른 의견] [기타] 등이 수없이 나열되어 있다. 나는 담배를 피워 물고 이 네티즌들의 의견에 흥미가 일기 시작했다. [동의하기] 의견에는 거의 담배의 해로움을 강조하고 금연운동을 벌여야 한다는 것들이다. 그런데 [다른 의견]은 한결 흥미를 끈다. 한 의견을 보니 이렇다.

"건강은 타고나는 것입니다. 담배를 피우든 피우지 않든 타고난 건강

이 약한 사람들은 일찍 죽어요. 담배를 하루에 두세 갑씩 피워도 건강을 타고난 사람은 100살까지 살다 죽습니다. 대표적인 예가 미국의 사업가 록펠러든가, 카네기든가 암튼 그 사람, 하루에 담배 3갑씩 꾸준히 피웠는데, 기관지와 관련된 질환을 앓은 적은 한 번도 없었고 90세에 생을 마쳤습니다. 즉, 담배를 피우더라도 자신의 타고난 건강 상태를 어느 정도 파악하고 피워야 하겠습니다."

나는 가슴속으로 박수를 치고 담배를 한 대 꺼내어 다시 불을 붙였다. 이 의견이 맞는 것인지 안 맞는 것인지는 몰라고 애연가인 나로서는 박수를 아니 칠 수가 없었다. 담배를 쏙 빨아 들여 마시는 맛이 유난히 좋았다. 의견들을 더 읽어갔다. 담배 값을 한 갑에 1만 원씩만 받으면 금연자가 줄지 않을 수가 없다느니 별별 소리가 다 나오는데, 특이한 의견이 나왔다.

"담배 값을 인상하게 되면 끊는 사람이 발생하여야 하겠지만, 큰 효과는 못 볼 것 같네요.아예 국가에서 금연운동을 하고자 한다면 담배 이름부터 바꿔야 합니다. 무슨 '디스'니, '타임'이니 하는 이름보다는 '각혈', '폐암', '수명단축', '폐부종' 등의 이름을 단 담배를 판매한다면 금연자가 늘어날 것 같네요. 아줌마, '각혈' 한 갑 주세요."

이 의견을 본 나는 그냥 웃음이 터져 나와 혼자서 마구 웃어대었다. 웃음을 참으려고 해도 참을 수가 없다. 나중에는 눈물이 눈에서 줄줄 내려서 할 수 없이 돋보기를 벗고 눈물을 닦으며 웃었다. 자, 이렇게 담배 이름을 붙여 놓으면 나는 어떻게 해서 담배를 살 것인가?

"담배 한 갑 팝서."

"폐암이 좋수과? 각혈로 드리카마씀?"

이렇게 물어 오면 무엇이라 해서 사야 하나? "아니우다. 수명 단축으로 줍서." 이렇게 해서 사야 할 것이냐? "야, 참으로 딱한 노릇이다."

웃기만 하다가 생각해 보니 웃음이 끊어지고 비창한 마음이 들었다. 혹시 기발한 이 아이디어가 보건복지부에서 알아서 정말로 국민 건강 차원에서 이렇게 담배 이름을 붙이도록 해 버리면 어쩌나! 그럴 수도 있을 법한 일같이 생각이 들었다.

나는 담배를 또 한 대 꺼내어 피워 물고 곰곰이 생각했다.

"이 지경까지 가면 할 수 없이 담배를 끊어야지."

비장한 각오를 하던 차에 담배를 한 모금 더 빠니 새로운 생각이 떠올랐다.

"아니다. 보건복지부에서 그런 이름으로 붙이라고 하면 담배인삼공사에서 악을 쓰고 대어들 것이고, 전국에서 지방세 수입이 줄어서 운영 못 한다고 발악을 할 터이니 그럴 수가 없을 것이다. 이것은 공연한 헛 걱정이다!"

이렇게 마음을 정리하고 나서 또 담배 한 대를 편안한 마음으로 물어 빨 수가 있었다.

— 2003. 10. 14.

어느 재일 동포의 아내

"조캐, 나 소포 찾아줘게."

"아이고, 무슨 소포 말이우과?"

"일본서 소포 보내여 온디 찾지 못ᄒᆞ크라게."

뜬금없이 칠촌, 재당숙모가 우리 집을 찾아왔다. 겨우 할 말밖에 아니 하는 재당숙모는 그래도 치장을 하느라고 흰 광목 적삼에 광목 치마를 입고 '넙은드르'에서 제주시내의 우리 집까지 7, 8km를 걸어온 것이다. 일본에서 소포를 보내왔다는 말에 나는 의아한 마음을 누르며 어서 들어오시도록 팔목을 잡아 당겼다.

"이거 봐. 이거 가져가민 소포 내여준댄 허연게, 간 보난 소포 내여주지 아니허염고."

내미는 것을 보니 자그마한 종이쪽지 전보 수령증이었다. 나는 더욱 의아스러워 자초지종을 물어보았다. 내용인즉 이렇다. 어제 한낮쯤 거의 되어 어떤 양복 입은 청년이 '넙은드르' 재당숙모의 초막살이를 찾아왔다는 것이다. 청년은 아주머니가 일본엘 다녀왔느냐고 확인하고 일본에서 소포가 왔으니 돈을 얼마 가져 찾으러 가자고 빨리 서둘라 했다. 재당숙모는 일본에서 소포가 왔다는 말에 얼른 남편이 소포를 보낸 것이라 생각하고 서둘렀다. 갈중이 적삼을 벗어던지고 광목 치마 적삼으로 갈아입었지만 가지고 가자는 돈이 있을 턱이 없다. 할 수 없이 부엌 항아리의 보리쌀을 박박 긁어 두 말을 짊어지고 청년을 따라 시내엘 왔다. 보리쌀을 팔고서 청년에게 돈을 넘겼다. 청년은 관덕정 앞 어느 건물로 들어갔다. 물론 재당숙모는 그 건물 바깥에서 기다렸다. 한참 후에 청년은 자그마한 종이쪽지를 한 장 주며 내일은 이 종이를 가지고 이 집 안에 가서 내밀면 소포를 준다고 말하고는 사라지더라는 것이다.

나는 전보 수령증을 들고 어이가 없어 말이 안 나왔다. 재당숙모가 어떤 사람인가. 일자 무식하여 글을 모른다고 이렇게 속여서 그 어렵사리 농사지은 보리쌀 두 말 값을 삼켜버려도 된다는 말인가! 당시 서른 세 살인 나는 분개를 참을 수가 없었다. 그 때 재당숙모는 마흔 아홉 살쯤인 때일 것이다.

재당숙모는 본래 '넙은드르' 이웃마을인 '정존' 태생이다. 열 일곱 살에 한 살 위인 재당숙과 결혼을 했다. 그 때의 일은 내가 너무 어렸기 때문에 잘 알 수가 없다. 들은 바에 따르면, 스물 두 살 때쯤이었던가. 아들을 하나 낳았는데 홍역 때문인지 그만 아들은 낳아서 얼마 없어 잃어버렸다. 실의에 빠진 재당숙은 마음을 잡아 일본에 가서 돈을 벌어야 하겠다고 해서 군대환을 타고 오사카로 떠났다. 이 때 마누라(재당숙모)도 데리고 간 것은 물론이다. 그러나 재당숙모는 늙은 시아버지의 봉양을 위해 얼마 안 돼 귀국하여 혼자서 농사를 지으면서 시아버지를 모시고 살기 시작했다. 시아버지는 재당숙모가 서른 다섯 살에 세상을 떴다. 친족들의 도움으로 혼자서 시아버지의 장사를 치르고 이듬해에 소위 4·3사건을 당했다. 군경에서 집을 모조리 불태울 때에 이호리로 소개를 가서 겨우 목숨을 부지한 재당숙모는 4·3사건이 미처 마무리되기도 전에 일본 오사카로 밀항을 했다. 누구의 도움으로 어떻게 밀항을 했는지 나는 잘 모른다. 어떻든 4·3사건으로 살아갈 길이 없으니까 남편을 찾아 그런 모험을 한 것임에 틀림없다. 그 동안 남편에게서는 편지 한 장이 없었다. 물론 글을 모르니까 편지를 보내었다 한들 읽을 수가 없을 것이기 때문인지 모른다. 그것이 재당숙모가 서른 일곱 살 때이다.

낫 놓고 기역 자도 모르는 여인이 어떻게 오사카를 찾아갈 수 있었는지 나는 모른다. 어떻든 오사카에 도착한 재당숙모는 6촌 동서의 집을 찾아가서 안주하게 되었다. 남편은 이미 일본인 여자를 마누라로 얻어서 산 지 오랬는데 자식이 하나도 없었다. 그렇다고 이미 마누라가 있는 남편의 집에 들어갈 수도 없는 처지인지라 6촌 동서의 신세를 질 수밖에 없었다. 6촌 동서는 살아갈 길을 열어 준다고 한국인 공장에 붙여 주었지만 농사일만 하던 여인이 공장 노동을 제대로 해낼 리도 없다. 남편은 마누라가 온 것을 어떻게 생각했고, 어떻게 도와줬는지 모른다. 다만 이러지도 저러지도 못할 딱한 형편이었을 것임은 짐작이 간다. 그런데 첩인 일본인 마누라는 본 처가 나타난 것이 눈에 가시일 수밖에 없었을 것이다.

그래도 오사카에 간 지 근 10년이 흘러갔다. 일본인 마누라는 드디어 경찰에 밀항을 고발하고 말았다. 어느 날 내가 관덕정 마당을 걷다가 제주경찰서 앞에 보니 우연히도 허스름한 옷차림을 한 재당숙모가 눈에 띄었다.

"아이고, 삼촌. 이거 어떤 일이우꽈?"

"일본 간 오단 보증 살 사름 엇언 어디 아는 사름이나 만나지카 허연 바래염주기게."

나는 곧 내용을 짐작할 수 있었다. 일본인 마누라가 고발해 버리니 곧 경찰에 붙잡혀 오무라[大村]수용소에 갇혔다가 귀국시켰는데, 신병 인수자가 없어 못 나오는 것을 알고 경찰서에 들어가 신병인수 서류를 만들어 내놓고 '넙은드르'로 보냈다.

일본에서 들어오자 친족들은 얼른 나무를 모아다 초막을 하나 지어줬다. 집이라 해야 보릿짚을 깐 방 하나에 흙바닥의 부엌뿐인 초막살이다. 재당숙모는 집에 흙을 골라 두드려 마당을 반듯하게 만들고, 자잘한 돌로 울타리를 손수 쌓아 반듯하게 하니 담쟁이 덩굴이 제법 파랗게 기어올랐다. 다시 농사를 짓고, 시아버지, 시어머니, 시할아버지, 시할머니의 제사, 명절을 하고 벌초도 누구보다 먼저 가서 한다.

나는 야간 수업이 있어 재당숙모 집의 제사에는 좀체로 참배를 못하는데, 재당숙모는 제사가 끝난 다음 날에는 어김없이 쌀밥 한 그릇과 떡반을 짊어지고 시내의 우리 집에 날라 온다. 나는 하도 미안해서 돈을 조금 쥐어드리고 차를 타서 가도록 해도 기어코 마다 하고 걸어서 '넙은드르'로 갔다. 나는 명절 때만은 빠지 않고 그 집의 차례에도 꼭 참배를 했다. 그런데 명절 때 보면 제상은 방에 차리고 있는데 부엌 한쪽 구석 작은 상에 음식을 차려 놓은 것이 항상 눈에 띈다. 이게 어떤 상인가 하고 나중에 보니 일본에 있는 남편의 상이라는 것이다. 시집 와서 거의 과부의 생활을 했고, 일본에 밀항하여 갔을 때도 거의 거들떠보지 않던 남편의 상을 따로 차려 놓은 것을 보는 나는 가슴이 뭉클하여 할 말을 잃었다.

이런 남편에게서 소포가 왔다는 것을 굳게 믿고 보리쌀 두 말을 팔아 소포를 찾으려 하다니. 나는 그 보리쌀 두 말 값을 사기 친 청년이 너무도 미워 기어코 찾아야 하겠다고 집을 나섰다. 우선 전화국에 가서 그 전보 수령증을 내놓고 이 전보를 친 사람의 신원을 파악하려 했다. 전보용지에는 용담동 몇 번지 누구라고 밝혀져 있다. 그 번지를 몇 시간 걸려 찾고 보니 거기 사는 사람이 아니었다. 주소를 속여 아무렇게나 써 놓은 것이다. 세상에 이런 못된 놈도 있나!

"홀 수 엇수다. 삼촌, 삼촌 속았수다. 그 놈안티 사기 당훈 거우다. 소포 안 왔수다."

"아니라게. 뜰림엇이 소포 온 거라게. 어떵 홋아 줘게."

내가 아무리 설명해도 재당숙모는 일본의 남편에게서 소포가 온 것을 굳게 믿고, 나를 원망하는 듯한 표정으로 울음이 터질 듯이 '넙은드르'로 향해 걸어갔다.

그 후로도 재당숙모는 언제 그런 일이 있었느냐는 듯이 부지런히 농사를 지었고, 제사 · 명절 잘 치르고, 벌초 잘 하며 살아갔다. 제사 명절 때 남편의 상을 따로 차려 놓는 것은 끝까지 잊지를 않았다.

그러다가 예순 한 살 되는 해이던가. 재당숙모는 갑자기 쓰러져 의식을 잃었다. 친족들이 급히 병원에 옮긴 덕으로 의식이 돌아왔는데 반신불수가 되어 갔다. 나는 재당숙모가 쓰러졌다는 소식을 듣고 즉시 재당숙에게 빨리 오도록 전보를 쳤다. 재당숙은 며칠 만에 큰 가방을 들고 들어왔고, 그 초막살이에서 마누라의 병 간호를 시작했다. 매일과 같이 차를 태워 시내의 한의원에 다니면서 침을 맞히는 것이다. 다행히 한 달이 넘어가니 걸음도 걷고 손도 말을 듣게 되어 갔다. 재당숙은 그 초라한 초막살이가 안되어 보였던지 12평짜리 슬레이트집을 지어 살고 있으라고 하여 두어 달 만에 다시 일본으로 떠나 버렸다.

장판도 번지르르한 슬레이트집에 살던 재당숙모는 예순 아홉 살 때에

밭에서 일을 하다가 몸이 이상하여 밭 구석에 있는 묘에까지 기어와서 엎디었다가 아무도 모르게 숨을 거두었다. 마침 8촌 손자뻘 되는 친족이 지나다 발견하고는 친족들이 모여 장사를 지내었다. 일본에서 전보를 받은 남편은 장사 지낸 지 사흘 후에 와서 그 묘 앞에 엎디어 차례를 지냈다.

올해 재당숙은 아흔 네 살. 일본국의 생계비 보조로 자식 하나 없이 일본인 처와 겨우 운신을 하며 살고 있다. 재당숙모가 돌아가신 연월일을 지금 외고 있는 사람은 아무도 없다. 족보에도 사망 연월일이 비워져 있다. 자식이 하나도 없으니 제사를 안 할 것은 물론이다.

나는 이 부부의 일생에 누가 잘 했고 못 했는가를 평할 수가 없다. 다만 이런 인생도 있었다는 것을 기억해 주는 사람이 있어 주기를 바랄 뿐이다.

— 2003. 12. 5.

새의 무표정

며칠 전 컴퓨터를 만지다가 밤도 이슥하고 머리도 맑지 않아 거실로 나갔다. 거실의 텔레비전 화면에서는 봄이 한창 무르익고 있었다. 줄기줄기 뻗은 깊은 산 골짜기에는 큰 나무, 작은 나무들이 한창 푸른 빛을 피우고 있었다. 이름 모를 덩굴들이 나뭇가지 사이를 뒤엉켜 놓고 푸르름을 자랑하고 있었다. 만물이 기세를 부리며 늦은봄에서 여름을 바라보고 있는 절기였다. 거기에다 이름 모를 아름다운 새들이 여기저기에서 갖가지 공교로운 울음소리를 내며 봄의 정취를 돋우고 있다. 프로그램의 해설자는 이 새들의 울음 소리를 수놈이 암놈을 유인하는 간절한 외침이라고 설명한다.

"무슨 프로일까?"

조금 더 보다 보니, 정확한 프로그램 이름은 모르지만 산 속 새들의 사계절 생활을 찍어 놓은 것 같다. 어떤 새는 지푸라기를 입으로 모아다 둥지를 만들고, 어떤 새는 큰 나무 높은 곳에 부리로 힘겹게 쪼아내어 구멍을 파고 보금자리를 만든다. 모두 다 새 살림을 꾸리기 위해서 여념 없이 부산하다.

어떤 새는 울음 소리만으로 암놈의 유인에 성공하여 짝짓기에 다다르지만 어떤 새는 먹이 공세를 편다. 먹이가 잡히는 족족 먹이를 암놈에게 날아가서 먹여주는 것이다. 제 배는 채우면서 하는 것인지 모르지만 먹이를 잡기만 하면 암놈의 입에다 물려줌으로써 드디어 호감을 얻어내고 마침내 짝짓기에 성공한다. 이렇게 하여 새들은 산란기로 들어간다. 여름이 들어 녹음이 완전 짙어질 때 새들은 저마다 알을 낳기 시작한다.

무슨 새라고 했던가? 그 이름은 금세 잊었지만, 이 새는 높은 나무 줄기에 파 놓은 구멍 집에 알 세 개를 낳았다. 그런데 다음 화면으로 넘어가며 나타나는 것은 큰 뱀이다. 뱀은 나무 줄기를 기어올라 이 가지 저 가지를 돌아다니다가 가지를 타서 옆의 나무로 넘어가고 먹이를 찾아 기어다닌다. 그러다가 재수가 좋은 것인지 아닌지, 우연히 알이 세 개나 있는 그 구멍 집을 발견한다. 뱀은 혀를 날름거리다가 그 구멍으로 기어들어가더니 그 알을 세 개나 모조리 먹어버리는 것이다. 뱀이 알을 물어 삼킬 때 어미 새는 옆 나뭇가지에 꼿꼿이 서서 자기 알을 먹는 뱀을 지켜보고 있다. 나는 처참해 보여 눈을 그 어미 새의 얼굴에 집중시켰다. 그런데 그 어미 새는 깜짝하지 않고 그 처참한 광경을 지켜볼 뿐 얼굴 표정 하나 달라지는 것이 없었다. 자기가 낳은 알이 뱀의 아가리에 들어가는 것을 지켜보는 어미 새의 가슴은 어떠했을까? 사람 같으면 아우성치고 몸부림치고 나뒹굴고 기절해 버렸을지 모른다. 그런데 어미 새는 눈을 빠롱히 뜬 채 가만히 침묵하고 지켜보고만 있는 것이다.

그렇다고 나는 그 뱀을 미워하지는 않는다. 그 뱀도 하루 종일, 아니면 며칠간 시장한 배를 움켜쥐고 먹이를 찾아 헤매었는지 모른다. 살려면 먹어야 한다. 그래서 요행히 발견한 새알을 먹는 것은 미워하거나 욕할 것이 못된다. 자연 그대로이다.

자연에는 천적이 있다. 천적에게 잡혀 먹히는 것은 너무나 지당하고 자연스러운 일이다. 이렇게 잡혀 먹히다 남은, 재수 좋은 것이 자라나 다시 종족 번식을 하고, 그 중에 또 재수 좋게 살아남은 것이 커서 종족 번식을 하고 그 종족은 이어지는 것이다. 그 대신 자연은 천적에게 먹히다 남을 만큼 새끼를 많이 낳도록 모든 생물을 만들어 놓았다는 것이 지혜로운 일이다.

뱀이 그 알을 먹고 어미 새가 무표정하게 지켜보는데, 하늘은 여전히 푸르렀고 흰 구름 몇 송이가 하늘을 돌고 있었으며 나뭇잎은 산들바람에 흔들리며 햇빛을 반사하고 있을 뿐이었다. 깊은 산중의 녹음 속에는 아무 일도 없는 듯 조용하기만 했다.

내 어머님은 우리 집에 시집와서 아기를 열이나 나았다. 그 중 4남 3녀를 성장시키고 아기 셋을 어릴 적에 잃었다. 인간의 천적이라 할 수 있는 홍역 아니면 마마로 잃었을 것이 거의 분명하다. 아마 아버지는 이 죽은 자식을 손수 어느 냇가에 들어다 묻었을 것이고, 아기구덕은 그 무덤 위에 가져다 던지고 새로 만들었을 것이다. 이런 사실을 안 것은 내가 성장하여 족보와 호적등본을 보고 그 출생 간격을 헤아려보고서 짐작해 안 일이다. 어머니는 내가 성장해도 이런 사실은 일언반구 하지 않았을 뿐 아니라 회상하는 기색도 없었다. 그저 태연자약하고, 아무 일도 없었던 듯 살아남은 우리 형제 자매를 키우는 데 온 정성을 다했을 뿐이다. 그러면서 어머니는 때로는 웃고, 때로는 우리를 달래고, 욕하기도 하면서 우리를 돌보았다. 일자 무식한 어머니지만 천적에게 죽고 살아남은 것만이 자연의 한 알갱이로서 또 자연 속에 살아간다는 이 자연의 이법을 나

보다 훨씬 먼저 깨치고 있었음이 분명하다.

텔레비전 화면은 바뀌어져 가을로 접어들고 살아남은 새끼들은 성장하여 어른 구실을 하고, 또 차가운 겨울로 바뀌었다. 앙상한 나뭇가지에 흰 눈이 쌓이면서 긴 겨울잠에 들어가고 만다. 흐린 하늘 아래 나뭇가지마다 하늬바람이 거세다.

지금 어머니도 깊은 겨울잠에 든 지 오래다.

— 2004. 2. 28.

끝내 풀지 못하고 간 친구

국민학교(초등학교) 때 나와 같은 반에 꽤나 친한 친구가 있었다. 그때는 일제시대라 교육은 온통 황국신민교육(皇國臣民教育)이었다. 태평양 전쟁이 한창인 때라 매일 학교에 나가면 조선말을 쓰지 못하게 하여 일본어만 써야 했고, 조회 때마다 황국신민의 선서를 해야 했고, 동경에 있는 천황(天皇)에게 궁성요배(宮城遙拜)를 해야 했다. 나도 물론 그랬지만 우리 학생들은 으레 그렇게 해야 하는 줄로 알고 따랐다.

이 친구는 우리 반 학생들 중에 유난히 현실 적응을 잘했다 할까, 일본어도 잘했고 책을 많이 읽어 일본의 위인이라는 사람을 잘 알아 정말 황국신민으로서 모범적인 학생이었다. 그는 특히 일본 사무라이의 전기를 많이 읽어 '잇도류[一刀流]'니 '니또류[二刀流]'니 하는, 사무라이의 칼질하는 법을 잘 알았다. 그래서 미야모토 무사시[宮本武藏]라는 검객(劍客)을 존경하여 그의 이야기를 자꾸 나에게 해 주곤 했다. 나는 그런 책을 아니 읽어서 잘 모르니까 그저 "아, 그래? 그래?" 하고서 넘겼지만 내가 보기엔 그는 완전히 일본 정신 '야마토다마시이[大和魂]'가 박혀 있는 듯싶었다.

광복이 되어 중학교로 진학하면서부터 그와 나는 멀어졌다. 학교가 다르니 만나는 날이 거의 없었기 때문이다. 그러니까 그가 어떻게 일본인 정신에서 한국인 정신으로 심경 변화를 시켜 적응했는지, 그 때의 충격은 어떠했는지, 그 과정을 나는 잘 모른다.

그와 내가 다시 만난 것은 6·25전쟁이 끝나 휴전으로 들어간 아주 후였다. 다방에서 차 한 잔을 앞에 놓고 연신 기침을 하며 하는 그의 말은 나를 충격 속으로 몰아넣었다.

그는 6·25전쟁이 일어나 인민군이 삽시에 낙동강 전선까지 밀려올 때였다. 중학생들을 군대에 강제적으로 몰아넣을 무렵 자원하여 군에 입대했다는 것이다. 무기 사용법을 대충 익힌 그는 일선으로 배치되어 연일 피비린내 나는 전투에 골몰했다. 인천 상륙작전이 성공하여 북으로 북으로 진격할 때도 오직 조국을 지키고 통일을 시킨다는 일념으로 시체를 넘고 넘으면서 북으로 북으로 전진했다. 세월이 흘러 계급은 이등상사까지 따게 되었다. 그런데 중공군이 남하하면서 다시 쫓겨 후퇴에 후퇴를 거듭하지 않을 수가 없었다. 그런데 이를 방어하려고 호를 파고 총을 들어 앞을 응시하는데 자꾸만 기침이 나서 견디기가 힘들었다. 생각한 것이 사탕이었다. 부하더러 사탕을 가져오도록 하고 사탕을 입에 물어 침을 삼키면 나오던 기침이 잠시 멎었다. 사탕을 계속 입에 물며 싸움을 계속했다는 것이다. 그러나 잠깐 잠이 들면 식은땀이 내복을 온통 적시는 것은 어쩔 도리가 없었다.

결국 부산의 군병원으로 이송되어 호 속에서 뒹굴던 흙투성이 군복을 입은 채 정복 차림의 헌병 뒤를 따라 부산에 내려오고 보니 전선의 산등성이와는 딴판 세상이었다. 휘황찬란한 네온사인의 환락가, 미끈하게 달리는 택시, 예쁜 옷차림의 아가씨들의 재잘거리는 거리. 이런 모습을 보니 "나는 헛싸움을 했다." 하는 후회와 함께 분통이 터지더라는 것이다. 병원의 진단 결과는 중증 폐결핵. 결국 의병제대로 고향으로 돌아왔다는 것이다.

"응, 그래서 요샌 어떻게 사나?"

그는 말을 이었다. 단칸방 빌고 자취하며 이론물리학을 공부하여 모 고등학교 물리시간을 맡아 가르치다가 결국 폐결핵이라는 것이 알려지자 끊어졌다. 혼자서 살아갈 길이 없어 여중생 딸이 하나 달린 홀어머니 집에 하숙을 하게 되었다. 그게 어쩌다 정이 통하여 지금은 세 식구가 동거생활을 하면서 얻어먹는다는 것이다. 그러면서 어디 물리 강사라도 한 자리 있었으면 수입이 적어도 남편으로서 체면이 서겠다는 말을 한다.

나는 이 친구와 헤어진 후 그를 도울 수 있는 것이 무엇인가 고심을 했다. 결국 내가 근무하는 고등학교의 교장에게 말을 하여 물리시간을 맡게 해주었다. 실력이 있어 학생들의 반응이 좋았다. 나는 잘 해졌다고 안심을 했다. 그러나 그와는 학교에서 별로 가까이 이야기할 시간이 없었다.

어느 날 다방에서 차 한 잔을 앞에 놓고 그 친구와 마주 앉을 기회가 있었다. 그는 알 수 없는 엉뚱한 말을 시작했다.

"용준아, 닭 있지 않아? 그 암탉은 자기가 알을 낳으면 주인이 꺼내다 다른 암탉이 낳은 알과 섞어 놓고 보관하지 않아?"

"보통 그러지."

"헌데 알을 품을 땐 다른 암탉이 낳은 알도 섞어 놓고 품기도 하지?"

"그렇지. 그런데 왜?"

"그런데 그 어미 닭은 남이 낳은 알을 까놓고도 자기 새끼로 치고 사랑하여 잘 키우거든."

"……."

나는 그제야 그 말뜻을 알아차렸다. 대답을 할 수가 없었다. 그는 남의 자식인 딸을 데리고 살고 있다. 이성적으로는 그 딸을 친딸처럼 사랑하여 키워야 한다는 생각을 하고 있다. 지금 마누라를 마누라로 하여 사는 이상 반드시 그래야 한다는 당위성이 있다. 그런데 마누라 입장에서 보면 그 딸이 친딸이지만 자기로서는 내 딸이 아니다. 도저히 친딸처럼 사랑할 수가 없다. 이 딸을 어떻게 하면 친딸처럼 사랑할 수 있을까? 이 사랑을 찾는 길을 아무래도 찾지 못하니까 닭의 사례를 가지고 논리화하려고 애쓰는 그 이성을 깨닫는 순간 나는 말문이 막히고 말았다.

그 후 한 학기가 지나가자 학교 안에서는 폐병다리라는 소문이 번지고 결국 학교 강사 자리를 그만두지 않을 수 없었다.

오래지 않아 그 친구가 세상을 떴다는 소문을 들었다. 남의 딸을 친딸처럼 사랑해야 한다는 이론을 끝내 풀지 못한 채 눈을 감은 것이다.

나는 조문을 가서 절을 하며 마음 속으로 이렇게 중얼거렸다.

"자네, 사랑한다는 것은 본능이야. 본능은 이론적으로 논리화할 수 없는 걸세."

– 2004. 3. 1.

막내며느리의 편지

막내며느리는 드디어 편지 한 장을 썼다. 아들 가방 속에 편지를 넣어 학교에 보내어 담임 선생님께 드리도록 하기 위해서였다. 아들은 초등학교 1학년. 입학한 지 두 달이 조금 넘었다.

내일은 스승의 날. 입학하는 날, 아이의 손을 잡고 데리고 가서 입학시킬 때에도 멀리 학부형들의 틈에 끼어서 담임 선생님의 학교 생활에 대한 말씀만 듣고 돌아왔을 뿐, 개별적인 인사조차 나누지 못했었다. 그럭저럭 두어 달이 흘러 스승의 날이 돌아왔으니 막내며느리는 어떻게 인사를 차려야 할지 며칠 전부터 고민에 고민이었다. 큰 선물을 할 처지도 못되고, 설사 큰 선물을 한다 하더라도 시대적 상황에 비추어 실례가 될까 염려가 된다. 며칠을 생각 끝에 만여 원짜리 자그마한 화장품을 하나 사고 찾아가 고마운 말씀을 드리기로 결정을 내렸다. 이렇게 마음을 정하고 나니 분수에 맞는 일 같아 마음이 놓였다.

그런데 그 날 저녁 텔레비전에서는 의외의 뉴스가 흘러나왔다. 학부모들이 선생님들에게 드리는 촌지(寸志)를 막기 위하여 학교장 재량으로 학교를 아예 쉬어 버린다는 것이다. 촌지를 막기 위하여 아예 휴교를 해 버린다니! 이것이 잘하는 일인가? 구더기 무서워 장 못 담는 격이 아닌가.

하기야 대형 고급 냉장고의 상품권을 선물한 학부형도 있다고 하는 뉴스를 들은 일도 있고, 수십만 원짜리 상품권을 선물한 학부형도 있다는 소식이니 그럴 법도 하여 이해할 수 있다. 그러나 이런 일은 서울의 부자들이나 한 일이지, 제주섬에서는 있을 수가 없는 일이다. 이런 고가의 물품 선물은 벌써 촌지가 아니니다.

'촌지'란 말 그대로 '한 치밖에 안 되는 뜻'이란 말로 아주 작은 뜻의 표시여야 한다. 그러니 고가의 금품이 될 수가 없는 것이다. 이 금품이 많으면 그것은 스승에 대한 공경과 감사의 뜻을 넘어 어떤 목적이 있는 뇌물이요, 부정부패에 해당되는 것이다. "내 아이만 잘 보아 달라", "내 아이의 성적을 높게 해 달라" 식의 무슨 의도가 있는 것이 틀림없다. 이렇게 되면 이는 촌지의 본 뜻에 벗어나고, 스승의 날의 공경과 감사의 의도를 모독하는 것이 된다.

그런데 가난한 제주도의 학부형들의 실정을 감안하고서 결정한 일인지, 제주도의 초·중학교에 휴교령을 내리다니, 아무리 생각해도 이해가 가지 않는다. 하기는 얼마 전의 제주도 교육감 선거에 금품이 오가는 부정선거를 해서 전국에서 유독 제주도가 들먹여졌고, 교육감에 당선된 사람이 징역형을 받아 제주도 교육에 씻을 수 없는 오점을 남긴 이 마당에 겁에 질린 당국자들이 고안해 낼 일일 법도 한 일이기는 하다. 그러나 40년이 넘는 스승의 날의 그 높은 뜻은 살려내야 할 것이 아닌가!

내가 어릴 적 한문서당에 다닐 때의 일을 회상해 보자. 한문서당에 들어갈 때는 부모님이 선생님에게 보리쌀 한 말, 꼴 한 바리를 사례로 가져간다. 선생님이 글을 가르치며 일을 아니 해도 살 수 있도록 식량으로서 보리쌀 한 말을 드리고, 마소를 먹일 수 있도록 꼴 한 바리를 드리는 것이다. 이것이 수업료이다.

선생님은 개인 별 수준에 맞게 교재를 정하고 개인지도를 하여 글을 가르친다. 선생님은 창호지 한 장을 사용하여 강기(講記)를 만든다. 강기란 창호지에 가로세로 줄을 그어 학생의 이름을 써 놓고 매일매일 시험을 보아 합격, 불합격을 기재하도록 하는, 요샛말로 성적일람표이다.

학생들이 하루 종일 글을 읽어 저녁이 되면 선생님 앞에 꿇어앉아 책을 덮어 외우고 그 뜻을 풀이한다. 그것을 잘 외어 뜻풀이를 잘하면 '통(通)'이고, 그렇지 못하면 '불(不)'이다. 선생님은 그 '통(通)'과 '불(不)'을 강기에 기재해 놓는다. 이 시험을 '강 받는다' 고 한다. 그래서 한 달이 지나면 선생님은 그 강기의 성적을 집계하여 일등 한 학생에게 강기를 준다.

강기를 받아오면 어머니는 기뻐서 떡을 조금 만들고, '오매기술' 4홉들이 한 병을 들고, 또 학생들이 나눠 먹을 콩을 볶아 담아 가기고 서당에 찾아가 선생님께 감사의 말씀과 더불어 드린다. 선생님은 그 오매기술을 부어 마시며 떡을 먹고, 학생들에게는 볶은 콩을 나누어준다. 이 얼마나 스승에 대한 공경과 감사가 서려 있는 것이냐! 이 감사의 표시는 촌지니 부정부패니 하는 말과는 저만치 거리가 먼 것이다. 지금 스승의 날의 촌지라는 것이 이렇게 순수하고 성의어린 것이 될 수는 없을까?

막내며느리는 텔레비전의 뉴스를 보고는 화장품 선물을 단념하고 결국 편지 한 장을 보내기로 하여 그 편지를 밤 12시까지 다듬고 다듬고 하여 완성하였다. 그래서 아침 등교하는 아들의 가방 속에 곱게 넣어 주었다. 그 편지에 무엇이라 썼는지는 모르되, 아마 이 편지 한 장을 큰 선물로 알고 읽어 주십사 하고 썼을 것이다.

— 2004. 5. 14.

C학점

나는 33년간의 대학교수 생활에서 학생들에게 학점을 어떻게 주었던가?

33년간이란 세월도 짧은 것이 아니어서 학점을 주는 방식도 여러 번 바뀌곤 했다. 처음 전임강사로 간 때에는 절대평가제였다. 40명 학과에서 A학점이 10명이라도 좋고, 20명이라도 좋았다. 물론 B학점이나 C학점이나 D학점도 마찬가지인 것이다. 이런 절대평가제 때에는 학점을 주는데 교수로서 별 고통이 없었다. A학점을 많이 주고, 마구 내려간다고 해도 C학점을 내려가는 일이 없이 해 버리면 그 학생이 별 불만이 없다. 이 때 C학점을 받은 학생은 올바르게 준다면 D학점이거나 E학점을 주어야 할 학생이었다. 나는 D학점이나 E학점을 준 기억이 전연 없다. 학점을 얼마나 주는가 하는 것은 그 학생이 진학을 하거나 사회에 진출을 할 때에 객관적인 성적 판단의 기초가 되어 지대한 영향을 줄 것이기 때문이다. 그러니까 이 때에는 학생의 시험 답안지를 읽고 직감적으로 오는 나의 판단이 좋은 답안이라고 판단되면 거의 A학점을 주어 수월했고, '이놈은 안 되었다. 주제도 물음에 들어맞지가 않고, 논리도 문장도 전연 안 되어서 학점을 주기가 어렵다.'는 답안지를 당하면 나는 고심에 찬다. 답안지를 몇 번이고 다시 읽어보고, 덮은 후 눈을 감고 그 학생의 얼굴을 머리에 떠올려 놓고 '어떻게 하나?' 하고 한참을 고심한다. 답안지의 글과 얼굴을 여러 번 번갈아 생각하다간 C학점을 주어서 넘겼다.

그 후 절대평가제가 객관식 평가제로 바뀐 일이 있다. A학점은 전체 학생의 5%, B학점은 20%, C학점은 50%, D학점은 20%. E학점은 5%, 이 식으로 학점을 주어 그 퍼센테이지를 절대 넘길 수 없는 제도인 것이다. 이 때처럼 나는 답안지 채점에 고통을 받은 일이 없다. 나는 답안지를 읽으며 그 순서를 답안지들 틈에 올려 끼웠다가 내려 끼우고 하면서 그 순서를 매겨간다. 차라리 그 시험이 4선지 선다형이면 점수에 따라 그 순위를 정하는 것이 쉽지만, 논술식 시험이기 때문에 그 답안의 구성, 논리, 문장 등을 꼼꼼히 보지 않으면 그 순위를 매기기가 극히 어렵다. 그래서 나는 채점에 실로 오랜 시간을 소비했다. 그래서 답안지를 순위대로 정리해 놓고, A B C D E를 매기는데, C 이하가 되어 가면 그 학생의 얼굴이 떠올라 말할 수 없는 처참한 얼굴을 하며 C D E를 매겨갔다. 채점이 끝나도 며칠이고 마음이 개운치 않아 고통에 시달렸다.

대학을 퇴임하고 나니 이 학점 주는 일이 없어져서 나의 마음은 시원해졌다. 학생들의 진학이나 사회 진출에 영향이 가는 일에서 벗어났기 때문에 이렇게 시원할 수가 없다.

퇴임을 하고, 고희가 넘고 해가니 나도 인생을 정리해야 한다는 마음이 들어 살아온 이야기를 『한라산 오르듯이』란 이름으로 정리하여 책으로 출판을 했다. 그 동안 민속조사를 다니면서 조사한 녹음 테이프도 서울의 모 교수에게 주어 CD로 만들어 주도록 했고, 사진들은 제자였던 K

군에게 보내어 상의를 했다. 그는 며칠 없어 『민속 사진집』을 내도록 권유를 했다. 편집은 자기가 한다는 것이다. 나는 아무리 기록사진이라 하더라도 시원치 않은 사진들을 책으로 인쇄하는 것이 마음에 걸렸지만, 그 제자는 나에게 강히 권하고 사진을 고르는 일을 시작했다는 것이다. 나는 어쩔 수 없이 반 대답을 해 버렸고, 일은 진행되어 편집이 끝나 나더러 해설을 쓰라고 하는 것이다.

사진집은 출판단계에 이르렀다. 서문도 나의 다정한 제자 K군이 써 주었다. 그 동안 편집을 하느라 K군은 얼마나 고생을 했으며 서문을 쓴 K군은 선생의 책에 서문을 쓰느라고 얼마나 고심을 했겠는가? 나는 가만히 있을 수가 없어 두 K군을 일식집으로 초대를 했다. 고맙게도 두 K군은 정시에 식당으로 나와 주었다. 요리가 하나씩 하나씩 나오기 시작하고 술잔에 소주를 부어 나는 고맙다는 인사를 하고 일제히 건배를 올렸다. 술잔이 오고 가고 하는데 얼마큼 얼근해지자, 화제는 온통 사진집 이야기로 꽃이 피었다.

얼마간 술이 돌자 편집을 해준 K군이 이상한 말을 꺼내는 것이다.

"선생님! 선생님이 저에게 일본어 학점을 C를 주어서 저는 일본에 유학을 못 갔습니다. 이럴 수가 있는가 하고 섭섭하여 8년간을 선생님께 세배를 안 갔습니다." 이런 내용의 말을 술에 취해 발음도 정확하지 않은 목소리로 되풀이 되풀이 말하는 것이다. 나는 기억이 안 나 무슨 이야기를 하는가 얼떨떨하여 "그런가? 그런가?"만 되풀이하며 기억을 되살려 보았다. 아무리 생각해도 일본어 학점을 C로 주어 일본 유학을 못 갔다 하니 미안할 수밖에 없지 않을 것인가? 나는 기억을 아무리 되살리려고 해도 되살아나지 않아 할 수 없이 사과를 하기로 했다. 그는 술에 취해 이미 몸을 가눌 수가 없는 정도이다.

나는 술이 취해 곤드레만드레한 그에게 술잔을 내밀었다.

"이 술 한 잔 받게. 내 일본어 학점 C로 해서 일본 유학을 못 갔다니 미안하네."

그는 술잔을 받고 매우 기쁜 듯이 한 모금에 술을 기울였다. 그 때까지도 기억이 나지를 않는다. "학부 때의 학점은 아닐 터인데……. 혹시 대학원 때……?"

술이 마구 취한 K군은 견디다 못해 화장실에 가는 척하고 빠져 나가 버렸다. 분명 집에 간 것이다. 한참 후 집에 돌아올 때에야 기억이 어렴풋이 떠올랐다. "옳지, 일본의 모 대학에 유학하려고 할 때의 지도교수 추천서였구나!"

나는 이 K군을 학부 때는 물론 대학원 시절에도 무척 좋아했다. 노력파인 이 군은 장래성이 있다. 나는 그의 장래의 성공을 언제나 소망하며 교수생활을 했다. 그의 대학원 석사과정, 박사과정 입학에도 호의를 가져 대했고, 그의 취직에도 내 자식만큼이나 신경을 썼다고 자부하고 싶다. 그런데 어느 날 일본의 유명한 대학에 유학을 하겠다고 지도교수 추천서를 가져왔다. 거기에는 일본에서 공부하는 데 일본어에 지장이 있나 없나를 표시하는 난이 있었다.

아주 뛰어나다(A)

뛰어나다(B)

보통이다(C)

약간 모자라다(D)

아주 모자라다(E)

이런 식으로 되어 있는데, 여기의 어느 항목에 동그라미를 치게 되어 있었던 것으로 기억한다. 나는 어느 항목에 동그라미를 치나 약간 고심을 했다. 그것은 일본 대학의 교수들이 학생의 지도교수 판단을 전적으로 신용하기 때문이다. 나는 일본의 대학에서 공부를 해본 일이 있어 일본인의 신용도를 안다. 지도교수가 타 대학 교수에게 부탁할 때에도 추천장 하나만 가지고 가면 바로 믿어서 추천한 교수 대하듯 잘 대우해 주는 나라임을 나는 익히 알고 있다. 그러니까 추천하는 데 교수들은 매우 신경을 쓴다.

이런 것을 알고 있는 나는 정확히 동그라미를 쳐야 한다는 것에 조심하였다. 내 일본어 정도면 일본인 교수로서는 B를 줄 것이 뻔하니, K군은 일본어를 잘하기는 하나 나만큼은 못하니 당연히 C라야 정확한 것이다. 그렇게 해야 일본의 교수가 나를 정확히 판단했다고 믿어 줄 것이다. 만약 A를 주거나 B를 준다면 그 대학에 가서 내가 거짓 판단한 것임이 이내 탄로날 것이 분명하다. 더구나 추천하는 대상 교수가 내가 친한 교수임에랴.

이것이 화가 되어 일본의 그 대학 친구교수로부터 나에게 편지가 왔다. "추천을 해주었는데, 지망자가 하도 많아 일본어를 더 공부시키고 다시 추천해 주기 바란다."는 내용이다.

나는 이것이 당연한 일이라 생각하여 머리에 두지도 않고 이내 잊어버리고 있었다. 그것이 K군은 지금도 잊어버리지 못하고 내내 섭섭히 생각해 오다가 첫 술자리에서 나에게 토로한 것이다. 나는 그가 세배를 아니 온 것을 심각히 생각하지도 않고, 그저 다른 데 세배를 가다 보니 시간을 놓친 것이라고만 심심히 생각하고 있었다. 세배를 오든 안 오든 나는 K군을 좋아하고 사랑한다. 또 K군도 나를 "선생님, 선생님" 하면서 도와

주었다.

"내가 잘못한 일이었을까?"

나는 한참을 생각해도 판단이 서지 않아, 아침 4시에 일어나 이 글이나 쓰면 마음이 좀 풀릴 것인가 하고 이 글을 썼다. 글을 마쳐도 마음이 풀리지 않는다.

다시 두 K군과 만나 못 먹는 술이나마 술을 한 잔 먹어야 하겠다.

— 2004. 7. 7.

대학생을 때린 교수

세상에 대학생의 볼때기를 마구 쥐어박은 교수가 있다면 믿을 사람이 있을까?

그 장본인이 바로 나다.

1976년이었던가? 아직 종합대학으로 승격이 되지 않았을 때 새로 부임한 변 학장이 학생의 교육 방침을 일신시키려고 새로운 제도를 내세웠다. 대학생은 무슨 학과이든 영어와 한자를 자유로이 구사할 수 있어야 한다는 것이 그의 지론이었다. 그래서 내어놓은 제도가 교양과정을 이수하는 1학년 때에 매주 영어와 한자시험을 치르도록 하여 그것을 학점에 반영한다는 것이다. 그래서 영어시험은 엉어영문과에서 맡고, 한자시험은 국어국문과에서 맡게 하였다. 그것은 곧 실천에 옮겨졌다.

나는 농학부의 1학년 교양국어를 맡고 있었기 때문에 이 한자시험을 시행하느라고 일이 하나 더 불어났다. 주말이 되어 가면 한자시험문제를 출제하여 학생 수에 넉넉하도록 프린트하여 보관하여 두어야만 했다.

다음 주가 시작되어 첫 국어시간에 나는 시험 문제지를 가지고 강의실로 들어갔다. 학생들은 긴장하여 강의실이 조용했다. 문제지를 하나하나 나누어주자 학생들은 열심히 답안을 작성해 갔다.

한 30분이 지나자, 어떤 남학생이 강의실 문을 세게 열며 들어왔다. 강의실을 휘 둘러본 이 학생은 한자시험을 보는 것을 알고 감독하는 나에게 와서 손을 내밀었다.

"시험지 한 장 줍서."

표준어가 아닌 "줍서" 하는 사투리를 쓰는 것이다. 우리의 언어관습에 친분이 없는 상대방이나 어른에겐 표준어를 써야 경의의 표시가 되고 사투리를 쓰면 평등시하거나 약간 폄하해 보이는 어감이 있음을 모르는 사람은 거의 없을 것이다. 나는 이 사투리를 듣고 약간 이상하다는 생각이 들었지만 이내 잊어버리고 감독의 눈초리를 굴렸다.

시험지를 받은 그 학생은 교실 중간쯤의 빈자리에 가 앉아 시험을 보기 시작했다. 그 옆에는 어떤 학생이 고개도 돌리지 않고 열심히 답을 쓰고 있다. 얼마 없어 옆 자리 학생이 답안지 글씨가 곱지 못해 새로 옮겨 쓰겠다고 하면서 새 답안지를 받아갔다. 그래서 이미 쓴 답안지를 옆에 놓고 새 답안지에 부지런히 옮겨 적는 것이다. 그런데 늦게 들어온 그 학생이 옆의 학생 답안지를 슬금슬금 보며 옮겨 적고 있지 않은가. 나는 그 학생의 곁에 가서 그 옮겨 적는 모습을 지켜보았다. 이건 한자가 아니라 그림이 되고 있었을 뿐 아니라 획수의 차례가 맞지 않아 거의 거꾸로 획을 긋고 있다. 나는 답안지를 다 쓰면 그 획의 순서를 바로 잡아주려고 꼼꼼히 지켜보고 있었다.

"에이, 저레 갑서게. 무사 여기 서 잇수과?"

학생은 내가 지켜보는 것이 어색해서인지 역시 사투리로 멀리 가라고 한다.

"괜찮아. 어서 쓰게."

나는 옆의 학생 답안지를 보아 쓰는 것에는 신경을 안 쓰고 획수 틀리는 것을 낱낱이 기억하면서 지켜보았다. 답안지를 다 쓰면 획수 차례를 가르쳐주기 위해서였다.

어느덧 시험시간이 끝나 다른 학생들은 답안지를 거의 내고 교실 밖으로 나가기 시작했다. 옆의 학생도 새 답안지에 다 옮겨 적어 답안지를 제출하고 먼저 쓴 답안지를 가지고 나가려고 했다.

"이 새끼야, 놔두고 가. 뭐ᄒᆞ젠 그걸 가정 가젠 ᄒᆞ나?"

늦게 들어온 학생은 옆의 학생의 묵은 답안지를 빼앗아 그것을 보며 옮겨 적어 갔으나 아직 반도 옮겨 적지 못했다. 다른 학생들이 거의 나가니 조금 초조한 모양이다. 이번엔 옆의 학생의 묵은 답안지를 앞으로 당겨 놓고, 그 이름을 싹싹 지우고는 자기 이름을 그 위에 써서 나에게 넘기면서 말을 한다.

"영 ᄒᆞ민 뒈여십주양."

나는 순간 화가 발칵 올랐다. 그놈의 모가지를 잡아 일으켜 세우고서는 아무 말도 없이 그놈의 볼때기를 힘껏 쥐어박았다. 그제야 이놈이 표준말로 대드는 것이다.

"왜 때립니까? 학점 안 주면 그만 아닙니까?"

"이놈아, 너는 학점이 문제가 아니라 먼저 인간이 되어야 해!"

나는 큰 소리를 지르며 다시 그놈의 볼때기를 쥐어박았다. "너 같은 놈은 우리 학교에 필요 없어!" 하며 다시 몇 번 쥐어박노라 하니 학생들이 모여와서 말리는 것이다.

"교수님, 고정하십시오. 저 애는 그런 놈입니다."

그제야 나는 모가지의 손을 풀고 답안지를 가져 강의실 문을 나왔다. 그 후로 다시 수업에 들어가 보아도 그 학생은 눈에 띄지가 않았다.

얼마 후 관덕정 앞을 지나다가 우연히 그 학생을 만났다. 학생은 멀리서 나를 보자 머리를 꾸벅하고 인사를 하고는 가까이 와서 말을 하는 것이었다.

"교수님, 정말 저를 퇴학시키겠습니까? 한 번만 용서하여 주십시오."

"음, 자네가 인간이 되면 퇴학이 문제가 아니지. 정말 인간다운 인간이 되고 싶거든 학교에 나와."

"고맙습니다."

그 후로 이 학생은 시간에 늦지 않게 꼬박꼬박 강의실에 들어왔다.

얼마 후 학기말 시험이 다가왔다. 학생 수가 많으니 강당에서 시험을 봤다. 학생들은 강당 앞쪽으로 몰려 앉았는데, 이 학생은 강당의 맨 뒤쪽에 혼자 앉아 시험을 보는 것이다. 자기로서는 컨닝도 안하고 제 실력으로 결백하게 시험을 본다는 것을 교수에게 보이려고 하는 것임을 나는 알았지만, "아이고, 미련한 자식!" 하고 속마음으로 나무라지 않을 수가 없었다.

2학년이 되면서 교양 시간이 없어져 다시 그 학생을 만나보지를 못했지만, 그 학생이 지금 어떤 인간이 되었을까 하고 가끔 알고 싶은 생각이 든다.

— 2004. 7. 10.

시계

옛날 어느 집안에 제삿날이 돌아왔다. 날이 어두워 제상을 차리고 제사 지낼 시간을 기다리던 아들이 밤이 이슥해지자 누운 어머니를 깨웠다.

"어머니, 메 할 때가 되었수다."

"아니여. 내 오줌이 흔이여."

어머니는 메를 할 시간이 되어 가면 오줌이 마려운 습성이 있는지라, 그 날은 오줌이 마렵지 않으니 아직 메를 할 시간이 되지 않았다고 잡아 떼었다. 그 날은 마침 국을 적게 먹었든지 메를 할 시간이 되어도 오줌이 마렵지 않은 것이었다. 얼마 없이 첫닭이 '꼬꾜' 하고 울어버렸다. 시계가 없을 때의 낭패한 이야기다.

시계가 없을 때의 시간 맞추기가 얼마나 어려웠을까.

내가 어렸을 적 우리 아버지는 제삿날 북두칠성 꼬리로 제사 시간을 알아 맞추었다. 우리 집 앞마당 울타리 앞에는 큰 먹구슬나무가 있었다. 아버지는 제사 시간이 되어 가는 듯싶으면 나를 몇 번 마당 출입을 시켰다.

"이야, 북두칠성 꼬리가 먹구슬낭 가지에 걸려시냐 강 보앙 오라."

내가 두어 번 마당 출입을 해서 북두칠성 꼬리가 먹구슬나무 어느 가지에 걸렸음을 알리면 제사 시간이 되었다고 제사를 지내는 것이었다. 천체의 순환을 보고 시간을 알아 맞추는 것이다. 아버지는 이 원리를 알고 계셨다.

내가 어릴 적 80여 호 되는 우리 마을에는 시계 있는 집안이 꼭 한 군데 있었다. 나는 그 집안의 시계를 본 일은 없지만, 듣는 바로는 그 시계가 '불알시계'라 했다. 나중에 알고 보니, 기둥에 달아매는 시계로 꼭 하루에 한 번씩 줄을 감아주고, 그 줄의 힘으로 아래의 시계추가 좌우로 흔들리면서 톱니바퀴가 하나씩 돌아가 시계바늘이 돌아가는 시계이다. 그 시계추가 좌우로 흔들리는 것이 인체이면 불알이 흔들리는 것 같아 이런 이름이 붙은 것이다.

나는 이 시계 있는 집안이 얼마나 부러웠는지 모른다. 우선 학교에 등교하는 시간을 알아 맞추기가 어려웠기 때문이다. 나는 제주북국민학교에 겨우 이부생(오후반)으로 합격이 되어 다녔기 때문에 해가 얼마큼 중천에 떠올라서 집에서 출발하면 시간이 맞는지 알 수가 없다. 노형 '넙은드르'의 우리 집에서 학교까지는 걸어서 한 시간 반이나 걸린다. 오후반 공부 시작 시간에 맞추려면 시계가 있으면 문제가 없는데, 시계가 없으니 난감하기 짝이 없다.

그래서 한 방법을 고안해냈다. 마당에 한 발이나 되는 막대기를 꽂아놓는 것이다. 그래서 그 그림자가 어느만큼 돌아가서 집을 나서면 시간이 맞는다는 것을 알아낸 것이다. 말하자면 '해시계'인 셈이다. 그러나 이것이 해가 쨍쨍 내리비추는 날은 들어맞지만 흐린 날은 그림자가 없어 낭패다. 더욱이 비나 오는 날이면 더 말할 나위가 없다. 더 요상한 것은 여름방학이 되어 학교에 안 갈 때는 해가 쨍쨍 내리비추고, 개학이 되어 학교에 가게 되면 흐린 날이 많다는 것이다. 이런 고약한 일이 있나!

이렇게 그리워하던 시계를 내가 마련한 것은 중학교 4학년 때였다. 일본제 '세이코'라는 손목시계인데, 그것도 새것이 아니라 남이 쓰던 것을 어떻게 입수한 것이다. 이 시계를 손목에 끼고 보니 누구한테 자랑하고 싶어져 별로 시계를 볼 일이 없어도 자꾸 들여다보곤 했다. 이 시계는 중고품이어서 오래 가지 못하고 시계방에만 몇 번 출입하다가 결국 쓰지 못하고 바꾸어졌다.

세월이 흘러가니 이제까지 줄을 감아야 시계 바늘이 돌아가던 시계가 자그마한 건전지 하나만 넣으면 돌아가는 시대로 바뀌었다. 그러자 그렇게 비싸던 시계가 싸구려판이 되어갔다. 이 무렵 제주도에도 KBS 방송국이 생겨 라디오 방송이 시작되고 뒤이어 MBC가 생겨 라디오 방송을 하기 시작했다. 이 방송국들이 초창기에는 출연하여 방송을 해도 출연료를 주지 못하고 간단한 선물을 사례로 주고 있었다. 그 선물 가운데 흔한 것이 시계였다. 나도 간간이 출연을 했었는데 얻어오는 것은 시계 선물이다. 그래서 우리 집에는 방마다 자그마한 시계가 놓여졌고 심지어는 화장실에까지 시계가 놓여질 만큼 흔한 것이 되어 버렸다. 이제는 라디오 방송이나 텔레비전 방송에서도 시간을 알려주고, 싱크대에도 시계가 붙어 있다. 버스를 타면 버스 앞면에 시계가 달려 있고, 큰 관청 같은 데 가면 시계탑이 서 있어 시간을 알려준다. 이처럼 시계가 흔할 수가 있는가!

나는 지금 퇴임할 때 국민훈장을 받으며 부상으로 받은 손목시계를 끼고 있는데, 이 시계가 거의 필요 없다. 손목에 끼면 그렇게 자랑스러웠던 손목시계가 이제는 손목에 끼면 거추장스러워 손목이 답답해진다. 손목시계를 볼 필요가 있으면 이 거추장스러움을 참겠지만 보아야 할 기회가 거의 없다.

시계를 보아야 할 기회가 거의 없다는 것은 시간에 쫓기는 일이 거의 하나도 없다는 것이다. 퇴임을 하고 보니 출근 시간에 쫓길 일도 없고 시간에 맞추어 해야 할 일도 없다. 그야말로 무사태평이다. 제삿날에 가도 집집마다 시계가 있으니 제사 시간을 놓칠 염려가 없고, 병원엘 자주 가는 편이지만 버스를 타면 시계가 있어 시간을 알 수 있고, 병원에 도착하면 시계가 있어 역시 시간을 알 수가 있다. 또 진료가 빨리 되든 늦게 되든 별 상관이 없다. 빨리 집에 돌아와도 쫓기는 일이 없기 때문에 마음이 한가하다. 옛 동창들의 모임이나 친구의 만남이 가끔 있지만 이것도 시계를 보며 서두를 필요가 없다. 넉넉히 시간을 잡아 버스를 타면 그만이다. 집에 있기보다 먼저 일찍 가서 친구와 살아가는 잡담을 나누는 것이 더 즐겁기 때문이다. 산책을 할 때에도 시간의 흐름에 신경을 쓸 필요가 없다. 빨리 걷는 것이 건강에 유익하다 하지만 조금 빠른들 늦은들 얼마나 상관이 있을 것이냐? 그저 시간이 흘러가는 대로 살 때까지 사는 것뿐이다.

이제야 옛날 시계가 없던 시절에 살던 사람의 심정을 알 수 있을 것 같다.

— 2004. 7. 26.

효(孝)에 대하여

나의 증조할아버지는 세 살 때 아버지를 여의었고, 어머니는 여든 두 살까지 사셨다. 그 긴 세월 동안 어머니를 어떻게 봉양했는지 자세한 것은 알 길이 없다. 다만 족보에 보면 "어릴 적 아버지를 여의고 어머니를 효도로써 극진히 모셔서 마을 사람들의 칭찬이 자자했다."라고만 간단히 적혀 있다. 세 살의 어린 나이에 아버지를 잃고 어머니를 여든 두 살까지 모시는 데 얼마나 효성이 지극했을까!

나의 숙모님은 올해 나이가 아흔 여섯 살이시다. 1948년 음력 12월 26일 산사람의 습격으로 숙부님을 잃고 1남 3녀를 길러 각각 독립시켰다. 56년간, 그 긴 세월을 오직 자식을 위하여 농사를 지으며 그 시골에서 얼마나 고생을 했겠는가? 숙모님은 나이가 이렇게 많으셔도 머리가 맑아 기억력이 좋으시고 식사도 괜찮게 하시며 정정하시다. 다만 문제는 걷지를 못하는 것이 탈이다. 자리를 옮기려면 일어서지를 못하니 한쪽 팔로 다리를 잡아 조금 옮기고 다시 한쪽 손으로 다리를 잡아 조금 옮긴 후

엉덩이를 끌어 옮겨 조금씩조금씩 자리를 이동하는 것이다. 그러니 옷의 엉덩이가 닳아질 수밖에 없다.

숙모님은 우리가 제삿날 같은 때 가끔 찾아가 인사를 하면 "아이고, 족은 조캐 와져냐?" 하고 말문을 여시고는 큰손자가 이젠 고등학교를 다니고, 서울의 손자들은 몇 살이고, 어느 조카의 아들은 몇이고, 딸은 몇이며, 무슨 학교에 다니는 등 쉬지 않고 말씀을 나누려 한다. 기억력이 어떻게 좋은지 몇 십 년 전의 일도 어제 일같이 생생히 외고 계시다.

1남 3녀를 길렀다 하지만 딸들은 사는 거리가 먼지라 가끔 와서 뵙는 정도이고, 독자인 사촌이 그 봉양을 전적으로 맡고 있다.

며느리는 가계를 보태느라 시내의 어느 오피스텔인가에 취직을 하여 아침이면 출근을 해버리고, 집에 남는 것은 사촌동생뿐이다. 사촌동생은 집에 남는다 해도 어머니 곁에 항상 지켜 앉을 수가 없다. 감귤밭에 전정도 하고 비료도 하고 김도 매고 수확도 해야 한다. 거기에다 마을일의 임원을 맡아 있어 조금하면 불려나간다. 그러니 어머니를 제대로 돌볼 겨를이 없다.

그런데 가상스러운 것은 환갑이 훨씬 넘은 이 사촌의 어머니 봉양이다. 감귤밭에서 일을 하든, 마을의 회의에 나가든 간에 점심때가 되면 만사를 물리치고 집에 달려와 어머니 점심을 차려놓아 드시게 하는 것이다. 집에 혼자 앉아 말벗도 없이 기다리는 어머니를 생각하면 손에 일이 붙지 않을 것이다. 그래서 사촌은 동네에 말벗을 만들어 드리는 일을 궁리하였다.

동네에는 가게가 꼭 하나 있다. 이 가게는 늙은 할머니가 혼자서 시간을 보낼 겸 아들의 도움으로 마련한 가게인데, 이 가게에 동네 할머니들이 몇몇 매일과 같이 모여서 서로 환담을 나누며 시간을 보내는 것이다.

이 환담 시간이 이 할머니들의 정보통신 시간이요, 유일한 소일 방법이다.

사촌은 이 환담의 자리에 어머니를 업어서 모시는 것이다. 업어 가는 시간은 한 15분 걸린다. 사촌은 매일 아침 어머니 식사가 끝나면 업어서 이 자리에 모시고, 점심 때가 되면 다시 업어서 집에 가 점심을 드시게 하고, 또 그 자리에 모셔 온다. 저녁 때가 되면 다시 업어 집으로 모시는 것은 물론이다. 다행히 이 자리에는 의기가 맞는 할머니 벗이 있어 말잔치를 베풀 때마다 웃음도 나오고 감탄도 토하고 한다. 즐거운 시간이 쑥쑥 흘러가는 것이다.

그런데 불행스럽게도 이 할머니 벗들이 몇 년 전부터 하나씩 세상을 뜨기 시작하고 이젠 가게도 없어져 버렸다. 숙모님은 이젠 하루 종일 혼자 집에서 말벗 없이 방을 지키는 괴로움을 겪을 수밖에 없게 되었다. 얼마나 시간이 지루할 것인가! 사촌은 지금 이의 해결을 위하여 고민 중이다.

내가 잘 아는 B교수는 어머니가 장병으로 누웠을 때 어머니를 매일과 같이 목욕시키며 간호하였다. 기력이 없어 사리를 분별하지 못하는 어머니지만, 목욕시킬 때만큼은 정신이 들어 사타구니를 가리더라는 것이다. 평소 농담을 잘하는 B교수는 어머니를 웃기는 것이다.

"아따, 어머니, 나 나올 때 다 봤수다."

이 말에 어머니가 정신이 들어 조금 웃으시고 하시다가 돌아가시더라는 것이다.

나는 환갑을 훨씬 넘긴 이 사촌이나 B교수의 효도에 대하여 항상 감탄한다. 그러면서 어릴 적 한문서당에서 읽은 『소학(小學)』의 구절을 떠올린다.

> 신체발부(身體髮膚)는 수지부모(受之父母)니 불감훼상(不敢毁傷)이 효지시야(孝之始也)요, 입신행도(立身行道)하여 양명후세(揚名後世)하고 이현부모(以顯父母)가 효지종야(孝之終也)라.

이 구절은 본래 『효경(孝經)』의 것을 주자(朱子)가 옮겨놓은 것 같은데, 그 뜻은 이러하다.

> 몸과 머리털과 살갗은 부모에게서 받은 것이니 감히 훼손하거나 상하게 하지 않은 것이 효도의 시작이요, 출세하여 도를 행하여서 후세에 이름을 드날려 부모님을 드러내드리는 것이 효도의 끝마침이다.

이의 앞 구절은 지극히 온당한 말임을 내가 자식을 낳은 후에 비로소 깨달았다. 자기 자식이 나가서 놀다가 무릎을 벗겨먹고, 팔을 꺾어대고, 머리가 터지고 해서 들어오면 부모로서 속이 안 상할 사람이 어디 있을 것인가? 몸을 온전히 하여 훼상하지 않은 것이 효도의 시작임이 틀림없다. 그러나 뒤의 구절, 곧 자신이 출세하여 부모의 이름을 드러내드리는 것이 효도의 끝마침이라는 것은 유교의 공명사상(功名思想)의 표현에 지나지 않은 듯하다. 반드시 출세하여 공명을 날려야 효도의 종결이란 법이 어디 있을 것인가? 물론 후세에 이름을 날려 부모의 이름까지 드러내는 것은 할 수 있으면 좋은 일이지만, 태어날 때부터 천민으로 태어난 사람은 효도를 할 수 없는 것이 아닌가? 『효경(孝經)』의 또 하나의 특징이 천자(天子)가 되어야 비로소 지극한 효를 할 수 있고, 효를 실천함으로써 천하를 다스릴 수 있다고 한 것을 보면 이는 당시 사회 조직에서 상층계급만을 대상으로 생각하여 쓴 것임에 틀림없다. 상층계급에서 종을 시켜 부모를 봉양케 하는 것과 자기 몸소 하는 것이 어찌 같겠는가?

효는 사람과 동물을 구별하게 하는 최고의 유일한 덕목이다. 동물에게는 효라는 것이 없다. 오직 사람에게만 있는 것이다. 사람이면 상층계급이든 중인이든 하인이든 천민이든 효가 있게 마련이다. 어찌 상층계급 인간의 효만을 말해서 될 것인가?

인간만이 지진 덕목이라고 말하면 혹시 '반포지효(反哺之孝)', '반포지은(反哺之恩)' 하는 말을 들출지 모른다. 까마귀가 어릴 적 어미가 먹이를 물어다 먹여 키워 준 대신 어미가 늙어 거동을 못하게 되면 새끼가 먹이를 물어다 어미를 먹인다는 말이다. 까마귀의 고장이라 할 수 있을 만큼 까마귀가 많은 제주도에서 자란 나는 이 말을 놓고 상당히 고심하였다. 과연 반포지효가 있는가 하고. 그러나 가만히 생각해 보면 까마귀는 그 아비격이 될 수놈을 알 리가 없고, 어미는 오래 보아 그들의 눈으로는 식별할지 몰라도 늙은 어미에게 먹이를 물어다 먹이는 일을 본 바도 들은 바도 없다. 다만 이 새들은 군집생활을 하기 때문에 사람들이 효를 강조하여 교육하기 위하여 어미를 먹여 살린다고 빗대어 말한 것일 뿐이다. 아마 생물학자들이 세심한 관찰을 한다면 그것이 전연 사람이 만들어 놓은 거짓말임이 드러날 것이다. 따라서 효는 인간만이 가진 덕목이요, 사람이 사람다움을 말해 주는 분별점인 것이다. 그러니 인간은 효에는 평등하다. 계급 차이가 있을 수 없다. 그러나 다만 문화의 차이는 있다.

유목문화민족의 한 예를 보자. 이들 민족은 짐승을 먹여 기르기 위하여 푸른 초원을 향해서 항상 이동한다. 어느 민족이 한발이 심해서 양떼를 몰아 푸른 초원으로 이동했다. 아이를 업고 늙은 부모님을 모시고 걸어가는 것이다. 그런데 도중에 노쇠한 부모가 걸어갈 수가 없다. 업은 아이를 버리고 대신 노쇠한 부모를 업을 것인가 하는 극한 상황에 다다랐다. 이 때 아들은 아이를 업고, 노쇠하여 주저앉은 부모에게는 그 앞에 얼마간 먹을 음식을 놓은 후, 버리고 유유히 떠나더라는 보고를 읽은 일이 기억난다. 한족(漢族)의 문화에 익숙한 사람이면 "이런 짐승만도 못한 자식" 이라고 욕을 퍼부을 것이다. 그러나 생각해 보면 그렇지가 않다. 아이는 업고 가면 얼마 없이 자라 떳떳한 노동력이 늘어 가족의 번창이나 사회 유지에 공헌할 것이요, 노쇠한 늙은이는 아이를 버리고 모셔 가 봐도 소모가 있을 뿐, 이점은 없을 것이다. 그러니 나무랄 일이 아니다.

더구나 '손순매아(孫順埋兒)' 이야기나, '곽거(郭巨)' 이야기를 들은 사람은 더욱 공감하지 않을 것이다. 손순은 아버지를 일찍 여의고 어머니를 봉양했는데, 아이가 어머니가 드실 밥을 자꾸 빼앗아 먹어 어머니가 배가 고팠다. 아들 부부는 의논하여 "아이는 다시 얻을 수 있지만 어머니는 다시 얻을 수 없는 것이니 아이를 땅에 파묻자." 고 합의하여 땅을 파는데 석종(石鐘)이 나왔고, 나중에 그 종소리를 임금이 들어 구휼을 했다는 이야기다. 곽거 이야기도 비슷한데 여기에선 금솥이 나왔다고 되어 있다. 모두 해피엔딩으로 끝을 맺는 효 이야기지만 이것은 어디까지나 설화이지 사실이라 보기는 어렵다. 효를 강조하기 위한 교훈담이다.

부모를 공경하고 부모의 마음을 편안하게 하는 이야기는 수없이 많지만, 내 사촌의 효성이나 B교수의 효행은 우리 주변에서 쉽게 보기 어려운 일 같다. 효에 무슨 사회계층이 있겠느냐? 다만 문화의 차이에 따라 그 정도의 차이가 있을 뿐이다.

자식을 낳아 잘 키우려는 부모의 심리는 본능적인 것이지만, 자식이 부모를 공경하고 모시는 효는 인간만이 가진 문화적 소산이다. 문화는 민족마다 다르고 시대에 따라 변화한다. 따라서 문화의 변화에 따라 효의 내용도 변화한다는 것을 염두에 두어야 할 것이다. 늙은 부모를 양로원에 보내고, 자식들 대신 간병사를 두어 아버지, 어머니의 병상을 돌본다고 해도 불효가 아닌 것처럼 말이다.

— 2004. 8. 14.

금연

담배를 끊으라는 것은 나에게 삶을 포기하라는 것이나 다름이 없다. 몇 번 끊으려고도 해 보았고, 줄이려고도 해 보았지만 결국 실패하고 말았다. 그래서 "내가 담배를 빨아들일 기력이 없을 때 내 생명은 끝이다." 라고 쓴 일이 있다.

아침을 먹고 나면 서재의 책상 앞 안락의자에 앉아 등을 기대고 발을 쭉 뻗는다. 발은 앞에 놓인 작은 의자 위에 걸쳐져 반쯤 누운 자세가 된다. 온몸이 나긋하다. 재떨이를 왼손이 닿을 만한 적당한 자리에 놓고 담배를 붙여 물어 연기를 빨아 삼킨다. 이 때 온몸이 차분히 가라앉고 충족감을 주는 그 맛은 언어가 부족하여 표현할 도리가 없다. 어찌 그뿐인가. 글을 쓰려는데 생각이 떠오르지 않을 때, 글줄이 나아가다가 막혀 적당한 어휘가 생각나지 않을 때, 수업을 마치고 나와 의자에 앉아 잠깐 쉬려 할 때, 병원에서 오랜 진찰을 받고 이상이 없다는 의사의 판정을 받고 병원 문을 나설 때, 나의 비위에 거슬린 말을 듣고 화를 참을 때, 화장실에 가서 볼 일을 빨리 못 볼 때, 이런 여러 가지 기회에 담배는 정말 그 맛이 좋고, 위력을 발휘한다.

나는 병원에 갔을 때 담배는 백해무익하니 끊으라는 말이 의사의 입에서 나올까 항상 조마조마한다. 의사들은 백이면 백, 담배를 끊으라고 하는 것이 상례이다. 그런데 그렇지 않은 의사가 있어 지금도 그 의사에게 고마워하고 있다.

얼마 전 일이다. 의료보험공단에서 건강진단을 받으라는 통지가 있어 날짜를 골라 H병원에 건강진단을 받으러 갔다. 소변 검사, 혈액 검사 등 일반적인 검사는 물론, 혹시 위암이나 대장암이 있나 하고 위 엑스레이를 찍을 뿐 아니라 대변검사까지 했다. 결과가 나오기를 며칠 초조히 기다렸다. 그런데 결과가 나온 것을 보니 "폐의 동맥이 크니 호흡기내과에서 CT를 찍어 보라."는 것이다. 나는 걱정이 되어 의사에게 꼼꼼히 그 이유를 물어봤다. 의사는 그저 동맥이 큰 사람도 있고, 폐암 등 염려도 있으니 하여튼 찍어 보아야 한다는 것이다.

나는 얼른 호흡기내과에 접수를 하고 거금을 내어 CT를 찍었다. 판정을 하는 의사 앞에 서 있는 나는 불안하기 이를 데 없다. 의사는 입을 열었다.

"아무 일도 없습니다. 동맥이 큰 것뿐입니다."

"어째서 동맥이 커진 것입니까?"

"태어날 때부터 동맥이 큰 것이지요. 그런 사람이 있습니다. 담배를 피우십니까?"

"예, 할 수 없이 끊지 못하고 피우고 있습니다."

"그대로 피우십시오. 이제 끊으나 피우나 폐암 발생 확률은 마찬가지입니다."

"아이고, 감사합니다. 선생님."

나는 기쁘기 이를 데 없었다. 하기야 내가 일흔 네 살이고, 담배를 끊어 그 독이 완전히 없어지려면 10년이 더 걸린다는 말을 들었는데, 이제 10년이 더 넘으려면 여든 다섯 살은 될 것이니 그 때까지 살아 있으라는 보장이 없는 것이 아니냐 말이다.

어떻든 나는 의사한테 담배를 피울 허가를 받은 것이나 다름이 없다. 그래서 마음놓고 담배를 즐긴다.

그런데 집에서 담배를 피우면 잔소리를 하는 자가 있다. 첫째가 마누라다. 나는 담배를 피우려면 조금 추워도 창문을 열어놓고 피우는데, 마누라는 집에만 들어와 가면 담배 냄새로 못 살겠다는 것이다. 방안이 온통 담배 냄새이고, 옷에도 담배 냄새이고, 수건까지도 담배 냄새라는 것이다. 사람의 후각이 이렇게 예민할 수가 있을까? 일단 의사에게까지 담배 허락을 받았는데 마누라에게 꺾일 수는 없는 것이 아닌가. 나는 일부러 화를 내는 척하고 큰 소리를 쳤다.

"난 담배 없이는 못 살 사람이네. 담배 냄새가 영 싫으면 자네가 집을 나가든지, 내가 집을 나가든지, 한 가지를 고를 수밖에 없어! 지금까지 47년 이상 같이 살아오면서 담배 냄새를 참고 살았는데 지금 와서 이해를 못 하면 할 수가 없지!"

이 한 마디가 주효를 해서 다시는 그런 말을 안 하겠다는 것이다. 이제는 마누라 앞에서도 담배를 마음놓고 피울 수가 있어서 좋다. 그런데 이번에는 막내 손자 광조가 제동을 걸어오는 것이다.

요놈은 엄마, 아빠하고 2층에 살고 우리는 아래층에 산다. 위·아래층에 산다고는 하지만 사실은 한집에 사는 것과 마찬가지다. 막내며느리가 아래층에 내려와 취사를 하고 살림을 도맡아 하기 때문이다. 그러니 식사도 다섯 식구가 아래층에서 항상 같이 한다. 우리 늙은 부부는 집 주인인 척 큰 소리를 치고 있지만, 사실은 막내며느리의 살림에 의존해 먹고 살고 있는 셈이다.

막내 손자 광조는 지금 여덟 살, 초등학교 1학년이다. 요놈은 자랑 같지만 얼굴도 그만하면 잘 생겼고, 영리하고 명랑하다. 학교에 가거나 학원에 갈 때 외에는 엄마와 떨어지는 일이 없다. 엄마의 사랑을 온통 독차지하고 있는 것이다. 학교에 갈 때에도 엄마가 데려다 주고, 하교할 때에도 엄마가 가서 데려온다. 시장에 갈 때에도 데려가고, 무슨 모임이 있을 때에도 꼭 데리고 간다. 그러니 엄마하고 정이 안 붙으려고 해야 안 붙을 수가 없다. 이에 비해 아빠는 아빠의 위신을 지켜 조금 엄하면서도 욕하는 일이 별로 없고 때리는 일은 한 번도 없다. 자기를 아껴주는 것을 요놈은 뻔히 알고 있다. 엄마 아빠가 이런 데 비해 나는 어떤가? 나는 요놈의 장난 상대자다. 그래서 요놈에게 좋아하는 식구의 순위를 물으면 엄마가 단연 랭킹 1위이고, 아빠는 2위, 내가 3위, 할머니는 꼴찌이다. 할머니는 조금하면 욕을 하고 파리채를 들기 때문이란다.

거실 구석에 놓인 식탁에 앉을 때 요 손자의 자리는 내 의자의 옆이다. 밥을 먹다가 요놈은 발로 내 다리를 툭툭 찬다. 나는 몰래 왼손을 식탁 아래로 가져가 요놈의 발바닥을 간지럽힌다. 요놈은 다리를 홱 빼고는 웃음을 터뜨린다. 이런 장난이 서너 번 끝나야 식사가 끝이 난다. 밥을 다 먹으면 요놈은 주먹을 쥐고 허리를 약간 꾸부려 권투 자세를 취하고는 밥 먹는 나의 어깨를 '원 투, 원 투' 친다. 나는 태연히 참아 밥을 다 먹고는 "에, 시작할까?" 하고 일어서서 달려들면서 요놈의 어깨를 아프지 않게 쥐어박는다.

둘의 권투는 열이 올라간다. 수세에 몰린 요놈은 거실을 이리저리 도

망치다가 식탁 주위로 돌아 의자를 뱅뱅 돌며 내 주먹이 닿지 않게 한다. 나는 싱거워 소파로 돌아와 앉아 모른 척하고 웃고 있노라면 요놈은 다시 내 앞에 와서 두 주먹을 쥐고 때리려 달려든다. 나는 모른 척하고 있다가 틈을 보아 잽싸게 요놈의 팔을 잡고 다리를 잡아 눕힌다. 그래서 발바닥, 겨드랑이 할 것 없이 간질이는 것이다. 몸을 비비 꼬며 깔깔 웃어대던 요놈은 "타임, 타임" 하고 외친다. 그래서 슬쩍 손을 놓아주면 요놈은 다시 주먹을 쥐고 덤벼든다.

어떤 때는 거실의 구석에 몰려 마구 내 손바닥이나 주먹을 맞아 가면 "항복, 항복" 하고 손을 든다. 그러나 내가 물러서자마자 "항복 아니." 하고 항복을 취소하고 다시 덤벼든다. "응, 진짜로 치기로 하자." 하고 내가 일어서 주먹을 휘둘러 가면 요놈은 잽싸게 이 방 저 방으로 도망가 문을 닫고 나오지를 않는다. 나는 권투 자세로 문 앞을 지킨다. 누가 오래 견디느냐가 문제인데, 요놈은 2~3분을 못 참아 문을 빼곡이 열고 내가 지키고 있는 것을 보고는 황급히 문을 닫는 것이다.

이렇게 손자하고 장난을 하는 것이 할아버지로서 위신을 잃은 경망스러운 것 같지만, 요놈하고 장난을 하며 놀 때처럼 즐거운 때가 없다. 이렇게 장난을 하다가도 자러 갈 때에는 나붓이 큰절을 하며 "안녕히 주무세요." 하고 가는 손자가 아닌가.

요 손자가 이상한 짓을 해 놓았다. 거실 벽에 보니 손바닥보다 조금 큰 종이에 컴퓨터로 '금연'이라고 큰 활자로 인쇄하여 놓고, 그 여백에 가로 세로 줄을 그어 그 칸 칸마다 ×표를 해가다가 △표를 하나 하고 다시 ○표를 해 놓은 것이다. 며칠 후에야 발견한 나는 이것이 무엇이냐고 손자에게 물었다.

"할아버지 담배 피우는 것 채점하는 거예요."

"그래? 그럼 ×표는 무엇이고, △표는 무엇이고, ○표는 무엇이야?"

"○표는 담배를 한 번도 안 피운 것이고요, △표는 한 번 피운 것이고, ×표는 두 번 이상 피운 거예요."

"그러면 이렇게 채점해서 무엇을 할 거야?"

"○표가 많으면 선물을 사 드릴 것이고요, ×표가 많으면 꿀밤 때릴 거예요."

"그럼 이 종이를 찢어버리면 어쩔 거야?"

"그 땐 꿀밤 열 대 맞아야 해요."

아, 이럴 수가 있나? 손자 마음대로, 순 일방적인 발상으로 금연 운동을 하다니! 나는 그 종이를 떼지 않고 매일 손자가 채점하는 것을 보고 있다. 다행스러운 것은 요 막내손자가 종일 집에 있지 않고 낮에는 나간다는 것이다. 그러니 담배를 피울 수 있다. 더더욱 다행인 것은 요 손자가 재떨이를 검사하지 않는다는 것이다. 재떨이를 검사한다면 매일 ×표일 것을. 그래서 나는 손자가 들어오기 전에 재떨이를 꼭꼭 비우고 있다. 손자가 들어오면 그 날 숙제가 끝나는 대로 권투놀이로 담배를 참고 있다. 그런데도 어제 현재 중간집계 결과 ×표가 2개 더 많다는 것이다. 내 앞으로 어떻게 하든 요놈에게 담배 피우는 것을 들키지 말아야 하겠다. 그래서 요 귀여운 놈이 어떤 선물을 주는지 지켜보아야 하겠다.

— 2004. 9. 8.

매미 소리

끝내 매미는 울지 않고 여름은 지나고 말았구나.

'오늘이나 혹시, 오늘이나 혹시' 하고 기다리던 매미 소리를 끝내 듣지 못하고 여름은 지나고 말았다. 태풍이 비켜간다는 텔레비전의 보도를 두어 번 들었더니, 그 무덥던 더위는 거짓말같이 사라지고 선선한 바람과 더불어 가을은 기어코 오고 만 것이다. 이젠 매미 소리를 듣기는 틀리고 말았다.

내가 현재 2층집을 짓기 전, 우리 집은 낡은 기와집이었다. 마당에는 서재 앞에 늙은 벚나무가 창창히 자라고 있었고, 앞쪽 좁은 정원에는 소철이 이파리를 힘차게 뻗치고 있었으며, 그 옆으로 내 키만큼 둥그런 모습으로 다듬은 소나무가 제법 운치를 자랑하고 있었다. 바로 그 옆으로 비자나무가 지붕 위까지 자라서 비자가 몇 알씩 달리고, 끝으로 종려나무가 그 높은 키를 뽐내고 있었다. 적당한 자리에 놓인 돌절구방아에는 부평초가 떠서 연분홍 꽃을 가냘프게 피웠고, 철쭉이 몇 그루 계절을 따라 꽃을 피워 정렬을 발산했고, 아직 추운데 수선화가 꽃을 피워 향기를 혼자서 자랑하는 것을 잊지 않았다.

나이가 들어 우리 부부만으로는 살림을 꾸리기가 어려워지자, 나는 아들에게 의지하려고 아들더러 낡고 좁은 기와집을 헐어 새 집을 짓도록 했다. 설계니 집짓기는 모두 아들에게 맡겼다. 집을 새로 짓는 동안 우리는 아파트를 빌려서 7~8개월 살다가 다시 새 집에 돌아왔다. 새 집은 와서 보니 이층 벽돌집인데 모든 것이 거의 아파트와 비슷하게 되어 있다. 그런 것은 좋은데, 장래성을 보아 집을 널찍하게 짓느라고 옛집 서재 앞에 있는 벚나무를 없앤 것이다. 집을 넓게 지으려면 아무래도 벚나무는 없애야 할 것이겠기에 내가 없애도록 허락은 한 것이지만, 이 나무 하나가 엄청난 결과를 낳으리라고는 꿈에도 몰랐다.

이 벚나무는 40년 전 내가 서귀포 농학부에 강의를 하러 갔다가 얻어다가 꽂아 놓은 것인데, 이것이 나날이 자라 큰 나무로 가지를 뻗친 것이다. 봄이 오면 꽃이 억수로 피어 꽃잎이 비 오듯 바람에 날리고, 새 잎이 돋아나 울창한 그늘을 마당에 드리운다. 그리고 여름이 오면 어디서 왔는지 매미들이 나무 줄기를 기어다니며 자지러지게 운다. 나의 여름은 이 매미 소리로 시작이 된다.

"재재재애애", "재재재애애"

매미소리는 나의 더위를 제법 식혀 준다. 앞문으로 매미 소리에 실려 바람이 들어온다. 마루를 정히 닦아 돗자리를 깔고 누워 매미 소리를 벗삼아 낮잠을 자는 것은 여름의 특수 일미(一味)이다.

더욱 재미있는 것은 매미잡기이다. 나이 든 사람이 무슨 매미잡기냐 하겠지만 어린 큰손자가 떼를 쓰니 할 수 없이 하는 노릇이다. 큰손자는 매미를 잡아 날리는 것이 더할 나위 없이 즐거운 것이다. 사실은 나도 어릴 적 매미잡기에 정신 없이 놀던 시절이 생각나 그 준비에 착수한다. 양파를 사 왔던 그물보자기를 적당한 길이로 짤라 둥그런 쇠줄에 감아 묶고, 이것을 대에 꿰어 고정시켜 놓으면 훌륭한 매미채가 된다. 이것을 들고 큰손자하고 벚나무 아래로 가서 살금살금 매미를 덮친다. 매미가 잡혔을 때의 큰손자의 즐거워하는 모습이라니! 나는 매미 몇 마리를 잡고 이것을 실로 잔등이를 묶어 큰손자에게 준다. 매미를 날리는 큰손자가 그렇게 즐거워할 수가 없다.

큰손자는 이미 고등학교 2학년. 매미를 잡고 놀 나이는 이미 지났다. 그러나 여덟 살짜리 막내손자가 있지 않는가. 요놈은 매미잡기의 즐거움을 하나도 모르고 여름을 보내었다. 그뿐 아니라 매미 소리가 없으니 내 자신이 여름 맛을 모르고 그만 가을을 맞이하고 말지 않았는가!

매미가 없어진 것은 순전히 벚나무를 끊어 버렸기 때문이다. 벚나무가 하나 없어진 것 외에는 우리 집 정원은 거의 변함이 없다. 그러나 매미가 소철 이파리에 와 앉을 것인가? 틈새 없는 소나무 이파리 속에 숨어 앉을 것인가? 거창한 비자나무 꼭대기에 와 앉을 것인가? 더구나 무미한 종려나무 줄기에는 와서 앉을 리가 없는 것이다.

매미를 살리는 벚나무의 힘! 이 힘은 자연의 신비다. 그렇게 요란스럽게 모여들어 울던 매미가 한 마리도 오지 못하게 만든 것은 순전히 내 잘못이다. 매미가 모여들 자연 환경을 파괴하고 만 것이다. 여름의 정취가 영영 사라지고 말았다.

나는 새 집을 지어 여름을 잃고 말았다.

— 2004. 9. 13.

달을 보는 눈

여남은 살 일이다. 시골 초가의 널찍한 마당에서다.

추석이 가까워서인지 달이 휘영청 밝았다. 달이 얼마나 둥근지를 보려고 고개를 들어 하늘을 보았다. 맑은 하늘에는 흰 구름이 여기저기 얇게 떠 있고, 달은 그 구름 사이에서 거의 만월이 되어 밝은 빛을 비추고 있었다. 잠깐 좀 보노라니 달은 엷은 구름 속으로 흘러들더니 희미한 그림자만 남기고 흘러갔다. 얼마를 흐른 달은 다시 구름 밖으로 흘러나와 다시 다음 구름을 향해 흘러간다. 이윽고 달은 다음 구름 속으로 흘러 들어가 얼마간 그 그림자를 남기더니 이번에는 아주 형체를 감추고 만다. 짙은 구름이었나 보다. 얼마 없어 달은 구름 밖으로 얼굴을 내밀어 다시 다음 구름으로 흘러간다. 달은 쉴새없이 구름에서 구름으로, 다시 구름에서 구름으로 자꾸 흘러만 가는 것이다.

이것이 나의 달을 보는 눈이었다.

'구름은 가만히 있고 달은 쉴새없이 구름과 구름 사이를 흘러가는 것.'

나의 달을 보는 눈은 나만의 것이 아니었다. 나와 같이 놀던 어린 친구들도 마찬가지다. 구름은 가만히 있고 달은 쉴새없이 구름과 구름 사이를 흘러간다는 것은 우리 또래의 진리요, 신념이요, 철칙이었다. 그런데 그 후 어느 날 친구들과 달밤에 칼싸움놀이를 했다. 칼은 막대기다. 막대기를 들고 이리 두르고 저리 두르고 하며 적을 찔러 항복시키는 것이다. 마구 신이 났다. 나는 용기를 내어 막대기칼로 적을 찔러 무찌르고 의기양양하여 막대기를 들고 "만세"를 불렀다. 손에 든 칼은 요행히 달에 가서 마주쳤다. 이 때의 놀라움이라니! 구름 사이를 흐르던 달이 막대기에 마주치고는 가만히 있고, 구름이 달을 향해 흐르고 있는 것이 아닌가!

"앗, 달이 흐르는 것이 아니라 구름이 흐르는 것이다!"

그제야 나는 달이 구름 사이를 흐르는 것이 아니라 그름이 달을 향해 흐르는 것을 알았다. 이 얼마나 놀라운 발견이냐!

사실 얼른 보면 달이 흐르는 것으로 보이지, 구름이 흐르는 것으로는 보이지 않는다. 이것이 세상사를 바라보는 일반적인 안목이다. 그릇된 안목이다. 일제시대는 말할 것도 없고, 광복 이후 어렵사리 지금까지 살아오는 동안 이러한 그릇된 안목을 강요당한 일은 없을까? 수다히 많을 것이다. 내가 구름이 흐르는 것을 입증한 막대기는 잣대이다. 우리는 정확한 잣대를 가지고 세상사가 돌아가는 것을 가늠하는 지혜가 필요하다. 잣대만 올바로 가지고 가늠할 줄 알면 구름이 흘러감을 알 수 있듯이 정확한 진실을 알 수 있을 것이다. 그런데 정확한 잣대로 올바로 가늠할 줄 아는 국민이 얼마나 될까?

나는 그 잣대도 모르고 가늠할 줄도 모르니, 그것이 아쉬울 뿐이다.

— 2004. 9. 14.

조용한 서재에서

나는 식사를 하면 식곤증 때문인지 몸이 나른하다. 서재로 들어와 안락의자를 가로놓고 등을 기대여 다리를 쭉 뻗는다. 발은 옆에 놓인 작은 의자에 걸쳐져 누운 듯이 몸이 편안하다. 책장에 꽂힌, 낡아 가는 책들의 이름을 하나하나 보다 보면 이런저런 생각이 저절로 떠오른다.

식구들은 모두 외출 중이다. 나 혼자만이 있는 서재는 의외로 조용하다. 열어젖힌 창문 저쪽의 하늘은 유난히 파랗고, 흰 구름 몇 송이가 한가로이 떠 있다. 창문으로 들어온 햇볕이 내 등을 내리쬐어 유난히 따뜻하다.

태양에서 지구와의 거리는 근 1억 5천만km나 된다는데, 지금 이 시각 내 등을 내리쬐는 볕은 대체 얼마 전에나 발산한 열일까? 태양계의 행성 중 가장 복 받은 별은 지구다. 모든 생물들이 살아갈 수 있는 조건을 완벽히 갖추어 놓고 있으니까. 거기에다 지구 주위에는 '달'이라는 위성이 어김없이 돌아 그 조건을 아름답게 도와주고 있지 않는가.

태양이 어김없이 그 강렬한 열과 빛을 발산하듯, 하늘이 푸르러서 보이진 않지만, 지금 이 시각 모든 별들도 자기 나름의 주어진 궤도를 어김없이 돌고 있을 게다. 오늘이 음력으로 며칠인지 몰라도 하늘에는 달이 제 궤도를 어김없이 돌고 있을 게다. 그러니 우주는 파괴되지 않는다.

세계의 지붕이라는 히말라야는 지금 이 시각 하얗게 반짝이는 만년설을 머리에 이고 아득한 발 아래 세상을 내려다보고 있을 게다. 그 세상의 영고성쇠를 지금까지 지켜보았지만 입을 끝내 담은 채로. 세계에서 가장 긴 강, 나일강은 지금 이 시각에도 그 영고성쇠를 모른 채 나라 나라들을 돌며 흐르고 있을 게다.

지금 이 시각, 미국에서는 엄청나게 할퀴고 간 허리케인의 뒷수습에 땀을 흘리고 있을 터이고, 한국에서는 두 번 휩쓴 태풍의 피해 복구에 고심하고들 있다.

지금 이 시각, 용머리 바다에는 쉴새없이 물결이 출렁이고 있을 터이고, 어느 검은 현무암 바위에는 밀어닥친 파도가 몸을 부닥쳐 하얀 거품으로 부서지고 있을 게다.

한라산의 어느 고요한 양지에서는 발정한 암사슴을 차지하려고 수사슴 몇이 그 앙칼진 뿔로 피나는 격투를 벌이고 있을 게다. 물론 아름다운 암놈은 최후의 승리자에게 돌아간다.

교래리 지경일까? 송당리 지경일까? 어느 메밀밭 한구석에 놓인 꿀벌통에서는 발정한 암펄이 통을 나와 공중을 직선으로 날아 오르고, 그 뒤를 따라 오르는 수많은 수펄이 힘이 다 되어 하나하나 떨어지다가 마지막 힘찬 수펄이 드디어 교미에 성공을 했을 게다. 그러나 그 수펄은 성기가 빠져 교미의 순간적 쾌락을 음미할 겨를도 없이 지금 이 시각 힘없이 떨어져 죽고 있을 게다.

신혼여행차 항공기에 몸을 실은 어느 다정한 신혼부부는 "오늘 저녁을 어떻게 재미있게 지내나." 하는 꿈에 가슴을 설레며 서로 손을 뜨겁게 잡고 앉아 비행기가 느림을 한탄하고 있을 것이고, 공항에 대기 중인 어느 택시 기사는 어떤 손님을 태워 선물을 듬뿍 사게 하고 커미션을 얼마쯤 받나 하고 손가락을 구부리고 있을 게다. 지금 이 시각에도 나의 산책길 빌딩 곁 공지에 전갱이 몇 마리와 호박 몇 덩이를 받아 앉고 종려나무 이파리로 만든 파리채로 파리를 날리는 할머니는 주름살이 몇 개 늘고 있을 게다. 그런가 하면 지금 이 시각 가정법원에서 서로 도장을 찍고 합의이혼을 하여 등을 돌리고 있는 부부도 있을 게다.

지금 이 시각, 어느 산부인과에선 오랜 진통 끝에 순산하여 고고지성이 힘차게 울리고 있을 게고, 어느 병원의 병상에선 신음 소리에 목이 메어 이마를 짚는 모성이 있을 게다.

어느 고 3 학생은 일류 대학에 가야 한다고 이를 악물고 책과 싸움을 하는가 하면, 어느 회사에선 '사오정(45세에 정년)', '오륙도(56세까지 하면 도둑)'를 뇌리에서 잊어버리지 못하고 분주히 일을 하는 직원이 있을 게다.

이 고요한 시각, 이 글을 쓰는 내 육체의 세포가 얼마씩 죽어 가고 있다는 것을 잊을 뻔했다. 그 죽어 가는 세포의 수가 얼마인지 나는 모른다. 그러나 죽어 가고 있는 것은 사실이요, 순리요, 자연의 섭리다. 나의 세포뿐 아니라 세상 모든 것이 모순인 듯이 생각되면서도 사실은 순리대로 돌아가고 있는 것이다. 인간은 다만 그것을 모르고 있는 것뿐이다. '모르는 사이에 순리대로 돌아가는 것', 이것이 신비가 아니고 무엇이랴!

— 2004. 9. 22.

재수보기

한 20여 일 전 텔레비전을 보았더니, 한랭성 저기압이 밀려와 날씨가 추워지겠다고 한다. 어느 산에는 어름이 얼겠고, 어느 지대는 서리가 내리겠으니 감기에 조심하라고까지 친절히 예보를 해 준다.

"아차, 감기에 걸리면 안 되지. 옷을 따습게 입자."

내복을 꺼내 갈아입고, "내 몸무게가 66kg이나 되니 설마 감기가 나에게까지 오랴." 하고 내 건강을 자신했다. 그런데 이게 웬일인가! 땀이 날 정도로 따습게 자고 아침에 일어나니 등이 오실오실하고, 팔 다리의 관절이 지근지근한다. 거기에다 몇 번의 재채기에다 콧물이 흘러내리는 판이다. 창문을 조금 틈내어서 하늘을 보니 검은 구름이 잔뜩 끼고 찬 기운이 쏴아 들어와 몸을 오싹하게 한다.

"아하, 감기에 걸렸나 보다."

하루를 참아 보고 병원에 가기로 했다. '감기는 만병의 근원이라' 하는데, 가소롭게 생각할 것이 아니라는 생각에서다. 병원의 처방을 받고 약을 타 보니 몇 알씩 넣은 약봉지가 겨우 이틀분이다. "의사가 가벼운 감기이니 이렇게 처방해 준 것일 터이니 이것만 먹으면 낫겠지." 이렇게 생각하고 이틀 약을 먹어도 감기는 하나도 차도가 없다. 차도가 없을 뿐 아니라 목이 껄끔껄금하여 말소리도 변하고, 기침이 나는데 앞가슴이 뜨끔뜨끔하고 목에 가래가 걸려 답답하기 이를 데 없다.

다시 병원에 가 감기가 더하다고 호소하니 의사는 이번엔 엉덩이주사까지 놓아 주고 약을 5일분이나 처방하여 주었다. 바깥 출입을 꼼짝 아니하고 약을 먹었으나 몸살기는 덜하는데 기침 가래는 변함이 없다. 다시 병원엘 갔다. 이번엔 엉덩이 주사에 3일분 약을 주었다. 역시 감기는 떨어지지 않는다. 이제는 마누라가 걱정을 한다.

"감기 오래 가민 영양주사 맞아사 홉네다. 병원에 강 영양주사 놓아 도랭 홉서."

마누라의 조언대로 병원에 가서 영양주사 의논을 했다. 단백질인지 무엇인지 모르되 링거 같은 것을 혈관에 꽂고 3시간 이상 누워 있으라는 것이다. 지루한 3시간을 견뎌내고 약 3일분을 받고 왔는데 역시 감기는 떨어지지 않는다. 다시 병원엘 갔더니 이번엔 의사가 가슴 엑스레이를 찍어보자고 한다. 엑스레이를 찍었더니 의사는 지난 1월달에 찍은 사진하고 두 개를 걸어 전깃불에 비추어 놓고 비교하며 기관지가 조금 부은 것 같다고 한다. 5일분 약 처방을 끊어준다. 이 약을 다 먹어가니 기침이 가라앉고 가래가 없어지며 목이 터졌다. 그럭저럭 한 20여 일 고생을 한 셈이다.

감기가 거의 나아가니 얼른 독감 예방주사를 맞아야 하겠다는 생각이 들었다. 보건소에 전화를 걸었다. 전화가 통하자 "독감 예방주사는 11월 1일부터 시행합니다." 고 한다. 이 말을 들은 나는 마음이 좋지 않았다.

그대로 수화기를 놓을 수가 없다.

"여보세요. 거 왜 그렇게 일찍 예방주사를 놓으려 하세요? 명년 1월이나 2월달쯤 되어서 놓기 시작하지 않고서……."

"주사약이 아직 안 들어와서 늦습니다. 할 수가 없어요."

"여보시오. 그러다가 독감 걸려서 죽은 후에 예방주사 놓아서 무슨 소용이 있어요?

"독감 걸려서 죽은 사람 없습니다."

"아니, 치료하지 않고 내버리면 합병증으로 죽지요. 그게 무슨 말씀이오? 독감이 자연 치유된단 말씀이오? 그러면 예방주사는 무슨 때문에 놓는단 말씀이오?"

대답하는 아가씨 직원의 잘못은 아니지만, 그 앙칼진 듯한 목소리가 미워서 나는 언성을 높여서 욕을 하고 수화기를 놓았다. 할 수 없이 15,000원을 내고 병원에 가서 예방주사를 맞았다. 예방주사를 맞은 후 며칠 간은 몸의 컨디션이 별로 좋지가 않았다.

그런데 요새 며칠 간은 날씨가 유난히 좋다. 서재의 책상 앞 의자에 앉으면 햇볕이 화사하게 들어온다. 햇볕을 맞은 등이 유난히 따뜻하다. 등이 따뜻하니 팔 다리의 관절도 편안하고 온몸이 따뜻하여 감기기가 말끔히 사라져 참 좋다. 감기라는 홍역을 치렀지만, 이것도 대자연의 변화에 따른 재수보기인 것이 틀림없음을 실감했다.

어느 날 의사 친구를 만나 독감예방주사의 효과에 대해 물어보았다. 그 친구는 웃으며 대답했다.

"거 재수보기입니다. 독감의 유형은 여러 가지지요. 우리 주위에는 수많은 균이나 바이러스가 들끓고 있는데, A형 독감예방주사를 맞았을 경우 다행히 A형 독감이 유행하면 효과가 있지만, B형 독감이 유행하면 아무 효과도 없어요. 결국 재수보기지요."

독감예방주사가 능사가 아님을 알았지만, 그에 그치는 것이 아니다. 감기에 걸리는 것도 재수보기요, 홍역에 걸리는 것도 재수보기다. 병원에 가느라고 버스를 타고 보면 감기에 안 걸린 사람이 수다하고, 예전, 홍역이 휩쓸었다면 다들 아기들이 쓰러지는 때에도 홍역을 앓지 않은 아기가 많지 않았던가? 나아가 몹쓸 병에 걸리는 것이나 죽음, 인생 만사가 다 재수보기임을 어렴풋이 느끼지 않을 수 없다. 어찌 인간의 의지가 대자연의 순행을 막을 수 있을 것인가?

— 2004. 10. 27.

망상(妄想)

지난 4월 6일이던가. 저녁에 텔레비전을 켜고 보니 화면 전체가 불바다였다. 강원도 양양의 산불이다. 처음은 불이 그리 크지 않았는지 공무원 같은 분들이 소나무 가지를 꺾어 불줄기를 따라 쳐 두들기는 것이다. 다소 불줄기가 줄어드는 듯했지만 강풍이 불어닥치는 바람에 불줄기는 잡을 수 없이 순식간에 번져 나간다.

산불은 잠시 보는 사이에 파도처럼 번져 대천바다같이 넓어지고 숲은 소리를 내며 화염을 뿜어댄다. 새로 등장한 것이 헬리콥터이다. 헬리콥터는 물을 싣고 와서 삼림 위에 몇 양동이의 물을 뿌려 놓고 다시 물을 실으려 되돌아간다. 다음 날아온 헬리콥터도 마찬가지로 몇 양동이의 물을 뿌리고는 다시 되돌아간다. 이것이 계속 반복된다. 그런데 헬리콥터가 뿌린 물은 나무 숲 아래의 불길까지는 가지 않는다. 겨우 바람에 날리며 나무숲의 이파리만 적시고 불길의 중심부에는 물을 적시지 못하고, 불은 '저까짓 것이 무엇이냐.'는 듯이 강풍을 타며 천 리 만 리 번져나간다. 마을 주민들이 학교로 대피를 하여 불길을 내다보며 발을 구른다. 나중에 안 일이지만, 그 유명한 낙산사의 대웅전이 여지없이 타 버리고, 나라의 보물인 동종이 불타 완전히 녹아 버려 다시 복원하지 못하게 되어 버렸다는 것이다.

나는 그 산불의 보도를 보면서 한숨을 지었다. 국가의 보물이 없어졌다는 데서만이 아니다. 대체 이런 강풍에 산불을 끄는 방법이 너무 원시적이라는 데에 있다. 나는 텔레비전의 불길을 보며 "야, 무슨 과학적인 소화 방법이 있어야 할 것이 아니냐." 하고 연신 탄식을 했다. 좀더 과학적인 방법이 있을 수 없는 것이냐? 나는 중학교 때 배운 화학 지식이 떠올라 그 방법을 찾느라고 불길이 번져 가는 것에는 정신이 가지 않았다.

불은 산소가 있으니까 타고 번져 가는 것이다. 그러니까 산소를 차단해야 할 것이 아니냐. 예로부터 '수화상극(水火相剋)'이라 해서 그저 물을 길어다 뿌리면 된다는 것은 극히 초보적인 방법이요, 원시적인 방법이다. 물은 수소가 둘에 산소 하나가 결합된 것이 아닌가. 곧 H_2O이다. 여기의 수소 둘을 분리시켜 이것을 압축·응결시키고 고체화시켜서 알약 모양으로 동글동글 만들어 놓으면 어떨 것인가. 불이 몇 천도인지는 모르지만 그 온도만 되면 이 수소가 분해되도록 표피를 입혀서 방울로 만들면 될 듯하다. 헬리콥터에 싣고 가서 확 뿌려 놓으면 방울이니까 나무 숲 아래로 다르르 떨어질 것이요, 그 수소 방울은 불이 닿기만 하면 녹아 해체되어 주위의 산소를 흡수·결합하여 곧 물이 될 것이 아니겠는가. 그 수소 한 방울은 주위의 산소를 흡수했기 때문에 여러 양동이의 물로 화하여 번질 것이다. 그러면 산불 끄기는 누워서 떡 먹기가 아니겠는가.

어디 그뿐인가. 수소를 이렇게 고체화시켜서 방울로 만들면 이것을 특허 받아 약병에다 담고 시판하는 것이다.

"화재 방지 약 한 병에 5,000원!"

이렇게 하여 판매하면 각 가정에서는 미리 이 약을 사다 두었다가 만일에 화재가 나면 약을 여남은 알 뿌려 버리면 화재는 끝. 이것이 소문이 번져 가면 대한민국 가정 치고 아니 살 가정이 없을 것이니 꿩 먹고 알 먹기가 아니냐?

이쯤 사고를 진전시켜 놓고 밤도 늦기에 산불을 보아야 그것이고 잠이나 자려고 이불 속에 들어갔다. 그런데 불면증에 시달리는 나는 이 기발한 이론을 정리하느라고 잠이 올 리가 없다. 한참을 누웠다가 잠이 아니 들고 해서 "에라, 좀 아는 놈에게 가서 검증을 받아 보아야 잠이 오지." 하고 고등하고 3학년의 큰손자에게 갔다. 이놈이 영어공부 하는 것을 중단시키고 위의 내 이론을 죽 설명을 했다. 그랬더니 이 놈이 왈,

"그 이론은 맞는데요, 경비가 많이 들어서 수지가 안 맞을 거예요."

"무슨 경비가 그리 많이 든단 말이냐?"

"수소를 고체화시키려면 마이너스 3백 몇 십도 되어야 하는데요, 우리가 냉장고를 2도 정도로 내리게 하는 데도 전기료가 그렇게 드는데 그게 얼마나 돈이 들겠습니까?"

마이너스 3백 몇 십 도라는 것을 정확한 숫자로 말했지만, 나는 방금 잊어버리고, 그저 정신이 아찔했다.

"아하, 그렇게 차가워야 고체화가 된단 말이지."

나의 기발한 이론이 그만 와르르 무너져 버리는 것이다.

나는 북극이나 남극을 얼른 생각했다.

"그러면 북극이나 남극에 가서 만들어 오면 전기료가 없이 차갑게 응축시킬 수가 있지 않아?"

이렇게 내 이론을 관철시키려 해 보았지만, 생각해 보니 거기서의 제조 과정도 문제이고 또 수송비가 얼마나 들것이냐 하는 데에도 부딪치고 말았다.

"응, 알았어. 내가 유치원생 같은 망상을 한 게로군."

나는 이 말 한 마디를 남기고 머리에 찼던 것을 싹 씻어 버리고 돌아와 겨우 잠이 들 수 있었다.

— 2005. 5. 8.

한 송이 장미꽃

6월 1일은 음력으로 4월 25일이다. 일흔 다섯 번째 맞는 나의 생일이다.

생일이라고 해야 나에겐 별다른 감회가 없다. 아침에 일어나 보니 어제나 마찬가지로 해는 떠 있었고, 하늘은 푸르러 몇 송이 흰 구름이 떠돌고 있을 뿐이다. 다만 '반갑지 않은 나이가 하나 더 들어가는구나.' 하는 마음이 가슴 한구석에 엉키는 것이다.

아침밥을 먹어라 해서 식탁에 와 앉아 보니 막내며느리가 흰밥에 싱싱한 옥돔미역국을 단정히 차려 놓고 있었다. 우선 젓가락으로 옥돔 덩이를 끊어서 집어먹으니 참으로 '베지근'하여 나는 '생일은 생일이구나.' 하는 감회가 든다.

저녁에는 큰아들 식구들이 외식을 가자고 해서 일식집에서 저녁을 잘 먹었지만, 그저 '자식들이 아버지 생일에 성의를 보이는 것' 쯤으로 이해하고 차를 탔다. 집으로 돌아오는 길에 며느리들은 생일 케이크를 사서 들고 들어왔다. 거기에다 초등학교 2학년인 막내손자가 장미 한 송이를 들고 와서 "할아버지 생신 축하합니다." 하며 두 손으로 장미를 나에게 준다. '막내며느리가 가르친 것이로구나.' 생각하며 어, "착하다." 하며 받아 보니, 한 뼘 반쯤 되는 붉은 장미 한 송이를 비닐로 감아서 포장한 것인데, 장미가 무거운 꽃송이를 비닐에 기대어 졸고 있었다.

케이크 절단 의식이 준비되어 촛불을 켜고 "생일 축하합니다……." 하는 노래를 부를 때는 나도 일부러 즐거운 듯이 손뼉을 치며 맞대꾸해 주었다. 케이크 절단이 끝나 케이크를 먹을 때 막내며느리는 내 옆에 놓아 둔 장미꽃 포장을 풀어 물컵에 물을 넣어 장미꽃을 옮겨 꽂아 식탁 위에 놓았다. 장미꽃이 물을 빨아들여 마른 목을 축이는 것 같다.

다음 날 아침부터 나는 식탁에 앉으면 먼저 장미꽃 한 송이부터 본다. 투명한 물컵에 기댄 장미꽃은 짙푸른 이파리가 싱싱하다. 꽃대 위에 핀 꽃은 크지는 않지만, 그 새빨간 꽃잎들이 차곡차곡 겹쳐진 질서가 자연의 오묘한 섭리를 모두 담고 있다. 가장자리는 꽃잎의 반을 조금씩 벌려 피워 놓았지만, 가운데의 꽃잎들은 아직 벌리지를 못하여 동그란 큰 구슬처럼 감겨져 있다. 서정주의 사색 같지만, 이 한 송이 장미꽃을 피우기 위해서 그 추운 눈보라에 장미나무는 얼마나 떨며 인내했으며, 봄바람이 살랑대자 새순이 돋아 오를 때 꽃샘추위는 얼마나 맞았겠는가. 그 많은 장미꽃송이 가운데에 어쩌다 나와 인연이 맞아 지금 이 식탁 위에서 물을 빨아먹으며 나의 심미안을 일깨워 주게 되었는가.

나는 매번 식탁에 앉을 적마다 붉은 꽃잎이 얼마나 더 벌어졌으며 가운데 동그랗게 엉킨 꽃잎 덩어리에서 몇 잎이 더 피어나는가를 살핀다. 그러나 붉은 꽃잎은 더 벌어지는 성 싶지 않고, 가운데의 꽃잎 덩어리도 더 피어나는 것 같지 않다. 그저 그대로 현상 유지를 하는 듯싶다.

하루가 가고 이틀이 간다. 사흘이 가고 나흘이 지나간다. 이레, 여드레가 지나가니 꽃잎 언저리의 붉은 빛이 무슨 피부병이라도 걸린 것처럼 붉은 빛이 흙빛으로 조금씩 변하여 쭈그러지기 시작한다. 그 피부병은 하루가 지나면 더 커져 꽃잎 언저리가 시들기 시작한다.

오늘이 열 하루째. 나는 꽃 가운데 꽃잎 덩어리가 벌어져 피우는 것을 보고파 그 원인을 생각한다. 아직도 이파리가 검푸르게 싱싱한 것을 보면 아직도 꽃을 더 피울 기력이 있다는 것이 아닌가.

오늘 아침은 조반을 먹으며 나는 무심결에 말을 꺼냈다.

"애야, 이 꽃 물 갈아줘야 될 것 같다."

"이젠 다되었어요." 막내며느리의 말이다.

이 말이 끝나자, 마누라는 붉은 꽃잎을 살짝 잡았다. 꽃잎이 소리도 없어 떨어지고 마는 것이다. 이것을 본 막내며느리는 꽃컵을 들고 일어서더니 장미꽃대를 두 개로 똑 꺾고는 쓰레기 비닐에 꽃을 구겨 넣고 마는 것이다.

나의 장미꽃 한 송이에 거는 기대와 애정은 아직도 남아 있는데…….

과일 그릇 옆의 꽃자리가 허전하다.

— 2005. 6. 11.

아름다운 황혼

나는 제주읍 노형리 '넙은드르 알가름 곱뒌밧' 집에서 일곱 살까지 자랐다. 삼간 초가 마당을 나가면 '올레'에 큰 먹구슬나무가 늠름히 서 있다. 그 그늘에서 아기 업은 누님과 소꿉장난을 하며 거의 하루를 보내었다.

먹구슬나무 아래서 북쪽을 내다보면 저 멀리 약간 동쪽으로 도두봉이 동그스름하게 알맞은 높이로 차분히 앉아 있고, 서쪽으로 이호리, 외도리 바다가 질펀하게 이어지고 있다. '큰관탈', '족은관탈' 섬이 알맞은 거리를 두고 병풍처럼 둘러친 수평선 위에 자그마하게 언제나 떠 있다.

하루해가 거의 흘러 해가 수평선에서 두어 발 거리에 다다르면 하늘에 떠 있던 흰 구름이 서서히 빛을 바꾸기 시작한다. 혹은 분홍빛으로, 혹은 붉은 빛으로, 혹은 자줏빛으로.

해지기는 빠른 것이다. 수평선에서 두어 발 되던 해가 어느새 한 발 정도로 줄어들고, 다시 금세 두어 뼘쯤 되게 내려간다. 이 때쯤 되어 가면 석양빛은 아주 농도가 짙어진다. 분홍빛의 구름은 진분홍으로, 붉은 빛의 구름은 새빨간 빛으로, 자줏빛의 구름은 짙은 자줏빛으로 물들여져 여기저기에 떠돈다. 해는 바라보는 사이에 한 뼘도 못되게 수평선에 가까이 내려가, 손바닥만한 넓이의 붉은 빛을 바다에 일직선으로 그어대어 아롱거리며 나를 향해 비친다. 온 세상이 고요하고 황홀하다.

아, 아름다운 황혼이여! 필시 수평선으로 사라져 가는 해의 최후의 정열이리라.

최후의 정열을 발산하며 수평선으로 사라지는 광경을 본 사람은 누구나 시간의 빠름을 느끼지 않는 이가 없을 것이다. 해는 수평선에 닿을락 말락하다가 드디어 커다란 불덩이로 화하여 수평선에 닿았는가 하면 서서히 둥근 모습을 밑으로 끊으며 어느새 반 조각이 되고, 그 반 조각이 차차 줄어들면서 붉은 점을 조금 남겼다가 마지막으로 사라진다. 그 최후의 사라짐은 아무 소리 없이 실로 고요하고 엄숙한 것이다. 해가 사라지고 나면 그 찬란했던 석양빛들이 서서히 빛을 잃어간다.

해가 대낮처럼 인간 세상을 비추다가 석양의 아름다움을 수놓지 못하고 그냥 희멀겋게 수평선으로 내려앉아 버린다면 얼마나 무미할 것인가. 해는 동쪽으로 솟아올라 하늘을 한 바퀴 돌며 지구상의 만물에게 모든 신비와 생활에의 활력을 주다가 서쪽 수평선으로 기울어질 때에는 최후의 힘을 다 내어 그 정열을 발산하고 있는 것이다. 분홍, 빨강, 자줏빛 등 그 아름다운 빛으로 이 세상을 황홀하게 만드는 최후의 절규이다. 그러면서도 해는 아무 말이 없다. 그저 고요히, 서서히 수평선으로 그 자태를 감추어 버리는 것이다.

나의 인생에 지금 황혼은 다가오고 있다.

나의 해는 지금 수평선에서 얼마큼 높이 떠 있을까? 한 발쯤일까? 한 뼘쯤일까? 지금쯤은 석양빛을 찬란히 발산할 시간도 되었을 터인데…….

해가 최후의 정열을 발산하며 고요히 엄숙하게 수평선에서 사라지듯 나도 그래야 될터인데…….

— 2005. 6. 3.

전설집의 수난

나는 1976년에 『제주도 전설』이라는 전설집을 문고판으로 낸 일이 있다. 여기에 실린 제주도 전설들은 어릴 적부터 들어온 것도 있지만, 대부분은 1974년부터 2년 간 겨울방학 때 제주도를 걸어서 일주하며 이 마을 저 마을에서 녹음 조사한 것이다. 길이 잘 뚫리지도 않고 도로포장도 되어 있지 않은 때여서 몰아치는 눈보라를 맞으며 마을 마을들을 돌며 조사하기란 참으로 괴로운 일이었다. 한 마을에 들어서면 이장님에게 제보자가 될 만한 이를 소개받아 그 집을 방문하거나 집에 안 계실 때에는 그의 행방을 찾아 돌아다니느라 눈보라에 귀가 시리다 못해 아팠다.

전설 조사가 어지간히 되기에 이를 녹음한 원문을 제주방언 그대로 옮겨 낼까 하다가 생각해 보니 방언 그대로여서는 학술적 가치는 높겠지만 일반 대중의 읽을 거리는 되지 못할 것이라고 생각했다. 당시는 신화, 전설의 가치에 대한 일반인의 인식이 없었고, 또 제주도 관광 사업에 대한 붐이 시작되던 때인지라, 나는 일반 독자들의 전설에 대한 인식도 높일 겸 관광 안내에 덧붙여 활용하도록 하는 것이 낫겠다는 생각이 들었다. 그래서 이 전설들을 방언 그대로 쓰지 않고 표준어 문장으로 바꾸어 값싼 문고판으로 내기로 마음먹고 출판을 했다.

책이 나오자 나는 이미 나에게 책을 증정해 준 친지들에게 사례도 할 겸하여 책을 여러 친지들에게 증정을 했다. 책을 우송하여 2~3일 후, 새벽 일찍이 전화가 걸려 왔다. 향토사학을 연구하는 K 모 교장 선생님이었다. 그의 전화 목소리는 조금 화가 난 언성이었다. 인사말도 없이 대뜸 하는 소리가 책 투정을 하는 것이다.

"아니, 선생님이 그런 책을 내면 어떻게 되는 겁니까?"

"선생님, 『제주도 전설』이 무언가 잘못된 곳이 있습니까?"

"잘못된 정도가 아니나라, 책 전체가 모두 황당무계한 거짓말 아닙니까? 사실은 사실대로 써야 하지, 엉터리 거짓말만 엮어 놓으면 장차 제주도의 향토사는 어떻게 되라는 것입니까!"

나는 여기까지 듣고 그가 하는 말의 내용을 파악할 수 있었다. "인물전설에 역사적 사실이 없는 거짓말을 써 놓았으니 향토사가 왜곡되게 된다는 말이로구나. 역사와 전설의 개념을 알지 못하고 하는 말이로구나. 그러나 교장 선생이나 되고 향토사학자이면 이것쯤은 구별할 줄 알아야 할 터인데……. 이런 분이 역사와 전설의 개념 차이를 모른다면 큰일인데……. 다른 분이면 몰라도 이런 향토사학자에게는 그 차이를 바로잡아 드려야 되겠다." 이런 생각이 순식간에 머리를 스치는 것이다.

"선생님, 전화는 고맙습니다만, 역사와 전설은 다른 것입니다. 역사는 사실의 기록이지만, 전설은 허구입니다. 허구이니까 전설은 문학입니다. 민중들이 사실과 다르게, 한 인물을 어떻게 보고 해석하고 인식했느냐 하는 이야기가 전설입니다. 그러니까 전설은 문학이니만큼 사실 여

부와는 상관이 없습니다. 중요한 것은 하나의 인물에 대한 민중의 인식이지, 사실과의 거리는 아무 의미도 없는 것입니다."

이만큼 말하면 이해할 줄 알았는데, 그는 더 화가 난 목소리로 "전설이 문학이든 무엇이든 권위 있는 현 선생이 이렇게 황당무계한 이야기를 써 버리면 일반인들은 그것이 사실이라고 믿어 버리게 마련 아닙니까? 거, 고쳐야 합니다." 하는 것이다.

나는 하도 어이가 없어 "일반인도 역사와 문학의 차이를 아는 분은 알 것입니다. 죄송합니다." 하고 전화를 끊고 말았다.

이러한 전화의 수난을 당한 며칠 후, 나는 관덕정 마당을 걷고 있었다. 마침 경찰서의 모 형사를 만났다. 형사는 나에게 "현 교수님, 좀 만나 말씀할 수 있는 시간이 있습니까?" 한다. 나는 "예." 하고 둘이서 근처의 다방에 들어갔다. 차를 시켜 놓고 나니 형사가 말을 꺼냈다.

"교수님, 이번 『제주도 신화』라는 책과 『제주도 전설』이라는 책을 내셨습니까?"

"예, 내었습니다."

"그 책의 저자 약력에 현재 직업을 무엇이라고 썼습니까?"

"「현 제주대학 교수」라고 썼습니다."

"지금 교수십니까?"

"아닙니다. 부교수입니다."

"그런데 어째서 '교수'라고 썼습니까?"

"예, 대학 사회에선 전임강사 이상이면 교수라고 통칭합니다. 그래서 교수라고 썼습니다. 형사님도 저를 부를 때 '현 교수'라고 부르지 않았습니까?"

"아, 그렇구만요. 알겠습니다."

이것으로써 질의를 마치려 하기에 나는 한 마디 물었다.

"어째서 교수냐, 아니냐를 묻는 것입니까?"

"아, 아무것도 아닙니다. 어떤 분의 투서가 들어왔는데, 교수도 아니면서 교수라고 현직을 썼다고 했기에 사무를 처리하려고 그런 겁니다."

이런 후 차를 마시는데, 설탕을 아무리 많이 넣어 봐도 차 맛이 씁쓸했다.

나는 이 투서를 한 사람이 누구인지를 대략 짐작한다. 예전에 나의 중간 학력 결손 운운하여 각 신문사, 방송국, 경찰국장, 문교부, 심지어는 유신정권 하의 그 무서운 국가 보위 비상대책 상임위원회에까지 투서를 하여 나를 괴롭힌, 같은 과 대학 후배가 있기 때문이다. 이렇게 치사스러운 투서를 하는 무식한 자가 있는가 하고 나는 불쾌했지만, 잠자코 아무 말 없이 넘겼다. 그 후 나의 젊음을 다 바친 책 『제주도 무속자료사전』을 낼 때에는 다시 경찰서 출입이나 해질까 해서 저자 소개 약력에 「현 제주대학 부교수」라 쓰고 「교수」라는 말을 쓰지 않았다. 참 어이없는 일이다.

이런 수난을 받으면서도 이 『제주도 전설』은 반응이 좋았다. 곧 「제주신문」에서 "그 전설들을 삽화를 곁들이면서 연재할 터이니 허락해 달라."는 요청이 와서 승낙했다. 연재가 끝나 얼마 없어 『관광제주』라는 잡지가 나오기 시작했다. 관광제주사에서는 곧 "매호마다 그 책의 전설을 연재할 터이니 승낙해 달라."는 요청을 해 왔다. 나는 전설이 관광 발전에 기여할 것을 생각하여 흔쾌히 승낙했다. 『관광제주』는 제주도 전설을 연재하며 호수를 거듭했다.

어느 호이던가, 『관광제주』는 「고성(古城) 홍 효자」 전설을 싣고 세상에 나왔다. "유명한 효자 이야기이고 재미가 있으니 당연 실을 만하지".

나는 이렇게 생각하며 그저 덤덤했다.

잡지가 나와 2~3일 후 학교에 있는 나에게 어떤 분의 전화가 걸려왔다. 수화기를 드니 화가 난 앙칼진 목소리로 반말을 해대는 것이다.

"현용준 교수요?"

"예, 그렇습니다. 누구 되십니까?"

"나는 어느 사업소 소장인데, 당신 나 좀 만납시다. 나 고성 홍 효자의 자손이요."

"예, 그럽시다. 사무소가 어딥니까? 제가 내려가면서 들르겠습니다."

나는 이내 상황에 대하여 짐작이 갔다. 그 사업소 이름이 별로 알려지지 않은 것으로 보아 제주도 산하의 자그마한 사업소 같고, 소장이라니 6급 아니면 5급 정도의 공무원 같다. 고성 홍 효자의 자손이라는 것을 밝히는 것을 보니 이번 『관광제주』에 실린 조상의 전설에 대한 무슨 불만이 있는 것 같다. 내가 가서 이해를 시켜 줘야 하겠다. 이렇게 생각하고 학교에서 내려와 그 사무소를 찾아갔다.

사무소에 들어서 보니 생각보다 좁은 너저분한 방에 소장 혼자 있었다. 나는 "작은 사업소의 6급 공무원 소장이로구나." 생각하며 내 신분을 밝히고 인사를 했다. 그 소장은 인사도 받는 둥 마는 둥하고, 나더러 앉으라는 말 한 마디 없이 대뜸 큰 소리를 질러댔다.

"당신, 우리 조상을 그렇게 모독할 수 있소? 우리 조상이 가죽옷의 이나 잡았던, 그런 사람 같소?"

"그것은 전설 아닙니까? 저는 성상읍 시흥리의 양기빈 씨의 구술을 적어 실은 것밖에 다른 의도가 없습니다."

"그러면 왜 우리 족보는 아니 보고 썼소? 그 족보를 보시오. 홍 효자의 행장이 어떻게 씌어 있는지."

"족보를 아니 봐도 홍 효자가 어떤 분인지 저도 대략 알고 있습니다. 그것은 전설이니까 사실과 다릅니다."

"그러면 사실대로 쓰지, 왜 엉터리로 가죽옷에 이 잡는 이야기나 쓰는 것이오?"

나는 '차렷' 자세로 선 채로 그 말을 들으면서 그 홍 효자 자손이 어처구니없는 사람임을 알았다. 저가 아무리 소장이라 하더라도 6급 주사의 보직일 터인데, 국립대학 교수를 불러 놓고 이게 무슨 예의 없는 짓이란 말인가. 이 사람에겐 전설의 본질이 어떤 것이고, 사실의 기록인 역사와 허구인 문학의 차이를 아무리 쉽게 설명해도 알아먹을 위인이 못 된다. 또한 전설 자체만 놓고 따지더라도 그 홍 효자를 모독한 것도 되지 않은 것인데, 아마 이런 대목에 기분이 상한 모양이다.

"……홍 효자는 아버지가 병환으로 눕게 되자 침식을 잊고 구병에 힘썼다. 당시 제주 백성들은 일반적으로 생활이 어려워 이부자리를 제대로 마련하여 살지 못하던 때였다. 홍 효자도 마찬가지였다. 아버지가 눕게 되자, 홍 효자는 있는 재력을 다하여 좋은 이부자리를 마련했다. 그래서 아버지는 방안에 이부자리를 깔아 모시고, 자신은 가죽옷을 입은 채 마루방에서 자면서 구병을 했다.

구병하면서 홍 효자는 매일매일 아버지의 똥을 맛보았다 한다. 아버지의 똥은 날이 갈수록 단맛이 더해 갔다. "똥 냄새가 궂어야 사람은 오래 사는 법인데, 똥 냄새가 단 것을 보니 속히 세상을 떠나실 것 같다." 고 하면서 앙천통곡(仰天痛哭)했다 한다.

아버지 구병을 하는 데에, 마루방에서 가죽옷을 입은 채 몇 달이고 지내 가니 이가 몹시 생겼다. 목욕을 아니 함은 물론, 머리도 빗지 않고 오직 아버지 병환만을 걱정하는 것이니 이가 일 것은 당연하다. 어찌나 이가 많이 일었는지 가죽옷의 털 틈새마다 이가 박히었다.

어느 따뜻한 봄날, 홍 효자는 아버지의 병환도 약간 나은 듯하고 해서 이를 잡기로 했다. 이를 잡는다 해도 실은 죽이는 게 아니라, 털발의 틈새마다 허옇게 기어다니는 이를 하나하나 주워서는 땅바닥에 조심조심 놓아주는 것이었다. 이라고 한들 살생을 해서 되겠느냐는 것이다.

이 때 말총 장수가 말총을 사러 들어왔다. 말총 장수는 제주도의 말총을 가가호호 돌아다니며 사 모아 가지고 육지로 내어다 파는 행상꾼이다.

말총 장수는 홍 효자의 집 마당에 들어서서 홍 효자가 이 잡는 것을 한참 들여다보았다. 세상에 이가 이렇게 많이 일 수도 없으려니와 그 이를 잡는 방법이 하도 걸작이어서 웃음을 참을 수가 없었다. 말총 장수는 이런 우둔한 인간은 한번 골려 주는 게 좋겠다는 생각이 들었다.

"하, 여보, 그 많은 이들을 어찌 하나하나 잡아냅니까? 한꺼번에 없애는 방법이 있습니다."

"어찌하면 이를 한꺼번에 없애는 수가 있을까?"

말총 장수는 가죽옷을 시루에 넣어서 찌면 이가 한꺼번에 없어질 것이 아니냐고 가르쳐 주었다.

홍 효자는 가죽옷을 시루에 넣어 찌면 윤기가 다 빠져서 구워 놓은 오징어처럼 되어 다시 입지 못하는 것을 몰랐다.

홍 효자는 곧 부인을 부르고 가죽옷을 시루에 넣어 찌도록 했다. 쪄내고 보니 가죽옷은 영영 입지 못하게 되어 버렸다. 이것을 보자 홍 효자는 크게 탄식을 했다.

"하, 그거, 공연한 놈 말을 들어서 이를 다 죽여먹고, 가죽옷도 못 입게 되어 버렸다!"

이렇게 매일 탄식을 하는데, 말총 장수는 말총을 사 거두어서 육지를 나가려고 배를 놓았다. 풍파가 세어서 떠날 수가 없었다. 조금 바람이 잔잔해진 것 같아서 배를 놓으면 곧 풍파가 일어 돌아오곤 하는 것이었다. 석 달 열흘을 기다려도 바람은 자지 않았다.

말총 장수는 하도 답답해서 점쟁이에게 가서 점을 쳤다. 점쟁이는 "천하대효(天下大孝)의 마음을 거슬려 놓은 죄 때문이라" 고 했다. 그제야 말총 장수는 홍 효자를 조롱한 죄를 깨닫고 홍 효자를 찾아갔다. 너붓이 큰절을 하고 "과연 잘못했사오니 용서하여 주십시오." 하고 극진히 사죄를 했다.

그리하여 홍 효자의 마음을 풀어놓은 후에야 순풍이 일어 갈 수가 있었다 한다.…… (하략)

이런 대목의 이 잡았다는 부분이 자손으로서 마음에 거슬린 것 같다. 그러나 가만히 살펴보면 가죽옷의 이를 쩌서 죽이고는 살생을 했다고 매일 탄식을 했고, 홍 효자를 조롱하려던 말총 장수가 와서 극진히 사죄함으로써 일이 풀렸으니 천하대효라고 극찬을 받은 것으로 되어 있다. 그러니 조상을 모독한 것도 되지 않을 것 같은데 그렇게 화를 내는 것이다.

이 「홍 효자 전설」은 사실과는 차이가 있다는 것을 나도 얼마간 안다. 『증보 탐라지』 등 문헌에 따르면 홍 효자의 이름은 홍달한(洪達漢)이고 영조 때 사람이다. 어릴 적 아버지를 여의고, 어머니를 극진히 봉양하였으며, 아버지 삼년상을 치르지 못한 것이 한이 되어 자란 후에 삼년상을 추복(追服)했다. 그뿐 아니라, 임금님이 돌아가시자 '다랑쉬오름'에 매월 초하루와 보름에 제상을 차려 분향하고 북향 재배를 하며 곡을 한 분이다. 그래서 나라에서 효자비를 내렸다.

이런 사실적인 이야기보다 전설이 훨씬 효자답게 묘사되어 있다. 그런데 이 효자 자손은 다시 큰 소리로 말을 잇는 것이다.

"당신이 홍 효자의 사실을 알고 있다면 이미 발표한 것이 틀린 것이라는 것을 다시 쓰시오."

"예, 죄송합니다. 저의 글로 해서 가문에 불명예를 끼쳤다면 제가 이 자리에서 사과 드리고 사실을 밝히는 글을 쓰겠습니다."

나는 꿇어앉지만 않아 사과를 하고, 마무리를 지어 사무실 문을 나왔다. 전설의 개념이 어떤 것인지, 역사와 문학의 차이가 어떤 점에 있는지 전연 모른 그 사업소 소장에게 나는 그것을 이해하도록 설득시킬 자신도 없으려니와, 또 그렇게 할 위인도, 분위기도 아니었기 때문이다.

나는 그 사무실을 나올 때는 「사실과 전설-역사와 문학의 차이」라는 제목으로 글을 써서 그들에게 교양을 주려고 생각했으나, 다시 생각할수록 한심스럽고 괘씸하다는 생각이 사라지지 않아 끝내 붓을 들지 않고 말았다.

그런데 세월이 흘러 이제는 전설이라는 것을 조금 아는 성싶다. 인터넷에서 제주도 관련 홈페이지를 열어 보면 나의 『제주도 신화』나 『제주도 전설』의 글을 그 출처도 밝히지 않고 그대로 베껴다 실어놓은 것이 수두룩하다. 엄밀히 따지면 이것들은 저작권법에 위반되는 것임을 안다. 그렇지만 나는 제주도 고유 문화를 선양하는 의미에서, 또 제주도 신화나 전설은 제주도민 공유의 것이라는 생각에서 아무 소리도 안 하고 있다. 그러면서도 찌는 듯한 무더위와 살을 에이는 듯한 겨울의 추위에 조사·채록한 고생을 조금도 알아주지 않고 제멋대로 이용만 하는 것이 섭섭할 따름이다.

— 2005. 6. 25.

전기 압력밥솥

우리 집에는 새로 사 온 전기 압력밥솥이 있다. 새로 사왔다고 해야 1년이 훨씬 넘었다.

묵은 집이 거의 허물어져 가 새 집을 지어 막내아들네와 같이 살기로 하고 이층으로 집을 지었다. 집이 완공이 되자, 막내아들네는 새 집에 가구도 낡은 것을 놓아서는 폼이 나지 않는다는 것이다. 그래서 싱크대도 말쑥한 것으로 바꾸어 들여놓고, 압력밥솥도 말쑥한 것으로 사 왔다.

부엌은 따로 만든 것이 아니라 널찍한 거실 동쪽 구석으로 싱크대를 나란히 맞추어 놓고, 그 한쪽 공간에 레인지를 넣을 상자를 놓아 그 밑에 전기 압력밥솥을 넣었다. 이 상자는 다 문을 닫게 되어 있어 하얀 가구 상자만이 놓인 것처럼 되어 있고 그 가운데 칸에 밥솥만이 드러나게 자리 잡고 있다. 그 앞에 식탁이 놓여 있고 의자가 그 둘레에 차곡차곡 놓여 있다. 참으로 깨끗하고 말쑥한 취사와 식사 공간의 배치다.

이런 부엌 가구의 정리는 아마 막내아들의 머리에서 나온 것이 아니라, 막내며느리의 배치 설계에서 이루어진 것으로 나는 믿고 있다. 나는 무슨 가구를 어디에 놓든 말든, 이젠 다 늙은 체하여 관여하지를 않아서 잘 모른다. 다만 집을 다 단장하고 들어와 살라 하니까 밥 얻어먹고 사는 것뿐이다.

밑층에는 우리 부부가 살고, 이층에는 막내아들네가 살고 있다. 이렇게 자기는 따로 자도 밥을 해 먹기는 아들네 식구와 같이 한다. 그러니 한 식구나 다름이 없다.

밥을 하고 찬을 만들고 하는 일은 막내며느리의 몫이다. 끼니 때마다 며느리가 이층에서 내려와 밥을 하고 상을 차려 놓아 우리는 손자의 재롱을 즐기며 식사를 한다.

그런데 새로 들여온 전기 압력밥솥은 요게 기기묘묘하게 생겼다. 처음 사 들여왔을 때 솥을 보니 밥솥 뚜껑에 '압력취사', '백미쾌속', '보온' 등 잘 알 수 없는 글자들이 씌어 있을 뿐 아니라, '잡곡, 현미, 야채밥, 죽' 등이라 왼쪽에 쓰여 있고, '삼계탕, 갈비탕, 닭찜, 고구마' 등이란 글자가 씌어 있다. 이렇게 다양한 것은 여러 용도로 쓰게 한 것을 알 수 있을 뿐, 나는 너무 복잡해 조작할 능력이 없다는 것을 알고 밥솥에는 전연 가까이 하지를 않았다. 그런데 이 솥은 이런 여러 가지 취사를 할 수 있을 뿐 아니라, 이런 취사를 시작할 때와 끝날 때 그 솥 속에서 아가씨의 영롱한 목소리로 말을 하는 것이 나에겐 더욱 신기하다. "백미밥 취사가 시작됩니다.", "잡곡밥 취사가 완료되었습니다." 이런 식으로 사람에게 취사의 상황을 알려 주는 데는 감탄을 토하지 않을 수가 없다.

어젯밤엔 유난히 일찍 졸음이 왔다. 아마 그저께 충분한 수면을 취하지 못한 때문인 것 같다. 저녁밥을 먹자 잠깐 텔레비전을 향해 소파에 몸을 기댄다는 것이 잠이 흘뭇흘뭇 오기 시작하는 것이다. 9시 뉴스도 하기 전, 마누라가 즐겨 보는 일일연속극이 시작되는 것도 모르게 나는 소파에 기댄 채 잠이 들고 말았다. 마누라가 “약 먹곡 방에 가 잡서.” 하고 몇 번인가 깨워도 잠을 깨지 못했다. 나는 식후 30분에 약을 먹어야 되겠다는 생각이 머리에 박혀 있어 소파에 기댔으니 으레 예전처럼 누워 있는 줄로 착각하고는 “약 먹어서. 눈은 감고 있어도 소리는 다 듣고 있어.” 흐리멍덩한 소리로 해 놓고는 그대로 또 잠에 빠졌다. 식사 후에 소파에 기댔다가 조는 일은 종종 있는 일이다.

나중에 10시가 되어 마누라가 잠자러 갈 때에야 조금 정신이 들어 이불 속에 들어가서 잠을 잤지만, 새벽 3시 50분에 그만 잠이 깨어버리고 말았다. 소변을 보고 다시 자 볼까 하다가 잠이 들 성싶지가 않았다. 할 수 없이 거실에 나와 소파에 몸을 기대고, 담배를 하나 피워 물었다.

어제까지 그렇게 요란하던 바람도 하나도 없고, 바깥 세상은 암흑 그대로 죽은 듯이 고요하다. 지금 이 시각에는 우리 식구들은 물론 모든 사람들이 깊은 잠에 빠지고 있을 것이다. 거실 문을 열고 보니 정원의 비자나무도, 소나무도, 소철나무도 바람 한 점 흔들리지 않고 고요히 잠들고 있다. 나는 담배를 한 모금 빨며 다시 소파에 기대었다. 진짜 나 혼자만의 세상이다. 이 죽은 듯이 고요한 세상에 나만의 고요한 시간을 보내자. 이렇게 생각하며 담배를 한 모금 더 빨고 있노라니 전기밥통 뚜껑에서 증기가 쒸 하고 내뿜는 소리가 정적을 깨뜨린다. 그리고는 몇 초 있더니,

“백미 고압 취사가 완료되었습니다. 띵 똥.”

예쁜 아가씨의 소리가 밥솥에서 흘러나온다.

“하, 밥솥의 아가씨는 이 깊은 밤, 모두 다 잠든 이 시간에 잠도 자지 않고 혼자서 밥을 하여 보고하는구나. 내가 잠을 깨어 이 거실에 나오지 않았다면 이 아가씨가 취사 후 보고하는 목소리를 들어 줄 사람은 아무도

없었을 것이 아닌가!"

나는 일찍 깨어 이 밥솥 아가씨의 소리를 듣게 된 것을 천만다행으로 생각하며 담배를 한 모금 더 빨았다.

— 2005. 7. 9.

한여름 밤의 피서

대낮의 더위는 저녁이 되어도 좀처럼 누그러들지 않는다. 에어컨을 켜려고 해도 목감기에 걸린 마누라가 찬바람을 맞게 한다고 용납하지 않을 것이 뻔하다.

나는 저녁을 먹자 더위를 피해 마당에 나갔다. 마당이 집안보다 훨씬 선선하기 때문이다.

마당이라고 해야 집을 앉히고 남은 공간에 잔디를 깔고 대문에서 현관까지 통하는 길에 제주석으로 잔디 틈을 징검다리처럼 깔아 놓은 곳이다. 그래도 집터가 꽤 넓은 탓인지 집 앞의 잔디밭은 훤칠하다. 앞쪽 담장 옆으론 소철나무, 소나무, 비자나무, 남촉나무 등을 심어 놓고, 가장자리에 철쭉 등 여러 가지 꽃들을 심어 놓아 정원을 만들고 있다.

며칠 전 이 잔디밭에 아들놈이 가족이 불고기나 구워 먹을 만한 나무테이블을 만들어다 놓았고 뒷담을 기대어 사철나무를 두른 데는 나무소파를 만들어다 놓았다. 나는 그 이름을 몰라 '테이블', '나무 소파'

라고 부르고 있다. 나무 소파는 참 운치가 있다. 거실의 소파는 앉으면 등이 따뜻하고 자리가 폭신하지만, 이 소파는 나일론 줄로 바닥과 등받이를 지탱해 걸었기 때문에 툭 앉으면 몸이 흔들흔들하여 기분이 별미다.

마당에 나아가니 황혼은 이미 사라지고 어둠이 짙게 깔렸다. 나무 소파에 털썩 앉으니 몸이 흔들거리면서 앞이나 옆의 전망이 한눈에 들어온다. 우선 정면에 멀리 희끄무레한 비행장의 불빛을 뒤로 받은 소나무 숲이 검게 우리 집을 둘러 있다. 이 소나무 숲은 우리 집에서 두 밭 건너야 있는데 나는 우리 집 경계로 착각을 하여 퍽 흐뭇해 한다.

우리 집의 청룡(青龍)인가 보다. 40여 년 넘은 이 소나무 밭이 끊기지를 않고 그 비행장의 불빛을 가로막아 딴 세계처럼 만들어 주는 것이 얼마나 다행인지 모른다. 사철나무의 이파리가 약간 흔들리면서 산들바람이 내 몸을 스쳐간다. 등받이에 기대어 앉으니 등이 '사노롱' 하다.

눈을 조금 내리뜨면 울타리 안의 정원이 들어온다. 바로 앞에 늙은 소철나무가 키를 자랑하고, 다음에 내 어깨 높이의 소나무가 두어 아름 넘게 가지를 펼쳐 그 운치를 뽐낸다. 다음 비자나무가 이층에 닿을 만큼 커서 웅장하게 퍼졌고, 그 옆의 남촉나무 세 그루가 하늘이 얕다고 위로만 뻗어나고 있다.

거실에는 지금 마누라가 일일 연속극을 다 보고 뉴스를 보느라고 불을 환히 켜 놓고 있다. 러닝셔츠에 파자마 바람으로 기대어 앉아 나무들을 바라보노라면 선들바람이 선들선들 몸을 스친다. 나무 이파리들도 건들거린다. 시원한 바람이 몸을 스치니 덥던 몸이 서늘해 간다. 예로부터 '청풍(淸風)'이라 하는 것이 바로 이런 바람을 일컫는 것임을 실감한다.

정원에 정원등이 있지만 일부러 켜놓지 않았다. 밤은 캄캄할수록 제

맛이 나고 어슴푸레할수록 밤의 맛을 바로 볼 수 있기 때문이다.

거실의 불빛을 받은 소나무는 대낮에 보던 소나무 빛이 아니다. 진한 녹색 소나무 잎이 연한 초록색으로 반사되어 내비치고 있다. 아, 그 싱싱하고 새순이 돋아나려는 듯한 몸맵시라니! 나는 혹시 봄이 왔나 착각을 한다. 비자나무 이파리도 연한 초록색으로 반사되며 거실의 불빛을 받으려고 조금 기울어진 성싶다. 이 연한 초록색을 감상하노라면 다시 청풍은 선들거려 밀려온다. 파자마를 걷어올린 무릎으로부터 청풍이 온몸을 감아 돌고 스쳐간다.

등받이에 몸을 더욱 낮게 눕혀서 편안한 자세를 취해 본다. 하늘이 눈에 들어온다. 하늘은 구름 한 점 없이 맑다. 바로 우리 집 처마 기왓장에서 두어 발 사이에 별 하나가 조용히 떠 있다. 별이 하나만 떴는가 해서 다시 보니 왼쪽 집의 처마에서 두어 발 거리에 다시 별이 하나 조용히 비추고 있다. 가만히 두 별을 보니 이게 일직선으로 열을 지어 서로 눈짓하며 떠 있는 것이 분명하다. 나는 그 두 별에서 한참 동안 눈을 떼지 않았다.

청풍이 조금 강한 듯하게 내 몸을 스쳐 지나간다. 이젠 더운 기라곤 조금도 없다.

그런데 어느새 왼쪽 집 처마에서 두어 발 거리에 있던 그 별이 처마 가까이로 다가온다. 가만히 숨을 죽이고 바라보노라니 그 별은 차차 내려와서는 처마 끝에 반딧불처럼 잠시 머물었다가 서서히 사라지고 마는 것이다. 가운데 별만이 혼자 비자나무 위에 걸려 외로이 남고 있다. 시야에서 사라진 별이 지구의 회전에 의해 안 보이게 된 것을 뻔히 알면서도 나는 하나만 남은 이 별이 가련해 보였다.

구름 한 점 없던 하늘에 어디서 왔는지 흰 구름 한 뭉치가 떠올랐다. 마치 아시아 대륙 같은 모습이다. 나는 그 구름에서 눈을 떼지 않았다. 아시아 대륙같이 생겼던 구름은 남아메리카주 모양으로 변하여 이리저리 돌더니 점점 작아지기 시작했다. 그러다가 마치 J자 모양으로 볼품 없이 작아지다가 그만 어느 사이에 그림자도 없이 사라져 하늘엔 별만 반짝이는 것이다. 누가 '인생은 뜬구름 같다.'고 했던가. 구름이나 인생이나 저런 것인가 보다.

기대어 앉기도 귀찮아서 이젠 반쯤 누웠다. 아, 이게 웬일인가. 바로 내 머리 위로 바로 떨어질 듯이 큰 별이 하나 떠 있고 그 주위에 작은 별들 몇 개가 보이는 듯 마는 듯하다. "아, 가로등의 불빛이 없었더라면 더 많은 별들을 볼 수가 있었을 것을……." 이렇게 생각하노라니 어릴 적 마당에 평상을 깔고 누워 바라본 별빛이 떠오른다.

와르르 쏟아져 내릴 듯한 별들! 하늘 가운데로 미리내(은하수)가 흐르는데, 그 별의 수를 헤아릴 수가 없다. 누님은 견우성과 직녀성이 서로 사랑하는데 칠월 칠석날 꼭 한 번밖에 못 만난다는 이야기를 해 주어서 나의 가슴을 슬프게 했고, 옆에 앉은 아버지는 강감찬이 아직도 살아 있다고 북두칠성 꼬리 두 번째 별 옆의 작은 별을 증거로 대었다. 저 작은 별이 강감찬의 별이라고? 그런데 이제 직녀성은 어느 것이고 견우성은 어느 것인가. 그리고 그렇게 믿었던 강감찬의 별은 어디쯤 있단 말인가.

서늘한 바람이 다시 온몸을 스쳐 지나간다. 이젠 더운 기라고는 요만큼도 없다. 온몸이 그저 서늘할 뿐이다.

문명의 불빛 때문에 어릴 적 보던, 그런 쏟아질 듯한 별은 볼 수 없다 치더라도 몇 개의 큰 별만 볼 수 있는 것도 다행이다. 이젠 밤이 어지간히 깊은 듯싶다.

아, 나는 앞으로 몇 해를 더 넘기며 이 한여름밤의 별을 헤어보며 청풍의 맛을 즐길 수 있을 것인가.

— 2005. 8. 9.

몸짱 · 얼짱

요즈음에는 하도 새로운 말이 많이 생겨 그 뜻을 알 수가 없다. 신문에도 보면 알파벳의 대문자만 서너 개 써 놓고 무슨 모임을 나타내고 있다. 나는 이런 것을 아예 캐어 알려고 하지 않는다. "이거 무식해져서 못 살겠구나." 하는 것을 못 느끼는 것은 아니지만, 그런 어려운 용어를 꼭 몰라도 살아갈 수 있으니 굳이 알아보려고 애쓸 필요를 느끼지 않는다.

그런데 이들 새로운 말 가운데 '무슨 짱'이란 말이 흔히 나도는데 이 '짱'만큼은 순우리말이라서 그런지 그 어감이 와 닿는다. '몸짱', '얼짱' 따위가 그런 것이다. '몸'은 곧 육체라는 우리말이요, '얼'은 얼굴이라는 말을 줄인 것임을 이내 알 수가 있다. '짱'은 짱하게 잘 생겼다는 말일 게다. 그래서 무식한 나도 '몸짱', '얼짱' 정도의 신조어는 어렴풋이 알고 있다.

가끔 버스를 타고 다니다 보면 몸짱 아가씨가 정류장에서 버스를 타는 수가 있다. 키가 훌쭉한데다 가슴도 풍만하고 몸매가 잘 빼어진데다 각

선미조차 유난하다. 아마 한여름의 노출 때문인가.

또 가끔 버스에 오르고 보면 얼짱의 아가씨가 눈에 들어오는 수가 있다. 여성 잡지에 올라 있는 수많은 얼굴에 비할 바가 아니다. 이런 몸짱, 얼짱의 아가씨가 같은 버스에 타 있으면 솔직히 말해서 내 마음은 즐겁다.

왜 즐거울까?

나는 이 즐거움을 곰곰이 생각해 본다. 70대 중반의 나이인데도 이런 미녀를 보면 마음이 즐거운 이유가 무엇일까? 내가 아직 생식 기능이 있다면 몰라도 생식 기능을 잃은 지 오래다. 생식 기능이 없는 인간은 껍질만 남은 산 송장이나 다름없다. 그런데 이게 무슨 망령된 일인가?

한참 생각 끝에 내린 결론은 "본능이다."라는 것이다. 본능은 자연이 준 가장 소중한 욕구요, 섭리다. 자연이 본능을 부여하지 않았더라면 모든 생물은 생존하지도 못했을 것이고, 종족을 번식시키지도 못했을 것이다. 다른 동물에게는 어찌하였는지 몰라도, 자연은 사람에게만은 살아 있는 한 미모의 이성을 그리워할 수 있는 능력을 주었고, 미인을 미인으로 느낄 수 있는 감성을 부여했다. 이 얼마나 위대한 섭리인가. 이 본능이 아직 살아 있다는 것은 내가 아직 실존하고 있다는 증거요, 실체이다. 만일 내가 생을 마감하고 죽음에 이를 때는 이러한 육체적, 감성적 작용은 깡그리 사라지고 말 것이다. 그 때가 마지막이지, 아직 나는 활기를 되살려 살아갈 수 있는 자연의 힘의 혜택을 받고 있는 실체이다. 자연의 섭리에 순응하고 그것을 향유하는 것은 죄도 아니고 망령도 아니다. 자연의 섭리에 순응하며 살아야 한다.

활기를 되찾자. 활기를 되찾아 힘을 내자. 자연의 섭리가 끝을 맺는 그날까지 자연이 부여한 기력을 십분 되살려 즐거움을 찾아 살자!

이러한 사고의 결론을 얻은 나는 버스에서 내리며 그 미인을 또 한번 슬쩍 본다.

— 2005. 8. 15.

남녀칠세부동석(男女七歲不同席)

한 40년 전쯤인가. 국회의원 선거가 있었는데 유일하게 여성 후보가 등록했다. 선거 열기는 날로 높아가 정견 발표회가 관덕정 마당에서 성황리에 열렸다. 남성 후보들은 이구동성으로 "암탉이 울면 집안 망한다." 고 그 여성 후보를 내리깔았다. 차례가 와서 단상에 오른 그 여성 후보는 "암탉이 울어야 정말로 새벽이 옵니다. 남녀칠세부동석이라 하여 여성을 천대하는 그 고루한 관념은 이제 싹 쓸어버릴 때가 왔습니다." 하고 응수하여 그 많은 청중의 박수를 받는 것을 본 일이 있다.

남녀칠세부동석(男女七歲不同席).

이 옛말을 그 여성 후보는 어떻게 해석하여 열변을 토하고 박수를 받았는지 나는 잘 모른다. 아마 "남자와 여자는 일곱 살만 되면 같은 자리에 앉혀서도 안 된다." 고 문자 그대로 해석한 것이 아닌가 한다. 정말 그런 뜻이라면 여성을 천시해도 이만저만한 일이 아니다. 같은 자리에 앉지도 못할 인간으로 내리깎았으니 말이다. 그런데 내가 나이가 들면서 가만히 이 구절을 생각해 보니 그런 의미는 아닌 듯싶다. 이 구절은 『예기(禮記)』에 있는 것으로 어린 아이가 성장해 가는 과정을 깊이 관찰하고 실속 있는 가르침을 한 것 같다. 남자아이와 여자아이는 자라나 가면 자연적으로 누구의 가르침도 없이 남녀의 성 관계를 아는 시기가 있다. 그것은 종족 보존을 위한 본능으로 자연의 섭리다. 이 관계의 이치를 깨치는 것이 연령의 차이가 있음은 물론이다. 어느 여자 중학교에서 생물 시간에 어떤 여학생이 남자 선생에게 "토끼는 어디로 새끼를 납니까?" 하고 물었다가 선생에게 매만 맞았다는 웃지 못할 일도 50여 년 전에 있었다는 이야기를 들은 적도 있지만, 이런 학생은 특수한 예이다. 오늘날처럼 성 교육을 시킬 때에는 중학교까지 가서 토끼가 어디로 새끼를 낳는가를 모르는 학생은 아마도 없을 것이다.

사람은 자라면서 어떻게 하여 임신을 하고 어디로 아이를 낳는가를 자연히 알게 된다. 누가 하나도 가르쳐주지 않더라도. 그 연령을 중국 고대에는 일곱 살로 본 것이 아니겠는가. 그러니 그 말의 참뜻은 남자아이와 여자아이는 일곱 살만 되면 같은 자리에 앉히지도 말라는 것이 아니라, 일곱 살이 되면 같은 자리에 잠을 재우지 말라는 말일 게다. 그렇다면 이는 당시뿐 아니라 오늘날에도 경청해야 할 바른 가르침이다.

어째서 하필이면 일곱 살인가?

중국의 고대 음양철학에서는 여자의 수는 칠(七)이었다.

1×7=7……일곱 살이 되면 성 관계에 눈이 트이기 시작하고,

2×7=14……열네 살이 되면 월경이 오기 시작하여 생식 능력이 이루어지고,

3×7=21

4×7=28

이처럼 7이 거듭될수록 생식 능력이 성숙해 가다가 차차 기울어져,

7×7=49……마흔 아홉 살이 되면 폐경기가 되어서 생식 능력이 없어진다.

한편 남자의 수는 팔(八)이었다.

1×8=8……여덟 살이 되면 성 관계에 눈이 트이기 시작하고,

2×8=16……열 여섯 살이 되면 정액이 생산되어 생식 능력이 이루어지고,

3×8=24

4×8=32

이처럼 8이 거듭될수록 생식 능력이 왕성하다가,

8×8=64……예순 네 살이 되면 정력이 쇠하여 생식능력이 사라진다.

이런 철학적 계산법은 오늘날에도 비슷하게 들어맞는다. 물론 개인차가 있어 '칠십(七十)에 생남(生男)인들 비오자(非吾子)랴' 하는 시 구절이 떠돌기는 하지만, 어림잡아 평균을 내면 이 철학의 숫자는 맞아 들어간다 아니할 수가 없다. 여기에서 일곱 살이라는 숫자가 나오게 된 것이다. 아마 경험과 관찰에서 우러나온 숫자일 것이다.

그런데 옛날이나 지금이나 여자의 평균 수명이 높아 오래 사는데, 어째서 여자는 7×7=49로 마흔 아홉 살에 생식 능력을 잃어서 짧게 되고, 남자는 단명하는데도 8×8=64로 하여 예순 네 살에 생식 능력이 끝나게 되었는가가 흥미로운 의문이 아닐 수 없다. 나는 이 의문을 풀어보려고 얼마나 생각을 많이 했는지 모른다.

그렇다고 이 문제를 풀기 위하여 돋보기를 걸치고 딱딱한 생물학 연구서를 읽을 수도 없고, 또 읽는다고 해도 그 용어조차 모르니 이해할 수도 없는 노릇이다. 내 멋대로의 오랜 생각의 결과는 "자연의 진화는 인간의

문화까지 고려해 너무나 오묘하게 진화했다." 하는 결론이다.

다른 동물, 특히 인간에 아주 가까운 영장류라도 새끼를 낳으면 억세게 낳는다. 새끼를 낳아도 어미는 그 새끼를 얼마 돌보지 않아도 새끼는 혼자 독립하여 먹이를 먹어 살 수 있는 능력을 소유한다. 영장류가 아니라도 우리 주변의 말이나 소, 개나 닭들을 보라. 말은 태어나오자마자 서툴지만 몇 분 안 되어 일어서서 걸을 수 있는 능력을 가지고 나온다. 송아지도 마찬가지다. 강아지도 낳아서 이레만 되면 눈을 뜨고 움직여 다닌다. 병아리는 둥우리에서 내리우자 말자 어미 닭을 따라 돌돌돌 달려가 어미 닭이 가리키는 모이를 쪼아먹는다. 그런데 인간은 어떠한가? 갓 낳은 아기는 전연 그 때의 기억을 못하게 의식이 없이 약하게 태어난다. 본능으로 어머니 젖을 빨아 커가지만 그 크는 속도가 느리다. 세 살이 되어 말을 배우기 시작하지만, 자기대로 독립하여 밥을 먹어 가려면 열 살 내지 열 다섯 살은 되어야 한다. 오늘날처럼 학교 교육을 시키고 키우는 때가 아닌 원초 시대의 경우도 말이다.

인간은 다른 동물들처럼 자기 몸을 적으로부터 방어할 무기를 몸에 지니지 못했다. 날카로운 뿔도 없고, 억센 발톱, 손톱도 없다. 다만 독립하여 살 수 있을 때까지 어머니, 아버지에게 의존할 수밖에 없다. 이렇게 긴 시간 동안을 어머니는 낳은 아이를 보호하여 키우는 데 온힘을 기울인다. 그러니까 마흔 아홉 살이 넘어서 아이를 낳는다면 이 아이를 독립할 때까지 키울 시간 여유가 없다. 특히 평균 수명이 짧은 옛날의 경우는 더욱 그렇다. 그러니 생식 능력을 일찍 끝마치게 해야 한다. 마흔 아홉에 낳은 아이를 열 다섯 살까지 키워 독립시키려면 예순 네 살이 되어야 할 것이 아닌가. 평균 수명이 짧은 아주 옛날엔 예순 네 살까지 산다는 보장도 없는 것이다.

한편 남자인 아버지는 꼭 자기 마누라가 아닌 아무 여자에게라도 자기 유전자만 전수하면 된다. 그래야 종족 번식이 많이 되니까 말이다. 그러니까 '부생모육(父生母育)'이란 말이 나오고, 절박한 경지에 다다르면 아버지보다 "어머니!" 하고 어머니를 먼저 찾는 것이 아닐까? 그러니 남자는 자기 처와 협동하여 아이를 양육하지만, 생물학적으로 보면 양육은 별로 힘들 만한 것이 없다. 일부다처제(一夫多妻制) 사회에선 더욱 그렇다. 여자가 빨리 생식 능력을 잃는 것은 바로 이런 이유 때문이 아닐까? 자연의 진화는 인간이 이런 여러 가지 문화 속에서 살아간다는 것을 미리 고려해 놓고 진화한 것이 아닌가 하는 것이 나의 부질없는 생각이다. 참으로 자연의 섭리는 오묘한 것이다.

이것이 생물학의 문외한인 나의 상상의 논리다. 엉터리도 이만저만한 것이 아닐 성싶다. 생물학을 전공하신 학자는 이 글만은 읽지 말아주기를 바라는 마음이다.

— 2005. 8. 16.

인간의 성애(性愛)

요즈음 애완동물인 개를 방 안에서 기르는 집안이 늘어났다. 그 개가 주인 부부의 성애의 장면을 몇 번 보았다고 치자. 그 개가 말을 할 수 있다면 주인 부부에게 무엇이라고 말했을까?

"주인 부부님, 아저씨 아주머니는 어째서 시도 때도 없이 덮어놓고 교미를 하세요? 참 이상하네. 멍멍."

개는 섹스니, 성애니, 성교니 하는 말을 모를 것이기 때문에 교미라 했으리라.

사실 개의 눈으로 보면 인간이 언제든지 성애를 하는 것은 신기한 일이 아닐 수 없다. 개는 암놈이 발정을 해야 교미를 한다. 말도 그렇고, 소도 그렇고, 돼지도 그렇다. 그런데 유독 인간만이 언제든지 성애를 한다. 이게 그들의 눈으로 보면 신기한 일이 아닐 수 있겠는가.

동물은 발정기의 교미라는 시간적 원칙을 가지고 있다. 그 이외의 시간에는 전연 무관심하다. 인간은 발정기라는 시간적 제한이 없다. 언제든지 자유다. 이것이 무슨 이유일까?

발정기를 배란기라 부른다. 그런데 인간은 배란기가 숨겨져 있다. 개나 돼지, 말이나 소의 발정기에는 생식기 색깔이 변한다든지 붓는다든지, 육체적 변화상을 보여 수놈을 유혹한다. 아니 수놈을 유혹하는 것이 아니라 수놈이 이를 알아차리고 따라붙게 마련이다. 그런데 인간은 배란기가 언제인지 생식 기관의 변화가 없으니 알 길이 없다. 물론 오늘날 같이 학교에서 성 교육을 할 때에는 어느 여자 치고 배란기를 계산하지 못하는 사람이 없을 것이다. 그러나 '성'이란 것을 은밀한 것으로 숨겼던 옛날에야 어찌 배란기를 월경으로 계산하여 알았겠는가.

이 '숨겨진 배란기', 이것이 인간의 성애의 시간적 제한을 없앤 첫째 이유가 아니겠는가. 나는 여기까지 '성애'라는 말을 써 왔지만 깨어놓고 말하면 섹스요, 성교다. '성애' 라는 용어를 써 온 것은 다른 동물의 교미하고 다른 점이 있지 않는가 해서이다. 성애에는 '사랑 애' 자가 들어 있다. 성적 욕구에서 사랑을 한다는 말이다. 이 '사랑'이라는 것이 동물의 경우에도 있을 것인가? 물론 교미할 때에 '쾌감'은 있을 것이다. 이것은 인간도 마찬가지다. 그런데 인간은 서로 성적 접촉을 할 때 쾌감은 물론 사랑이라는 것이 곁들여 붙는다는 것이 다를 성싶다. 이것이 동물의 교미와 인간의 섹스가 다른 이유이리라. 그러니까 인간은 서로 사랑하는 마음이 솟구칠 때마다 언제나 성애를 하다 보면 배란기에 요행히 맞아들어 종족 번식을 하게 되는 것이다.

'발정기의 시간적 제한'을 받는 동물들은 교미가 끝나 임신이 되면 서로 언제 보았냐는 듯이 서로 헤어져 모른 체한다. 너는 너이고 나는 나이다. 새끼를 낳아 기르는 것은 어미의 소관임이 대부분이다. 수놈은 자기의 유전자를 전수하여 종족을 번식시키는 데 죽음의 결투를 하며 교미에 골인하면 그것으로 그만이다. '사랑'이라는 것을 어디에도 찾을 수가 없다. 여기에 인간의 성애와 동물의 교미의 차이가 있지 않을까.

그러니까 인간은 서로 언제든지 성애를 할 수 있는 자유를 가지고 있는 것이다. 이런 '시간적 제한 없는 성애의 자유'를 인간은 어째서 누리게 되었을까?

나는 이것을 진화론의 기초 위에 문화인류학적인 사실을 덮어 올려 풀어보려고 해 왔다.

인간은 다른 동물과 달리 '가족'이라는 집단을 만들어 살아가는 동물이다. 물론 다른 동물들도 '집단 생활'이라는 것을 하는 것들이 많지만, 인간의 가족처럼 집단을 이루어 서로 부모, 형제, 자매, 손자 등 가족 관계를 구성하고 그들이 각각 분업을 하여 가정을 유지하는 동물은 없다. 그리고 가족 간의 근친상간을 금기하는 동물도 있다는 말을 들은 바 없다. 이러한 가족이 파괴되는 날, 인간은 가족이 허물어지는 것을 넘어서 인간으로 살아갈 수가 없게 된다. 인간은 가족을 형성하여 살아가기 위하여 모든 노력을 바친다.

나는 이 가족 형성의 길의 하나가 성애라고 본다. 그 성애는 '숨겨진 배란기' 위에 이루어진다. 만일 인간의 섹스가 종족 보존의 목적, 그리고 쾌락이라는 심리적 정서만이 있는 것이라면 개나 돼지 같은 동물같이 섹스만 끝나면 언제 보았냐는 듯이 서로 헤어지게 마련일 게다. 동물의 교미와 같기 때문이다. 인간이 성애가 이와 다른 것은 '사랑'이라는 것이 회수를 거듭할수록 움터 나온다는 것이다. 그러니까 이 성애로 인해 가족은 굳건히 이루어져 가는 것이다. 만일 인간이 '숨겨진 배란기'가 없이 발정기가 있어 그 시기에만 섹스를 하여 임신시키고, 다른 때는 성애를 나누지 않는다고 쳐 보자. 인간의 배란기는 해산 후 좀처럼 쉽게 오지 않는다. 우리가 흔히 보는 대로 형제 자매간은 두 살 터울이 가장 많다. 이 터울대로 계산하면 여자의 배란기는 보통 1년이 있어야 배란한다는 것이 된다. 동물처럼 이 배란기를 발정기로 바꾸어, 발정기에만 섹스를 한다고 친다면 1년에 한 번이 된다. 이래서 부부 관계가 유지 · 존속될 것인가? 부부가 유지 · 존속되지 않아 파괴되면 그 자식인 형제 자매가 한 집단을 이루고 살 수 있을 것인가?

이렇게 생각을 펴나간다면 '숨겨진 배란기'는 부부간의 성애의 기반이 되고, 그로 인해 부부간의 애정 관계가 더욱 깊어지고, 가족이라는 집단이 더욱 공고히 다져지는 것이다.

가족은 문화적 산물이다. 인간이 이 문화적인 집단을 이루어 살게끔 자연은 이미 그것을 헤아리고 진화해 왔단 말인가? 자연의 진화, 그것은 너무나 신기하고 오묘해서 인간으로선 알 수가 없는 미로와 같은 것이다.

내 나이가 들면서 느낀 바가 이런 것이지만, 이 말들은 다 허황한 상상의 잡담일 가능성이 짙다.

— 2005. 8. 17.

생로병사(生老病死)

‘생로병사’라는 말은 너무나 널리 알려진 말이다. 부처님께서 인생의 괴로움을 한 마디로 축약하여 한 말이다. 이 말의 유래는 정확하지는 않지만, 구전으로 들어 안 것이 있다. 그 내용인즉 이렇다.

인도 가비라성의 왕자 실달다[싯다르타]가 호화롭게 살다가 어느 날 시종을 거느리고 동문으로 나가 바깥 세상을 바라다보았다. 어떤 아주머니가 마구 아파 뒹굴고 있다. 왕자 실달다가 물었다.

“저게 뭐하는 사람인고?”

“지금 아기를 낳느라고 산통을 거치고 있는 중입니다, 왕자님.”

“아기를 낳는 데도 저런 괴로움이 있느냐?”

“그렇습니다. 산통 후 순산이 아니 되면 사람이 죽는 일도 허다합니다, 왕자님.”

실달다는 처음 보는 이 장면에서 ‘생(生)의 괴로움’을 알았다.

다시 하루는 역시 시종을 거느리고 서문으로 나가 보았다. 어떤 허리

굽은 늙은이가 막대를 짚고 길을 허우적거리며 엉금엉금 걸어가고 있었다. 실달다가 물었다.

"내 저런 것은 처음 보는데, 저것도 사람이냐?"

"예, 사람이올시다. 사람은 젊었을 때는 팔팔하다가 나이가 들어 늙으면 저 꼴이 됩니다."

고개를 끄덕이는 실달다는 여기에서 '노(老)의 괴로움'을 알았다.

하루는 시종을 거느리고 남문으로 나가 보았다. 어떤 노인이 몸이 아파 뒹굴고 있다.

"저게 무엇을 하는 짓이냐?"

"몸에 병이 들어 아파 뒹구는 것입니다, 왕자님."

"허허, 병이라는 것이 있어 사람을 괴롭히는군."

실달다는 여기에서 '병(病)의 괴로움'을 알았다.

하루는 실달다가 시종을 거느리고 북문으로 나가 보았다. 장사 지내러 가는 상여가 처량하게 지나가고 있었다. 실달다는 물었다.

"저건 대체 무엇을 하는 짓들이냐?"

"예, 저것은 사람이 죽어서 지금 장사를 지내려고 시체를 메고 가는 중입니다."

"뭐? 사람에 죽음이란 게 있단 말이냐?"

여기에서 실달다 왕자는 '사(死)의 괴로움'을 알았다.

이래서 생로병사를 인생의 네 가지 괴로움, 곧 '사고(四苦)'라 한다. 왕자인 실달다는 사고를 알고 큰 충격을 느껴 이 생로병사의 괴로움을 벗어날 길을 찾으려고 출가를 했다. 산중으로 들어가 가부좌하고 식음을 전폐하여 오직 인생의 사고를 해탈하는 지혜를 찾는 데 사색을 집중시켰다. 머리를 깎을 리가 없고 수염도 깎을 리가 없다. 살이 점점 빠져

피골이 상접하고 머리털은 길게 헝클어져 새 둥우리같이 되었다. 마침 솔개 한 마리가 실달다의 머리가 새 둥우리인 줄 알고 머리털 위에 앉아 쉬었으나 실달다는 그것을 알 리가 없었다. 그저 사색을 계속했을 따름이다. 이렇게 하여 인생의 괴로움을 벗어나는 길을 크게 깨달았다. '크게 깨달았다.'는 말을 대각(大覺)이라 하고, 이 대각한 사람을 산스크리트어로 '붓다'라 했으며, 이것이 중국에 들어와 '佛陀(불타)'라는 한자어로 번역을 했고, 우리나라에 들어와 '부처'로 변한 것이다.

부처가 사색한 사고(四苦) 가운데는 인생의 전 과정의 괴로움이 모조리 담겨 있다. 나같이 문외한인 사람은 피상적으로 해석해서 부처님의 깨달음의 진수를 알 길이 없다. 허나 내 생각으로는 이 네 가지 괴로움이 비단 인생에 한정된 것은 아니라 본다. 어느 생물 치고 이 세상에 태어나지 않고, 늙지 않고, 병들지 않고, 죽지 않은 생명체가 있는가? 부처님은 너무 인생 중심으로 사고한 것 같다. 인생 중심으로 사색을 했으니 나도 인생 중심으로 피상적이나마 생각해 보자.

첫째, 생고(生苦)이다. 사람의 태어남은 부모의 정자와 난자가 들어맞아 자연적으로 태어나는 것이다. 태어나는 아기가 이 부모 밑으로 태어나겠다는 의지를 가지고 태어난 이는 한 사람도 없다. 그저 자연의 섭리에 순종하는 것일 따름이다. 이 아기를 해산하는 데 산고를 치르는 것은 그 아기의 어머니일 뿐이지, 아기는 괴로움도 슬픔도 아무것도 없다. 그저 때가 되어 이 세상에 나오는 것뿐이다. 나로 해서 보더라도 태어날 때 괴로웠다는 기억은 하나도 없다. 다만 다른 사람이 볼 때 괴로운 세상에 나왔다는 괴로움의 인식이 있을지는 모른다.

둘째는 노고(老苦)이다. 늙는다는 것은 외롭고 서러운 일임에 틀림없다. 청춘 때의 팔팔하던 육체적 힘, 그 힘으로 어려운 일을 이겨낸 기쁨,

예상치 않은 일에 직면한 서러움, 그러다가도 하늘을 날을 듯한 즐거움, 이러한 일들이 세월과 더불어 뜬구름같이 사라져 육체가 말을 제대로 듣지 않고, 마음이 외롭고, 자기의 존재에 무상을 느낄 때 괴로움은 클 것이다. 그러나 이러한 것은 마음가짐으로 충분히 극복할 수도 있다. 모든 오감(五感)에 들어오는 것이 변화하지 않는 것이 없는 것이요, 다 헛것이요, 빈 것이라는 것을 마음에 익히면 늙는다는 것은 그다지 괴로운 것이 아닐 수도 있다. 모든 생물이 그러하듯이 낳으면 반드시 늙지 않은 것이 없는 자연의 섭리를 알면 이겨낼 수 있을 것 같다.

셋째, 병고(病苦)이다. 늙어 가면 여기저기 병이 따라붙는 것인데, 이 병처럼 괴로운 것은 없다. 폐암을 앓아 숨을 할딱거리며 신음하는 이, 반신불수에 실어증까지 겸하여 말도 못하고 화장실 출입도 못해서 가족의 부축을 받는 이, 신부전증으로 일 주일에 세 번씩 투석을 해야 겨우 몸을 움직이는 이, 간경화로 나날이 간이 말라가 먹지도, 마시지도 못해 신음하는 이, 병원에서 인공호흡기를 코에 붙이고 가슴에 줄을 매어 심장의 박동을 체크하며 시간을 기다리는 이 등 아픈 사람을 어찌 다 나열하랴. 다른 무슨 괴로움보다도 이 병의 괴로움이 가장 괴로운 것이다. 몹쓸 병에 걸리면 현대의학으로도 어찌해볼 수 없는 것이 있다.

마지막은 사고(死苦)이다. 죽음은 뇌의 작용이 멈추고, 심장과 폐의 활동이 정지하는 상태라 할 수 있겠다. 그런데 이 질병 중의 삶과 죽음은 어떻게 경계지어지는가.

죽음은 '순간의 경계'를 넘는 것일 따름이다. 어떤 코미디가 텔레비전에서 죽음을 실연하는데 "꼴깍" 하는 소리를 내며 나자빠져 웃기던데, 이런 죽음은 코미디에나 있지, 실제의 죽음은 그런 것이 없다. 나는 어머니의 최후를 지켜보았다. 어머니는 83세에 폐렴으로 돌아가셨는데, 고

열에 숨을 할딱거리다 '바르륵' 하고 얼굴에 경련을 약간 일으키며 순간 심장이 멈추고 숨이 끊겼다. 숨이 끊길 때의 약간의 경련! 그 이상의 괴로움은 감지할 수가 없었다. 그 이후는 문자 그대로 정적(靜寂) 그것뿐이지, 아무것도 없다. 그래서 나는 죽음을 '순간의 경계(境界)'라 말하고 싶다. 이 경계를 넘기가 그렇게 어려운가 하면 또 그렇게 쉬울 수도 없는 것이다.

이 경계를 넘기만 하면 살을 쥐어뜯어도, 피부를 살살 쓰다듬어도 아픔도, 간지러움도, 감미로움도 아무것이 없다. 세상은 칠흑 같은 어두움만이 있고, 붉음도 없고, 푸름도 없고, 노랑도 없고, 검음도 없고 아무것도 없다.

내가 언제 이 경계를 넘을지 몰라도 만일 이 경계를 넘으면 지금까지 허리가 아프다, 다리가 아프다 하는 여기저기의 아픈 증상이 말끔히 사라질 것이고, 매일 밥먹듯 먹는 혈압약 · 신경약 · 변비약 · 피부약 등은 모두 던져 버려도 된다.

그 경계만 넘으면 잠이 안 들어 눈을 감고 누워 하나 둘 셋 넷…… 하고 수를 세어 보되 눈은 더욱 말똥말똥하는 신산함도 없어질 것이고, 누워 있는데 머리가 청청 맑아 하나의 글 제목을 잡고 머리말부터 마무리까지 구상해 내어 문장으로 외어 나가다가 어쩌다 잠이 들면 그 모든 구상이 모조리 잊어버리는, 그런 못된 버릇도 깔끔히 사라질 것이다.

그 경계만 넘으면 공간의 넓음도 모르고 시간의 흐름도 없어진다. 시계는 멈춘 것이나 마찬가지다.

오직 남는 것은 허허(虛虛) 무무(無無), 진공(眞空)뿐이지, 남는 것은 아무것도 없다.

태어나기 이전이나 죽은 후의 세계를 상정하는 것은 허황한 일일 게다. 그 집안에 태어나는 것도 전생의 인연과 업보(業報) 때문이요, 죽은 후에도 그 인연과 업보에 따라 다시 윤회(輪廻)하여 태어난다는 것은 아무리 고대 인도의 종교에서 물려받은 것이라 하더라도 사색의 고민 끝에 뱉어낸 고육지책(苦肉之策)이 아니겠는가 싶다. 물론 삶의 과정의 희로애락애오욕(喜怒哀樂愛惡慾)은 인연의 결정체임을 인정한다. 그러나 태어남과 죽음을 전세(前世)와 후세(後世)에 결부시켜 설파한 것은 아무래도 어리석은 백성의 교화(敎化)를 위해서 한 이야기 같다. 다른 동물들의 윤회도 진리로 받아들이기는 아무래도 어렵기 때문이다.

인간도 동물이다. 다만 문화를 가진 동물이라는 것이 다를 뿐이다. 인간에게 문화를 가지게 진화시킨 것은 자연의 오묘한 섭리다. 다른 동물들에게 사전·사후 세계가 있겠는가. 인간은 문화를 가졌기 때문에 여러 가지 사전·사후 세계를 상정해 놓은 것뿐이리라. 인간은 이 여러 가지 세계를 믿으며 죽음의 순간을 넘기고 있는 것뿐이다.

죽은 후에는 아무것도 없다. 다시 말하지만 허허(虛虛) 무무(無無), 진공(眞空)뿐이다. 다른 동물과 마찬가지로.

나는 이 '순간의 경계'를 언제 어떻게 넘을까, 이것만이 앞으로의 과제다. 그리 멀지가 않았을 터인데…….

그러나 내가 이 경계를 넘더라도 역시 해는 동쪽으로 뜨고 달은 찼다가 기울어지며, 봄·여름·가을·겨울 사계절은 어김없이 돌아간다는 것만은 잊지 않는다. 세상에 아무런 일도 없었다는 듯이.

— 2005. 8. 12.

벌써 가을인가

유난히 일찍 잠이 깨었다. 바깥 세상은 아직 밝을 날이 멀다.

서재에 가서 의자에 기대고 창문을 열어제쳤다. 하늘엔 보름달 같은 둥근 달이 고요히 떠 있다. 달은 마당의 잔디밭과 소나무, 비자나무, 소철들을 대낮처럼 내리 비추고 있다. 아무 말도 없이. 보름이 가까웠나 보다.

창문을 열어제치자 서늘한 바람이 솨르르 들어온다. 그렇게 더웠던 여름이 언제였나 하듯이 온몸이 시원하다. 의자에 걸터앉아 몸을 기대고 둥근 달을 보노라니 풀벌레 소리가 요란하다. 아, 벌써 가을인가 보다. 나는 귀를 주어 그 풀벌레 소리를 엿듣는다. 가지각색이다.

"찌르르륵 찌르르륵"

대문 앞 철쭉 쪽에서 청랑한 벌레 소리가 나의 귀를 스친다. 가만히 듣고 보니 먼저의 '"지르륵 소리"는 끝이 올라가고, 나중의 "찌르르륵"은 끝이 낮다. 마치 중국어의 사성과 같이 말끝이 오르락내리락 하는 것이다. "찌르르륵" 소리는 연이어진다. 그 소리가 여간 맑은 것이 아니다.

나는 귀를 다른 데로 돌린다.

"찌륵찌륵 찌륵찌륵"

소나무 담장 아래서는 또 다른 벌레가 맑은 소리로 연이어 울어댄다. 또 들으니,

"돌돌돌돌 돌돌돌돌" 우는 놈이 있는가 했더니, "끼륵끼륵 끼륵끼륵" 울어대는 놈이 있다.

"도로로록 도로로록" 우는 놈이 있는가 했더니, 어찌 들으면 "흐르르륵 흐르르륵" 우는 것도 같다. 분절되지 않은 벌레소리가 되어서 이리 들리고 저리 들린다. 사람의 귀가 그것을 구별 못함을 서운해하면서 다시 귀를 기울여 올바른 소리를 들으리라 생각하여 비자나무 밑으로 귀를 준다. "돌돌돌돌 돌돌돌돌" 조금 빠른 소리로 울어대는가 했더니 그 소리 사이에 "쩌륵쩌륵" 하는 소리가 가끔씩 섞이어 조화를 이룬다. 또 "고르르고고 고르르고고" 하고 우는 놈이 있는가 했더니 그 옆에서 "찍찍 찍찍" 하는 소리가 섞이어 조화를 이룬다. 그 틈 사이에 저 아래쪽에서는 "꼬록꼬록 꼬록꼬록" 하는 소리가 잠깐씩 쉬면서 들려온다. "배배배배 배배배배" 하는 맑은 소리가 느릿느릿 나는가 하면 "더르륵 더르륵" 하는 소리가 뒤섞여 교묘한 조화를 이룬다. 이런 소리들이 한데 어울리어 바로 맑은 교향악을 이루고 있는 것이다.

왜 이렇게 풀벌레들이 울음을 터뜨려 이 가을의 정서를 돋우는 것일까?

아침에 우는 새는 배가 고파 울고요
저녁에 우는 새는 임 그리워 운다
너영 나영 두리둥실 너영
낮에 낮에나 밤에 밤에나 쌍사랑이로구나

사람들은 민요에서 이렇게 노래한다. 사랑을 하는데, 아침에 우는 새가 배가 고파 울까? 이 우는 새 소리의 해석은 자기의 상황을 새에 투영해 놓은 것이 틀림없겠다. 자기가 아침엔 배가 고프고, 저녁엔 임이 그리우니까. 아침에 우는 새도 배가 고파 우는 것이 아니라 임 그리워 우는 것일 게다.

이는 여름에 매미 소리를 들어 보아도 여실히 알 수가 있다. 어릴 적 매미를 잡으며 얻은 지식은 수놈만 운다는 것이다. 암놈은 울 줄도 모르고 나무 가지 위를 어정어정 기어다니는데, 수놈만 날개를 조금 벌리며 정열을 다하여 운다. 이것이 그렇게 우는 이유를 안 것은 훨씬 후의 일이지만 암놈을 유인하여 끌어들이기 위한 절규다.

풀벌레 소리도 마찬가지가 아닌가. 수놈만 우는지, 암놈도 우는지 아직 모르되 파트너를 유인하여 짝을 지으려고 계속하여 우는 것이 틀림없다.

"시간 있으세요? 어디 가서 차나 한 잔 하실까요, 찌르르륵?"

"분위기 있는 델 가서 와인 한 잔이 더 좋지 않을까요, 찌르르륵."

풀벌레들은 그저 우는 것이 아니라 이런 연정의 대화를 나누고 있을지 모른다. 아, 아름다운 속삭임이여. 젊음이여, 낭만이여.

풀벌레는 이러한 젊음의 낭만을 즐기며 서로 아름다운 연정의 노래를 부르고 있다. 그러다 서로 정이 맞으면 서로 부둥켜안고 사랑을 나누고 짝짓기에 도달할 것이다. 짝짓기로써 울음의 목적은 완성된 것. 그 다음은 자연의 이법대로 알을 까고 종족 번식을 한다. 그래서 종족 번식이 끝날 즈음 설한풍이 휘몰아치는 겨울을 맞게 된다. 늦가을이 넘어 겨울이 오게 되면 풀벌레들은 그 젊음이 언제 있었는지도 모르게 이 세상을 마치게 마련이다.

그러나 다행인 것은 그 풀벌레들은 지금 젊음을 구가할 줄만 알았지, 가을이 깊어가면서 자신들도 늙어 세상을 마친다는 것은 꿈에도 모른다는 것이다. 이게 풀벌레의 사상이요, 신념이다. 마치 하루살이가 "내일은 없다" 하는 것이 그들의 진리인 것처럼.

그런데 나는 벌써 인생의 늦가을을 맞았다. 이것을 안다는 것이 불행한 일이지만, 자연의 섭리가 알 수 있게 만들어 놓은 것을 어찌하랴.

자, 풀벌레처럼 석 달 앞의 겨울의 황량한 최후를 끝내 모르고 청춘을 구가할 수는 없을까. 그것은 안 된다. 자연의 이법에 순응해야 하니 말이다. 어쩔 수 없다. 풀벌레가 지금 한창 청춘을 구가하다가 겨울이 오면 생명을 끝맺는 것처럼, 나도 청춘시절이 있었으니 그것으로 만족하고 인생의 겨울을 맞자. 풀벌레가 청춘을 구가하다가 종족을 번식하고 자연의 섭리에 따라 최후를 마치듯 인생을 살자. 자연의 이법은 준엄하니까.

"찌르륵 찌르르르륵"

"또또도로록 또또도로록"

풀벌레의 짝 찾는 소리에 하늘은 점점 높아만 가고 달은 유난히 휘영청 밝다.

— 2005. 처서날.

●발문

관조와 초월의 미학

고시홍(소설가)

현용준 선생님은 무속신화·민속학·문화인류학 연구에 큰 업적을 남긴 학자이다. 전공 분야의 저서만 『제주도무속자료사전』 등 열대엿 권이 나왔다. 향토 문화·예술 발전에 이바지한 공로로 '제주도문화상'을 받기도 했다. 1956년 현재 한국문인협회 제주도지회의 전신인 '제주문학동호인회'가 결성될 때부터 문인협회 회원(수필분과)이었다.

청소년 시절의 꿈은 시인이나 소설가가 되는 것이었다. 선생님은 자전수필집 속의 「예총 지부장」이란 글에서, "그러나 이것은 지금 생각하면 '20대의 청소년 치고 시인 아닌 사람이 없다.'는 말과 같이 젊음의 감수성 때문이었다."고 하면서, "그 후 학문에 발을 들여놓아 문학을 멀리했는데도 내 이름은 문인협회에 계속 남겨, 지워주지 않아 '예총 제주도 지부장 감투'를 맡게 되었다." 고 했다.

선생님은 1995년 제주대학교 교수에서 명예 퇴임할 무렵부터 대엿 해 동안 지독한 병치레를 했다. 그러나 초인적인 의지로 생활의 활력을 되찾았다. 2002년에는 두어 달 만에 580쪽(4×6배판) 분량의 자전수필집 『한라산 오르듯이』를 집필하여 발간했다. 그 뒤 선생님은 "이젠 벌벌 떨지 않아. 살고 죽는 것도 초월했어. '한라산 오르듯이' 를 쓴 후에는……."라고 투병 생활의 심경을 고백했다. '벌벌 떨지 않는 대처승'이 된 이후부터는 읽고, 쓰고, 사색과 산책, '인터넷 세상'과 어울리는 것이 하루의 주된 일과가 됐다 한다.

지난해 600쪽이 넘는 민속 사진집 『靈』에 이어, 올해에는 두 번째 수필집 『황혼의 언저리』를 펴내고 있다. 2002년부터 올해까지 4년 동안에 얼추 1백여 편의 수필 작품을 썼다. 수필을 여생(餘生)의 반려자로 삼아 생활하고 있다 해도 과언이 아니다. '모든 것으로부터의 자유 찾기' 해법이 '수필 쓰기'에 있다고 판단했을는지 모른다. 어쨌거나 노년기에 들어 문학에의 꿈을 절반이나마 건져내는 셈이다.

수필 세계의 묘미는 개성과 대상에 대한 관조, 자기 성찰, 비판 정신과 진솔성, 해학이 생명이다. 『황혼의 언저리』에는 이러한 수필 문학의 속성이랄까 특성이 함축돼 있다. 독자에게 '미소'를 자아내게 하고, '아하, 그렇구나!' 하는 독백과 함께 글 속에 빠져들게 하는 흡인력이 있다. 몸은 70대이지만, 작품 속에는 청소년의 호기심과 감수성, 젊은이의 자유분방한 상상력과 비판적 안목, 노년기의 원숙한 내면 의식이 공존하고 있다. 그러나 '사색의 자유'를 박탈하거나 구속하지 않는다.

『황혼의 언저리』 제1부의 12편은 과거에 발표했던 작품을 손질한 것이다. '나의 정체성 찾기'에서부터 적자생존의 원리, 사회 부조리에 대한 비판, 향토 문화에 대한 애정, 모성애, 사도(師道)의 '회초리' 등 내용이 다양하다.

제2부의 44편은 미발표 작품이다. 집필 시기로는 2002년에 3편, 2003

년 18편, 2004년 12편, 2005년 11편이다. 화두의 메시지가 다양하면서도 오묘한 맛이 있다. 삶과 죽음, 세상사를 자연의 질서(조화 · 이법 · 섭리 · 순리)의 '잣대'로 관조하고 수용하려는 자세와 성(性)에 대한 원초적 본능, 사회 현상에 대한 세태 비판, 지난날의 삶에 대한 애환과 자기 성찰의 내용을 다룬 작품이 큰 비중을 차지하고 있다.

그리고 제2부 '황혼의 언저리'에 모은 작품들은 콩트와 같은 극적 반전과 진솔한 자기 고백으로 해학(諧謔)과 감동을 배가시킨다. 「산타할아버지의 이메일(1)(2)」, 「제왕절개수술」, 「妄想」, 「어느 권사님의 기도」, 「아저씨와 할아버지」, 「할아버지의 덕」, 「오빠」, 「몸짱 · 얼짱」, 「나의 산책길」, 「수전증」, 「금연」 등이 대표적인 예이다.

지난 9월 초순, 몇몇 지인들과 만난 자리에서였다. 선생님이 "몇 해 전, 제주문협에서 회비가 밀렸다는 전화를 했더군. 나는 문학하는 사람도 아니니 명단에서 지워 달라고 했더니, 그 뒤부터는 '제주문학'도 보내오지 않고 아무런 소식이 없어."라는 말씀을 했다. 문학에 열정을 쏟지 못한 겸손과 부끄러움의 화답이었을 것이라 생각했다. 확인해 보니, 2000년 8월에 나온 『제주문학』 제33집부터 제주문협 수필분과 명단에서 '현용준' 이름이 보이지 않았다. 그 뒤 선생님은 두 번째 수필집을 내놓고 있다.

그 날 저녁, 선생님은 우리들에게 선문답하듯 "다음은 뭣에 대한 글을 쓸까?" 했다. 문학에서는 '무속신화 · 민속학 · 문화인류학' 분야도 매력적인 보조과학이다. 선생님은 수십 년 동안 다리품을 팔아 민초들의 마을을 누비며 '무속신화 · 민속학' 자료 조사에 전념하기도 했다. 민속 사진집 『靈』을 '수필'로 변용하는 작업을 해 보는 것도 의미 있는 일이라 생각한다.

현용준 玄容駿

1931년 제주도 제주시 노형동에서 태어났다. 제주대학교 국어국문학과를 졸업하고 5년간 제주상업고등학교 교사를 거쳐 일본 도쿄대학 대학원에 유학, 사회학연구과 문화인류학 전문과정에서 수학하여 사회학박사를 취득하였다. 제주대학교 교수로 33년 동안 재직하다 65세에 퇴임, 현재 제주대학교 명예교수로 있다.
대표적인 저서로 다음과 같은 것이 있다.

『濟州島神話』(瑞文堂, 서울, 1976)
『濟州島傳說』(瑞文堂, 서울, 1976)
『靈を招く-韓國のシャマン』(共, 國書刊行會, 東京, 1978)
『濟州島の民話』(大日本繪畵, 東京, 1979)
『濟州島巫俗資料事典』(新丘文化社, 서울, 1980)
『韓國口碑文學大系』9-1・2・3
(共, 韓國精神文化研究院, 성남, 1981~1983)
『濟州島巫俗の研究』(第一書房, 東京, 1985)
『濟州島巫俗研究』(集文堂, 서울, 1986)
『巫俗神話와 文獻神話』(集文堂, 서울, 1992)
『濟州島民譚』(도서출판 濟州文化, 제주, 1996)
『濟州島 巫俗과 그 周邊』(集文堂, 서울, 2002)
『한라산 오르듯이』(도서출판 각, 제주, 2003)
『제주도 신화의 수수께끼』(집문당, 2005)